Martin Hecht
Irgendwie hatten wir uns
das anders vorgestellt

Martin Hecht

Irgendwie
hatten wir uns
das anders vorgestellt

Der Traum
vom perfekten Urlaub

MIX
Papier aus verantwor-
tungsvollen Quellen
FSC® C006701

Dieser Titel ist auch als E-Book erschienen

Eichborn Verlag in der Bastei Lübbe GmbH & Co. KG

Originalausgabe

Copyright © 2013 by Bastei Lübbe GmbH & Co. KG, Köln

Lektorat: Tina Spiegel, Frankfurt
Umschlaggestaltung: Christina Hucke
Umschlagmotiv: © plainpicture / Peer Hanslik
Satz: Helmut Schaffer, Hofheim
Gesetzt aus der Adobe Caslon Pro
Druck und Einband: CPI books Ebner & Spiegel, Ulm

Printed in Germany
ISBN 978-3-8479-0525-7

5 4 3 2 1

Sie finden uns im Internet unter www.eichborn.de
Bitte beachten Sie auch www.luebbe.de

Für Gabriele (†),
mit der ich meine schönsten Urlaube
erlebt habe

Inhalt

Verhaltenstherapie – Grillen, Hund, BMW: Gesindel – und wie man ihm entkommt – Wenn die Hunnen kommen: Umgang mit schwierigen Erholungssuchenden

4. Hotellerie und Gastronomie – Ein Selbstverteidigungskurs

Sternstunden wahrer Gastlichkeit – Ein vorbildlicher Kellner – Models, Hipster, Oberaufseher – Grenzerfahrungen in der gastronomischen Todeszone – Strukturprobleme im spätkapitalistischen Turbo-Tourismus – Die Kunst der Restaurant-Beschwerde – Kleines Frühwarnsystem für Genussbereite – Wie man das Schlechte meidet – Seeigel-Theorie – Ändern oder Akzeptieren: Das Gelassenheitsgebet – Humor und Benefit Finding – Seltene Selbsteinsicht – Motzen, Mäkeln, Meckern: Vom Zügeln süßer Lüste – Die Fabel vom Pommerschen Bären – Rituelles Beschweren – Online-Vermieter und andere Schlawiner

5. Dicke Luft auf Teneriffa – Härtetest für Reiseteams

Paar unter Palmen – Knatsch on the Beach – Gute Nacht, Freunde! – Wer tut mir im Urlaub gut? – Wenn Nähe nervt – Urlaub in feuchtfröhlicher Runde – Austern im Languedoc – Gruppendynamische Grundprobleme am Urlaubsort – Urlaub solo: Robinsonaden und andere Egotrips – Fluch der Karibik: Splendid Isolation oder doch nur mutterseelenallein?

I'm sitting on the dock of the bay,
watching the tide roll away,
I'm just sitting on the dock of the bay,
wasting time.
Otis Redding

Vorwort –
Der Wille zum Urlaub

»Irgendwie hatten wir uns das anders vorgestellt.« Ein Buch über den Traum vom perfekten Urlaub. Ein Freund von mir sagte, wieso ich den Titel nicht gleich auf das ganze Leben übertragen würde. Stimmt, das könnte man mit gutem Grund. Vielleicht ist tatsächlich unsere gesamte irdische Existenz geprägt von jenem »performativen Widerspruch« zwischen Wunsch und Wirklichkeit, Theorie und Praxis, Fantasie und Realität.

Ich habe mich in diesem Buch doch lieber auf die freie Zeit beschränkt. Aber es ist gut möglich, dass sich davon auch wertvolle Rückschlüsse auf unser ganzes Leben ziehen lassen. Urlaub als Pars pro toto. Als ein Ausschnitt aus unserer Lebenszeit. Wohl wie kein anderer eignet er sich zu Überlegungen grundsätzlicher Art. Denn ausgerechnet der Urlaub ist eine Zeit, bei der so sehr wie sonst zu keiner Gelegenheit die Hoheit über die Gestaltung ganz bei uns liegt. Wenn dann am Ende etwas herauskommt, was wir uns eigentlich anders vorgestellt hätten, dann wirft das grundlegende Fragen über unsere Fähigkeit auf, das im Leben zu tun, was wir unbedingt sollten: es zu genießen.

Wir haben allen Grund dazu, diese Fragen zu stellen. Wir leben in unglaublich anstrengenden Zeiten. Wir sind ausgelaugt, genervt und kraftlos – und suchen Erholung und Entspannung. So sehr wie nie zuvor. Noch nie war uns der gelungene Urlaub so wichtig wie heute in einer Gesellschaft chronisch Erschöpfter. Tatsächlich reden alle nur noch vom Traumurlaub. Das Problem ist nur: Wie macht man den?

Was auf der Internet-Seite aussieht wie das Paradies, entpuppt sich nicht selten als Vorhof zur Hölle. Aber es sind ja nicht nur die verschimmelten Hotelmatratzen, die uns den Traum vermiesen. Wir stehen uns selber im Weg. Wir können unsere Alltagswelt nicht loslassen und kommen im Urlaub nicht an. Wir können nicht abschalten und finden keine Ruhe. Und wir verkrachen uns regelmäßig. Mit dem Partner, mit Freunden, in der Familie. Nirgendwo so sehr wie am Urlaubsort. Eigenartig, egal, wo es hingeht, am Ende sind wir doch enttäuscht. Es ist zum Heulen, aber keiner gibt es zu. Wir wehren uns so lange wie möglich gegen das bittere Eingeständnis, einen Alptraumurlaub verbracht zu haben. Auch noch zu Hause. Das Eingeständnis ist umso fataler, denn die Karibik ist längst auch für Durchschnittsmenschen zum Reiseziel geworden. Wir leben in atemberaubenden Zeiten, denn das Paradies ist plötzlich in erreichbare Nähe gerückt. Schon im Diesseits. Es ist demokratisiert, den Billigflieger nach Punta Cana können sich fast alle leisten.

Und: Wir sind nicht nur Verlockte, sondern auch Vertriebene. Die Sehnsucht scheint auch so groß zu sein, weil wir es in unseren Lebensorten nicht mehr aushalten. Wir wollen raus aus einer Hölle aus Alltag und Stress. Und landen in der nächsten: Urlaubshölle.

Noch nie gab es so viel Urlaub, aber auch noch nie haben wir uns so leer gefühlt. Wir reisen an unsere Traumziele um die halbe Welt, aber weder erholen wir uns dort wirklich, noch sind wir von diesen Orten bereichert, beglückt oder sonst irgendwie beschenkt. Trotz einer Lawine von äußeren Eindrücken regiert am Ende oft nur der Verdruss.

An nichts werden so große Erwartungen geheftet wie an den Jahresurlaub, aber auch nichts geht regelmäßig derart in die Hose. Kein Wunder, denn wir unterschätzen die freien Tage. Genau betrachtet ist Urlaub die vielleicht härteste Zeit im Jahr. Eine absolute Ausnahmesituation. Deswegen sind wir gerade im Urlaub so oft gereizt, gestresst, angefressen. »La vie est une crise perpétuelle. Vivre c'est survivre.« Ich glaube, das hat der französische Philosoph Jacques Derrida gesagt. Der Satz gilt auch oder erst recht in der Freizeit, die uns vergönnt ist. Was bringt uns im Urlaub auf die Palme – und wie kommen wir wieder runter? Das ist die große Frage, die das Erkenntnisinteresse dieses Buches leitet.

Urlaub ist alles andere als ein Selbstläufer – und immer ein Experiment mit offenem Ausgang. Im Urlaub kommt man immer mit anderen, aber vor allem mit sich selbst in Kontakt. Das macht die Sache so spannend.

Oh, it's such a perfect day,
I'm glad I spent it with you.
Lou Reed

1. SEA, SEX AND SUN –
WILLKOMMEN AUF DER TRAUMINSEL

Wo liegt das vollkommene Urlaubsglück? Ich verrate es
Ihnen. Dort, wo ein Gürtel aus weißem Pulversand die
türkisblau leuchtende Lagune vom grünen Dschungel
trennt. In einem Land ewigen Sommers. Was ist das
vollkommene Urlaubsglück? Selbstverständlich heißer
Sex ebendort. Auf einer einsamen Insel in der Karibik.
Unter Palmwedeln im kühlen Wind – und anschließend
ein eiskalter Cocktail. Und wenn gerade kein heißer Sex
zur Verfügung steht? Na, dann wenigstens der Rest.

Traumurlaube sind tropische Utopien. Traumstrände
sind Erlösungskulissen, vor denen wir so gerne den Film
unserer Wunschfantasien abspielen lassen. Nur sträuben
sich diese Träume allzu oft, Realität werden zu wollen.
Das fängt schon damit an, dass wir zur Realisierung dieses Tagtraums nicht mit einem Hollywood-Staraufgebot,
sondern nur allzu oft in anderer Besetzung anreisen.
Selbst wenn sie dann in St. Barth in der Sonne döst, liegt
ja nicht plötzlich Brad Pitt neben ihr und lächelt ihr ver-
führerisch zu, sondern eher eine Art Günther Jauch. Und
für ihn ist es eben nicht Angela Jolie, die sich da sorgfältig

den Sonnenschutz aufträgt, und auch keine Halle Berry, die da lasziv der Brandung entsteigt, sondern was da heranwatet, sieht eher nach Birgit Homburger (FDP) aus. Die Landung auf der Trauminsel ist meist ein Aufprall.

Die wilde Frische von Limonen

Ich bin mir sicher, Sie sind auch schon einmal ähnlich knapp an diesem Wunschtraum vorbeigeschrammt. Der Traum vom perfekten Urlaub auf einer exotischen Insel ist auch der Traum vom nie aufhörenden süßen Leben im Paradies. Und diesen Traum träumen viele, schließlich wird er einem ja auch von irgendwelchen Werbe-Fuzzis ständig vorgeträumt. Das Panorama-Foto vom Lagunen-strand, es prangte auch auf der Reisebüro-Wandtapete hinter Fräulein Straubinger, die mir früher immer die Angebote für die karibischen Inseln verklickert hat. Wenn ich es vor Fernweh gar nicht mehr ausgehalten habe, habe ich manchmal die Augen geschlossen und mir die *Fa*-Seifenwerbung ins Gedächtnis gerufen. Kennt jemand noch Bo Derek? Sicher. In der *Fa*-Werbung hüpfte näm-lich ein Bo-Derek-artiges Model durchs Niederwasser und eine Frauenstimme sang dazu »Na, nananaaah, nana, nanaaah«. Eine knurrige Sprecherstimme meldete sich: »Erregend wie ein Sprung in die prickelnde Kühle des Ozeans. So ist die frische *Fa*. Sie hat die wilde Frische von Limonen. Wenn der Ozean nicht zu Ihnen kommt, holen Sie ihn doch mit der wilden Frische der marmorier-ten *Fa*.« Heute muss man den Ozean nicht mehr mittels einer marmorierten Seife nach Hause holen, sondern man fährt einfach hin. Das Problem ist nur, dass einem nach der Landung auf der windstillen Reisebüroinsel oft gar nicht so erregend-frisch zumute ist, sondern einen bald schon der Urlaubsblues übermannt. Tja. Dann lieber ab an die Bambus-Bar. Und erst mal einen Cocktail. Sex-on-the-Beach. Ach, vergiss' es! Lieber ein kühles Bier.

In der Spelunca-Schlucht

Ich war neunzehn Jahre alt. Mit einem Freund unterwegs. Nur Rucksack, Schlafsack, Zweimann-Zelt. Drei Wochen durch Südfrankreich gestreunt und danach von Toulon mit der Fähre nach Calvi an der nördlichen Küste von Korsika. Weil die Fähre erst am nächsten Morgen fuhr, trieben wir uns die Nacht über in irgendwelchen Bars herum, wenigstens solange sie noch offen hatten, und brachten schließlich die letzten paar Stunden bis Sonnenaufgang im Hafengebiet von Toulon zu – tatsächlich in unsere Schlafsäcke gekauert auf einer mit Gestrüpp überwucherten Verkehrsinsel, die sonst als Hundeklo genutzt wurde.

Einen Tag nach unserer Ankunft in Korsika war das vergessen. Wir stiegen bei sengender Hitze hinunter in die Spelunca-Schlucht in der Nähe des Örtchens Evisa. Wir hatten den Tipp bekommen, ein wahres Paradies erwarte uns da unten. Spelunca-Schlucht. Allein der Name schon! Betörend, verrucht. Ließ manches erahnen. Eine tief abfallende, steile Felsenschlucht, in der sich ein wildes Gebirgsflüsschen ergoss. Kaskaden stürzten sich alle dreißig, vierzig, fünfzig Meter in große Bassins, die aus ausgewaschenen Granitfelsen geformt waren und in denen das Wasser je nach Untergrund einmal herrlich türkis schimmerte, einmal tiefblau leuchtete. Es gurgelte und brauste überall, umso mehr, je tiefer wir hinunterstiegen. An solch einem Bassin legten wir uns auf einen großen Felsblock, der einsam ins Wasser ragte, und bestaunten ehrfürchtig jenes paradiesische Stückchen Natur, das wir entdeckt hatten.

Wir hatten Sommerferien und waren gewissermaßen der Welt entrückt. Wir meinten, das Leben selbst zu spüren. Und wir waren etwas abgerupft, wie man halt abgerupft ist, wenn man jung ist und seit fünf oder sechs Wochen die Heimat nicht mehr gesehen hat. Und eben jetzt in Korsika abhing. Es war also ein »perfect day«, ein stahlblauer Tag, wohl einer der heißesten Tage in diesem August. Zikaden zirpten wie im Fieber – in der stechenden Sonne jenes von schattenspendenden Laubbäumen umrankten Idylls. Wir plauderten ein bisschen, tauschten Lebenspläne aus, verglichen individuelle Präferenzen hinsichtlich des Aussehens und der Beschaffenheit optionaler Wunschpartnerinnen – nahmen ein Bad im eiskalten Gebirgsbach, beobachteten liebliche Libellen und Eidechsen, die sich an die heißen Felsen schmiegten und deren schneller Pulsschlag die Haut an ihren ledrigen Hälsen rasend schnell hob und senkte. Alles schien möglich – und doch fühlte ich damals, dass zwischen mir und meinem Glück eine Art undurchdringliche Glaswand stand, von der ich nicht wusste, wie ich sie überwinden sollte.

Wir kühlten französisches Bier in kleinen grünen Flaschen im Wasser und verfielen in Schweigen. Der Schweiß rann uns die Rückenkuhle hinunter, bis er den Saum der Badehose erreicht hatte und sie durchtränkte. Kein Mensch war zu sehen, kein Laut zu hören – außer dem Brausen des Wassers, das sich von oben in einen gurgelnden Sog hinabstürzte.

So mag das eine oder andere Stündchen vergangen sein, als wir gleichzeitig aus unserem dösenden Driften ins Hier und Jetzt einer unglaublichen Gegenwart zurückgeholt wurden: Und zwar dadurch, dass auf einmal ein zusätzliches Geräusch die Monotonie des Zirpens und Plätscherns durchbrach, an das wir uns schon gewöhnt hatten. Eine Art Aufklatschen, verbunden mit dem nachfolgenden Zischen aufspritzenden Wassers. Wir blickten geblendet vom Sonnenlicht hinüber zur Quelle des Geräuschs, sahen an der Wasseroberfläche aber nur Verwirbelungen. Alsbald erkannten wir unterhalb der Oberfläche eine sich mit kräftigen Armzügen fortbewegende Gestalt, die ein paar Meter weiter auftauchte und sich geschmeidig auf den Felsen direkt vis-à-vis von uns geschmeidig hinaufzog. Sie schleuderte ihre langen braunen Haare nach hinten, wrang sie aus und saß da wie das Kopenhagener Meerjungfräulein. Ein Mädchen, ein Engel und doch nur eine Fata Morgana? Sie blickte bald um sich, etwa so, wie wir dies zuvor allenfalls in der *Fa*-Werbung gesehen hatten. Diese Gestalt, so ließ sich nun erkennen, war ein schlankes, tiefbraun gebranntes wunderschönes Mädchen, bekleidet nur von einem neon-hellroten Nichts. Um ihren Hals baumelte eine große goldene

Kette, der Anhänger war ausgerechnet das Henkelkreuz, jenes ägyptische Fruchtbarkeitssymbol und Zeichen für das ewige Leben. Das Amulett funkelte irisierend, und blendete uns fast. Aber uns entging nicht, wie das kalte Wasser von den Brustwarzen der Schönen perlte und dass sie noch etwas außer Atem war.

Wir waren wie vom Schlag getroffen, wussten nicht, was hier vor sich ging, wollten ihr ein Handtuch reichen. Was für eine Fügung! Wir starrten uns ungläubig an, ohne ein Wort zu wechseln. Die Schöne hingegen schien keine Notiz von uns zu nehmen und blickte an uns vorbei, auf die Bäume ringsum, aus denen sich aufgescheuchte Vögel krächzend und flügelschlagend in den stahlblauen Himmel hinaufschwangen. Vielleicht eine Minute verging, jeder verharrte, keiner tat irgendetwas, um die Spannung zu lösen. Wie bei einem seltenen Schmetterling, dem man sich nähert, um ihn mit einem sanften Griff einfangen zu können, galt es jetzt erst einmal, ja keinen Fehler zu machen.

Während wir beide nach dem passenden französischen Sätzchen fahndeten und so wohl noch eine ganze Stunde vergangen wäre, tatsächlich aber nun schon zwei Minuten verstrichen waren, blieben wir untätig. Nicht nur, weil wir vom Reiz des Mädchens wie benebelt waren, sondern wohl auch, weil wir instinktiv erahnten, dieses Geschöpf nie erreichen zu können. Und wie es beim Betrachten eines Schmetterling ist: Besser man verharrt in der Distanz, um wenigstens ein wenig seiner Schönheit bewundern zu können – als dass man näher tritt und vielleicht alles verdirbt, wenn man ihn erschreckt und er davonflattert. Die erste Erkenntnis, die über mich kam, nachdem ich mich aus der ersten Starre zu lösen vermochte, war: Die und keine andere wollte ich haben. Und ich wusste sogleich genauso gut, ich würde dieses Mädchen nie erreichen. Das war die bitterste Erkenntnis meines bis dahin noch so jungen Lebens.

Es ging nun nicht mehr lange und ein anderer erreichte die brünette Schönheitskönigin. Irgendein Franzose aus dem Fitness-Studio, wahrscheinlich hieß er Thierry oder Alain mit technischem Berufsfeld. Gut möglich auch, dass er Pilot bei der Luftwaffe oder Lackaffe von Beruf war. Plötzlich und unerwartet, aber dann lärmend und übermütig stürzte er sich von einem Felsenplateau weiter oben an uns vorbei ins Wasser hinunter, eine Stelle, die von uns aus nicht einsichtig war, und erschreckte seine Angebetete so sehr wie uns. Er kletterte auf den Felsen hinauf und begann vor den Augen von uns Bemitleidenswerten die Schöne zu küssen und zu bezärteln. Sie ließ es sich zu allem Unheil auch noch wohl gefallen. Wir wandten uns angewidert ab. Kramten belanglose Lektüre aus unseren Rucksäcken, vernahmen noch weitere störende Gefühlsäußerungen des Paares, wie es in der Ferne verschwand – und hatten Mühe, die aufkommende schlechte Laune zu verscheuchen. Mitten im Paradies.

Toskanische Vesper

Der Urlaub wie das Leben, beide sind nie so perfekt, wie wir das gerne hätten. Aber trotzdem wollen wir von unseren Träumen nicht ablassen. Wir brechen unverzagt alle Jahre wieder auf, bis sie hoffentlich in Erfüllung gehen. Fünfundzwanzig Jahre später war ich tatsächlich traumhaft glücklich verheiratet – und war dem perfekten Urlaub schon viele Male verdammt nahe gekommen. Ich Glücklicher. Und weil man vom Guten, Schönen, Hellen nie genug bekommen kann, fuhren wir in den Urlaub, so oft es nur ging. Meine Frau und ich.

Es hatte so charmant begonnen, der Wiener Schmäh, eine Vertrauen einflössende Stimme am Telefon bei der Buchung, ich stellte mir einen gebildeten, onkelartigen älteren Herrn vor, kulturbeflissen, womöglich mit Lesebrille am Kettchen, gütig – ein Humanist, ein Habsburger Gentleman. Ein österreichischer Leonardo da Vinci als Ferienhausvermieter. Sein Häuschen am Ende einer von Zypressen gesäumten Märchenallee, mit Geschmack eingerichtet natürlich, die Erholung wundervoll, Abhängen in der Hängematte in seinen hängenden Gärten. Wir kamen von Südtirol, anstrengende Autobahnen, die Teufelsstrecke von Bologna nach Florenz durch die Abruzzen, auf und ab, durch Galerien, Tunnel, engste Streckenführung, zehn Stunden geschätzte Fahrzeit. Dann endlich der Blick auf Massa Marittima. Die Anfahrt zu unserem Schlösschen durch vier Kilometer Unterholz, Gestrüpp, Dornenäste, die auf die Windschutzscheibe peitschen, staubiger Feldweg steil bergan, Reifen, die im Kies hohl drehen. Ausgedörrtes Land, ein verrostetes Gatter quietscht zur Begrüßung im Wind. Alles verrammelt, kein Laut zu hören. Hundert Meter weiter ein Haus, eher eine Baracke. Krähen schreien. Und dann

Stille. Ich bilde mir ein, Ennio Morricones »Spiel mir das Lied vom Tod« zu hören.

Das muss das Wohnhaus des Vermieters sein. Klopfen. Erneutes Klopfen. Erneutes, eindringlicheres Klopfen. Ein Hund bellt wie verrückt geworden.

Ein Mann öffnet. Ein Gesicht wie aus einem Hieronymus-Bosch-Gemälde. Etwa sechzig Jahre alt, schlecht rasiert. Gelbe Zahnstümpfe, augenscheinlich schwerer Alkoholiker, ockergelb geschwitztes Unterhemd, das aussieht, als sei es in flüssigem Bienenwachs gehärtet worden. Ich wahre die Form, aber Unwohlsein bemächtigt sich meiner Herzkranzgefäße. Meine Frau drängelt sich nicht vor.

Wir gehen rüber zum »Objekt«. Der Pool sei defekt, mault er vor sich hin. Das sehe ich. Wasser drin – aber so voller Algen, das die Füllung eher an eingelegten Spinat erinnert. Das Ferienhaus, zugewachsen von Schlingpflanzen, der Holzladen ächzt, als Herr Schelling ihn auf die Seite zieht, dunkelgrüner Lack bröckelt ab, abgeplatzter Putz rieselt auf den rissigen Terracotta-Boden. Spinnweben, Spinnennetze, Spinnen an Fäden. Licht fällt ins Innere. Heilige Maria voll der Gnaden. Ein dunkles Loch, ein Verließ, eine Gruft. Modergeruch aus dem Inneren. In diesem Pharaonengrab hat in den letzten fünfzehn Jahren keiner mehr eine Hand gerührt.

Schelling trollt sich: »Richten Sie sich erstmal ein. Viel Spaß noch!« Und schlurft davon. Wir schauen uns an. Oh, Gott. Ich habe hier zwei Wochen gebucht! Der Krisenstab tritt zusammen. Wir beschließen zu bleiben. Wenigstens eine Nacht. Morgen wollen wir weiter entscheiden.

»So habe ich mir unseren Toskana-Urlaub nicht vorgestellt«, mault Gabriele frustriert vor sich hin. Ich nicke ihr zu, setze mich auf einen Stuhl, begrabe mein müdes Antlitz erst einmal in meinen Handflächen. Fünf Minuten später stehe ich bei Schelling in der Tür. Er äugt hinter einem abgewetzten Perlenvorhang hervor. »Hä?« Einen Eimer und einen Putzlumpen bitte. Ich muss wenigstens das Schlafzimmer und den Wohnbereich auf Vordermann bringen. So kann hier ja kein Mensch übernachten. Herr Schelling bedeutet mir missmutig ihm zu folgen. Er bückt sich unter den Schüttstein seiner Campingküche. Ein Eimer wird aufgefunden. Und dann kommt der Moment, an dem Schelling endgültig verspielt hat. Während er noch in der Hocke gebeugt nach einem Lappen sucht, den er entbehren kann, entdecke ich über seine Schulter blickend im Eck des Spülschrankes einen neuen, noch original verpackten, deute auf diesen und möchte das Stück gerade an mich nehmen, als er innehält, mich kurz beargwöhnt, mir den Lumpen aus der Hand reißt und mir, der ich ihn basserstaunt anblicke, einen uralten, hartgetrockneten, grauen Batzen von Bodenlumpen überreicht, den er hinter einer Butangasflasche zu Tage fördert. Den soll ich nehmen. Okay, Herr Schelling, denke ich, alles klar.

Wir haben die Nacht überstanden. Auf Matratzen, die nach feuchtem Fisch rochen. Wir haben kaum ein Auge zugemacht. Am nächsten Morgen: Der vollständige Rückzug ist längst beschlossen, die Kapitulation wird vermeldet. Nein, so nicht, meine ich vor einem verdutzten Vermieter anderntags, der in exakt demselben Outfit in der Tür steht wie am Tag zuvor. »Ja, warum denn?«, will er wissen. Dann müssten wir aber den gesamten Aufenthalt bezahlen, meint er. Wir hätten gebucht! Ich biete ihm an, diese eine Nacht zu zahlen. Was er dafür will. »70 Euro!«, brummt er. Dann fällt ihm ein, dass er zusätzlich noch 50 Euro für die Endreinigung berechnen wolle. Ich erkläre ihm sachlich, dass sein Märchenschloss durch unseren Hygieneeingriff jetzt ja doch zweifelsohne viel sauberer, vortrefflicher, ja tendenziell wieder mietgeeigneter dastünde, als dies noch bei unserer Ankunft der Fall war. Jetzt, da man nicht mehr mit einem Entermesser die Spinnweben im Eingangsbereich durchhauen müsste, um in die Küche im hinteren Teil des Hauses vorzudringen. Da Vinci denkt nach. In Ordnung, sagte er dann. Schönen Urlaub noch!

Der Urlaub wurde tatsächlich zu einem der schönsten, den meine Frau, mein Sohn und ich zusammen je verbracht haben. Anderntags vermittelte uns eine sehr freundliche und engagierte junge Dame von der »tourist information« in Massa Marittima ein wahrlich idyllisches Domizil, ein alter Konvent, in dem moderne Appartements eingerichtet worden waren, auf einem Hügel gelegen, umgeben von Olivenbäumen und Zypressen, mit einem herrlichen Pool und zur Freude meines Sohnes sogar mit einem eigenen umzäunten Fußballplatz. Tagsüber gab uns Elisabetta, die Hausherrin, einen unschlagbaren Tipp. Die Cala Violina. Wohl der schönste Strand am Thyrrenischen Meer, den ich gesehen habe. Ich liebe das Meer. Ich liebe die Toskana. Und Schelling? Dirty old man? Ab ins Fegefeuer. Nein besser, ab in sein Ferienhaus.

Alles, was es auf dieser Welt zu kaufen gibt, ist nie so toll, wie es in der Werbung dargestellt wird. Eine banale Feststellung. Die Mettwurst, die Jörg Pilawa unterm Apfelbaum in der Lüneburger Heide verdrückt, kann gar nicht so gut schmecken, dass man davon einen Lächel-Krampf bekommt, wie ihn Pilawa seither durchs Fernsehstudio trägt. So ist es beim Urlaub ganz genauso. Den Urlaub aus dem Reiseprospekt gibt es so natürlich gar nicht. Das ist keine sonderlich spektakuläre Erkenntnis, dennoch muss man sich das immer wieder klarmachen: Solche Palmen, Lagunen und erst recht so eine Top-Stimmung, wie sie am Bacardi Beach herrscht, gibt es in Wirklichkeit weder auf Barbados noch auf den Seychellen. Urlaub ist eine Utopie. Und das Glück ist nie so groß wie das Versprechen. Ihm voraus geht eine Sehnsucht, die sich aber immer auf einen unerreichbaren Glückszustand richtet. Aber trotzdem halten wir insgeheim daran fest, dass es einen Traumurlaub gibt. Den nächsten vielleicht. Oder müssen wir nur lange genug suchen? Tatsächlich, manchmal gibt es doch so etwas wie perfekte Momente. Lou Reed singt von so einem »Perfect Day«, und wenn ich diesen Song auf meiner Gitarre spiele, träume ich selber den Traum vom perfekten Urlaub. Ich habe geschrieben, der perfekte Urlaub sei eine Utopie. Gut, aber keiner kann mir verbieten, dem Glück ein wenig näher zu kommen.

Tropical the island breeze,
all of nature, wild and free
this is were I long to be
la isla bonita.
Madonna

2. FLUCH UND SEGEN DER FREMDE

Strände des Schreckens

»Das Nichts gebiert die Angst«, schrieb einst Sören Kierkegaard. Als Däne muss er eigentlich gewusst haben,
wie sich ein Strand anfühlen kann. Als ein Mann, der
jahrelang an schweren Depressionen gelitten hat, obendrein. Die dänischen Nordseestrände sind breit, leer und
scheinbar endlos. Die See ist kalt, sehr rau und oft wird
sie von peitschenden Stürmen heimgesucht, welche die
Wellen bedrohlich anschwellen lassen. Die Brandung ist
dann wild, laut und gefräßig. Dänische Strände können
unheimlich sein. Wie alle Strände der Welt.

Der Strand ist ein Ort der Freiheit. Aber Freiheit muss
nicht unbedingt befreiend sein. Sie kann jede Menge
Angst machen.

Auch die Strände unserer Trauminseln können unheimlich sein. Äußerst unheimlich. Vor allem jene einsamen Strände, die uns so oft als Orte puren Glücks vor-
schweben. Wer einmal an einem solchen war, weiß, dass

diese menschenleere, unendliche Fläche eine ungeheure Einsamkeit in einem auslösen kann. Am unheimlichsten ist aber nicht das völlig menschenleere Gestade, sondern jenes, an dem außer uns noch ein anderer dubioser Mensch ist, dessen Silhouette sich in der Entfernung gegen den Atlantikhimmel abzeichnet – und von dem wir nicht recht wissen, was er uns bringen wird.

Der Strand ist ein ungeschützter, unzivilisierter, ein anarchischer, rechtsfreier und schutzloser Ort, ein Ort, an dem einem oft vom gleißenden Sonnenlicht die Sicht und vom lauten Meeresrauschen das Gehör genommen ist, wo keiner einen Hilfeschrei hören würde, geschähe hier ein Verbrechen. Albert Camus hat sich den Strand als Schauplatz eines Verbrechens ausgesucht. Hier in der prallen Sonne an einem menschenleeren Strand Algeriens erschießt Meursault einen Araber. Hier am Strand fühlt der Mensch sehr, sehr viel von seiner nackten Existenz. Seiner existenziellen Urangst.

Der Strand mit all seinem Sand und den Palmen – er ist manchmal ein grässlicher Ort. Ein Ort, an dem Gewalt eine große Rolle spielt. Und Sex. Sex, den man hat, oder Sex, den man nicht hat. Am Strand gibt es Voyeure und manchmal auch Exhibitionisten. Oft kann man sehen, dass oben auf der Klippe, da, wo die Parkplätze sind, Wagen anhalten, Männer aussteigen und die Strandgemeinde in Augenschein nehmen. Oft gehen sie auf und ab, stehen eine Weile rum, verschwinden in ihren Fahrzeugen und fahren wieder ab. Zur nächsten Bucht.

Der Strand ist ein Ort der Freiheit. Freiheit kann jede Menge Angst machen. Aber genauso glücklich. Nirgendwo so sehr wie an einem einsamen Strand ist man so abgeschnitten von der Welt, nur umgeben von Himmel, Sand und Meer. Nirgendwo so sehr kann man Zeit hinter sich lassen, Bedrängungen abstreifen, ozeanische Gefühle erleben. Nirgendwo so sehr fühlt man einen Tag, wie er aufzieht und zur Neige geht, wie sich die Stimmungen verschieben zum Abend hin. La isla bonita kann alles sein: Schauplatz für einen perfekten Tag vollendeten Glücks, Schauplatz eines Gruselfilms.

Vielleicht, weil viele die Erfahrung gemacht haben, dass es auch den anderen, den bösen Strand gibt oder dass es durch und durch unerfreuliche und grauenvolle Urlaubsreisen gibt, bleiben viele lieber zu Hause, schieben den Riegel vor, ziehen die Decke über den Kopf. Man kann auch im Wohnzimmer Urlaub machen oder in der Speisekammer oder auf dem Balkon oder in der Eckkneipe oder im Bett. Aber Urlaub ist in der Regel mit einem Ortswechsel verbunden – und das ist auch gut so. Ich werde später darauf zurückkommen, wie schädlich und ungesund es ist, das ganze Leben immer nur am gleichen Ort zu hocken und jegliche Fernreisen, aus welchen Gründen und Ausreden auch immer, auszuschlagen. Lieber raus aus der Bude. Das gilt gerade für all die Ängstlichen, die sich von allem Unbekannten so schnell einschüchtern lassen. Hinaus in die Welt, hinaus in die Fremde!

Nun könnte man einwenden, einen Urlaubsaufenthalt »in der Fremde« gebe es so pauschal ja gar nicht mehr. Tatsächlich ist es in der globalisierten Welt etwas kompliziert geworden mit der Fremde. Es gibt ein bisschen

Fremde, das ist vielleicht der Campingplatz im Nachbarort am Baggersee. Es gibt mehr Fremde, etwa, wenn der Espresso in einer fremden Sprache, zum Beispiel auf Bayrisch, bestellt werden muss, und es gibt viel Fremde, wenn morgens der Muezzin oder kommunistische Parteigenossen aus Lautsprechern den Tag begrüßen und nicht wie zu Hause die Glocken der nächstgelegenen Pfarrkirche.

Aber es ist noch verzwickter. Denn »weit weg« ist schon lange nicht mehr gleich »fremd«. Fremde hat nichts (mehr) mit Entfernung von zu Hause zu tun. Eigentlich gibt es auch ganz weit weg verschiedene Grade von Fremdheit. Wenn ich mich drei Wochen in einem Luxusresort auf Mauritius einbunkere, kann es sein, dass ich außer dem Zimmermädchen und dem Boy an der Bar keinem Einheimischen begegne, dafür am Pool aber Rainer Brüderle. Genauso kann man zu Hause im vermeintlich Vertrauten bleiben und Begegnungen der fremden Art gerade mal zwei Wohnblocks weiter machen. Es ist halt nicht mehr einfach heute. Aber ganz egal, wie viel Globalisierung uns auch zusetzt, das Fremde wird immer überleben, Fremdheit wird es immer geben. Jeder Urlaub ist ein Abenteuerurlaub und immer ein Aufbruch ins Unbekannte. Und gerade deswegen so voller Aufregung und Bauchschmerzen.

Urlaub oder Urwald?

»Urlaub« und »Urwald« gehören zu den häufigsten freudschen Versprechern. Kein Wunder, denn der Urwald steht für Unbekanntes, Gefährliches, Chaotisches, das verängstigt – und dasselbe assoziieren viele mit Urlaub, obwohl es natürlich keiner je zugeben würde.

Deswegen wollen die meisten auch gar keinen Urlaub an den wilden Inselstränden dieser Welt, sondern die entschärfte Variante. Eine Schönwetter-Exotik, die gleichzeitig vollkommen sicher, sozusagen gefahrenbereinigt ist. Und als Gefahr wird nicht nur der potenzielle Handtaschenraub in der Innenstadt von Palermo gewertet, sondern viel grundsätzlicher: die Begegnung mit allem, was fremd ist, zuallererst mit den Einheimischen. Im Grunde suchen die meisten zwar Urlaub im exotischen Ambiente, aber so wenig Fremdheit wie möglich. Die meisten Menschen reagieren auf ungewohnte Lebensumstände extrem verunsichert. Und eben darum gibt es auch viele, die den Sprung ins unbekannte Reiseland vermeiden. Solche Menschen haben Angst vor der Orientierungslosigkeit, fürchten, nicht zurechtzukommen, überfordert zu sein von dem Außen, das da auf einen einprasselt. Das Phänomen hat mit nichts weniger als mit unserer Evolution zu tun. Wir haben eine wohl biologisch bedingte Abneigung, ja Urangst vor dem Unbekannten, die wir als spätes Erbe der grauen Vorzeit in uns bewahrt haben. Für unsere urzeitlichen Vorfahren war es noch tatsächlich überlebenswichtig, auf Unbekanntes und Verunsicherndes überaus vorsichtig zu reagieren, in Alarmbereitschaft zu sein, auf das Schlimmste gefasst zu sein, wenn sie auf einmal in unsichere Lebenssituationen hineingerieten. Aber auch heute wird uns noch immer ganz unbehaglich zumute, wenn wir uns auf ungewohnte Umgebungen einstellen sollen. Für viele Menschen bedeutet ein Ortswechsel Stress – und sogar der Körper reagiert entsprechend.

Zwar liest man immer wieder, Reisen bekämpfe Depressionen, allein schon weg zu sein von der Alltagswelt, ein Tapetenwechsel, könne Heilungsprozesse anstoßen, aber andererseits gibt es auch Untersuchungen, die zeigen, dass Reisen krank machen kann. »Zustände der Verwirrtheit« seien laut Autor Jens Clausen, »die häufigsten Einweisungsdiagnosen bei Tropentouristen.« In einem Essay in *Psychologie heute* berichtet er von einem deutschen Touristen in Neu-Delhi, der zwei Jahre als verschollen galt und schließlich abgemagert, vor einem Hindutempel sitzend aufgefunden wurde, unverständliches Zeugs vor sich hinbrabbelnd. Als schließlich der deutsche Konsularbeamte neben ihm stand, soll er gesagt haben: »Schön, dass Sie endlich kommen, ich habe Sie bereits auf transzendentalem Weg gerufen.«

Aber es begleiten uns eben nicht ständig deutsche Konsularbeamte im Urlaub. Wer seine vertraute Umgebung verlässt, begibt sich immer in eine Ausnahmesituation der Schutzlosigkeit, unter der die Gesundheit leiden kann. Von psychischen Destabilisierungen, von Reisepsychosen, regelrechten Panikattacken ist da die Rede, aber auch psychosomatischen Symptomen. Auch ich, als Ihr Reiseleiter durch dieses Buch, kenne mich da trefflich aus. Und wem nicht gleich der Kopf schwirrt, den trifft es sehr wahrscheinlich im Magen-Darm-Bereich.

Montezuma war ja eigentlich Azteke. Seine Rache richtete sich gegen die Spanier. Ich weiß nicht, ob es auch im antiimperialistischen Befreiungskampf Schwarzafrikas eine historische Figur gibt, die Montezuma ähnelt. Was es in Afrika dagegen todsicher gibt, ist ein Symptom, das dem von Montezumas Rache stark verwandt ist: Reise-Diarrhoe, bei Nil-Kreuzfahrten spricht man übrigens auch vom »Fluch des Pharao«. Mich ereilte er übrigens einst auf einer Safari im kenianischen Nationalpark Tsavo. Der Fluch kam innerhalb kürzester Zeit über mich, seltsamerweise aber nicht über meine Frau und meinen Sohn, die bis dahin genau dasselbe gegessen und getrunken hatten wie ich. So dass ich noch vor Erreichen des Nationalparks auf der holperigen Fernstraße nach Nairobi eigentlich einzig und allein damit beschäftigt war, die Kraft aller verfügbaren Unterleibsmuskeln aufzubieten, um zu verhindern, dass ich in meine beigefarbene Safari-Hose machte, die ich mir für dieses Abenteuer extra gekauft hatte. Drei Tage und drei Nächte hatte ich reiswasserartige Durchfälle, hohes Fieber, Schüttelfrost. Völlig geschwächt und ausgezehrt wurde ich am Ende vom Manager unseres Hotels am Diani-Beach, der mit Vornamen tatsächlich »Kennedy« hieß, nach Mombasa in ein Krankenhaus gebracht, wo man mir intravenös jede Menge Antibiotika verabreichte – und mir das Leben rettete.

No Risk, no Sun

Also dann lieber doch zu Hause bleiben? Auf keinen Fall! Es ist ganz normal, man muss eben durch Turbulenzen, um am Urlaubsstrand anzukommen. Die Aufregung

gehört genauso zur Geburtstagsparty wie das Lampen-
fieber zu einem Bühnenauftritt. Es gilt, sich trotz aller
Anfangsnervosität der Fremde zu nähern und sich an sie
zu gewöhnen. Dann wird man sie bald genießen können. Man muss eben durch eine irritierende Phase der
Selbstaufgabe, bis sie einem ihre Schönheit offenbart.
Dazu gehört es auch, sich auf die Menschen seines Urlaubsorts einzulassen. Hermann Hesse spricht in einem
seiner Essays zum Reisen davon, dass man dabei nur
etwas Wertvolles erleben könne, wenn man zu seinem
Zielort eine »seelische Beziehung« einginge.

Das aber wollen viele gar nicht. »Seelische Beziehung« – wozu das denn? Weil nur die wenigsten Fern-
reisenden Lust auf solche anstrengenden Transforma-
tionsprozesse haben, gibt es auch für dieses Problem eine
Lösung. Die exotische Insel bleibt im Angebot – aber
jetzt im Kombipack mit einer gleichzeitigen Schutz-
garantie vor jeglicher Fremdberührung. Die »Fremde«,
die es heute bei den Reiseveranstaltern zu buchen gibt,
ist daher fast durchweg eine, die vorbereitet, entstört und
gesichert ist – vor unliebsamen Überraschungen.

An den weißen Traumstränden in Kenia bewachen uns
Regierungssoldaten vor störenden Einheimischen, die uns
mit ihrer schreienden Armut bedrängen und ein Almo-
sen fordern könnten, in den meistens karibischen oder in
der Südsee gelegenen Paradiesen sind es »Resorts« oder
andere »Gated Communities«, umzäunte, abgeschirmte
Areale, in die wir uns begeben: Am Ende ist das Fremde
allenfalls die andersartige intensive Sonneneinstrahlung,
ungewohnte Winde und Wolkenformationen, Pflanzen

in der Hotelanlage, ein paar exotische Früchte, die nun auf dem Frühstückstisch liegen. Gut möglich, dass auch diese eingeflogen sind.

Eine weitere populäre Möglichkeit, dem unangenehmen Fremdkontakt auf Urlaubsreisen zu entgehen: man nimmt das Wohnmobil. Das Wohnmobil ist nicht nur so herrlich praktisch, dazu ein Garant für vollkommene Unabhängigkeit auch in Lappland, Australien oder in der Wüste Gobi, sondern immer irgendwo auch Ausdruck von Ängstlichkeit und Misstrauen gegenüber der eigenartigen Außenwelt, die man da bereist. Ein Wohnmobil ist tatsächlich die fahrbare Gewähr dafür, dass man auf dieser Reise – außer dem Kurzgespräch mit dem Schweizer Zöllner – so gut wie ohne missliebigen Außenkontakt auskommt. Und abends dann, auf den Campingplätzen dieser Welt trifft man sowieso nur die anderen Wohnmobilfahrer.

Im Wohnmobil nimmt man das Vertraute von zu Hause mit. In ihm unterwegs sind all die Zwangsautarken, die so eingerichtet sind, dass sie eine Atomkatastrophe an der Algarve ein halbes Jahr überleben könnten, ohne je ihren fahrenden Schutzbunker verlassen zu müssen. Auch zu dieser Spezies gehören Busreisende, bei denen ihre Veranstalter dafür sorgen, dass es keine direkte Feindberührung gibt. Die Veranstalter organisieren sozusagen die Kontaktvermeidung und isolieren den ängstlichen Touristen von jeder Gefahr einer direkten Begegnung mit der anderen Kultur. Um potenziellen inneren Aufwirbelungen zu entgehen, kann man natürlich auch noch etwas ganz anderes tun: immer wieder bereits bewährte, quasi krisensichere Urlaubsziele ansteuern. Entweder dorthin fahren, wo die anderen auch hinfahren – tatsächlich sind die meisten Touristen Nachahmungstäter – oder dorthin, wo man schon seit zweiundzwanzig Jahren seine freien Tage verbringt. Also jedes Jahr lieber nach Meran oder an den Wolfgangsee als in die Mongolei oder nach Tijuana. Und wenn man nach zwanzig Jahren doch einmal das Urlaubsziel wechseln sollte, dann nur voll durchorganisiert: So durchgeplant, verwaltet, abgesichert hat noch keine Generation vor uns Ferien gemacht.

Gerade wir Deutschen meinen zu wissen, dass wir uns auf niemanden außer auf uns selbst verlassen können. Und so reisen wir auch. Wir kümmern uns rechtzeitig um alles. Impfungen gegen Tetanus, Kinderlähmung, Diphtherie, Typhus, Hepatitis A + B + C, auch wenn die Reise nur in die Uckermark geht. Wir schließen selbstverständlich vorher eine Reisegepäck- sowie eine Reiserücktrittsversicherung ab. Wir installieren vor der Abreise den Bewegungsmelder im Garten, beauftragen den Nachbarn (dem wir im Grunde auch nicht trauen), den Briefkasten zu leeren und dreimal täglich die Rollläden zu aktivieren, Lichter an- und auszuknipsen, um potenziellen Einbrechern die Illusion der durchgängigen Bewohntheit unseres Häuschens zu vermitteln. Alle wichtigen Dokumente, Ehrenurkunden, TÜV-HU-Zertifikate, Erbscheine und Impfpässe werden vor der Abreise außer Haus gebracht und bei der Schwiegermutter deponiert, damit sie im Falle eines Hausbrandes oder Terroranschlags nicht verloren gehen. Einen anderen Papierberg an Reisedokumenten

führen wir dagegen stets mit uns: Blutgruppenzugehö-
rigkeit, Organspendepass, Krankenkassenmitglieds-
karte, ADAC-Schutzbrief, Auslandskrankenschein,
topografische Karten. Geht es in den Süden, verwenden wir Sonnenschutz-Faktor 50, apothekenpflichtige
Schutzmittel gegen jene Lästwanzen und Mücken, deren
Stiche Leishmaniose auslösen können, was bekanntlich
zur »Orientbeule« führt. Und wir sind stets auf der Hut.
Ganz wichtig auch: der Brustbeutel. Nein, ich korrigiere
mich. Denn der wurde ja mittlerweile durch den umgür-
teten Bauchbeutel ersetzt. Immer gilt: Wertsachen eng
am Körper halten, und Rucksack nach vorne aufsetzen,
nicht nur im Gewühl von Jaunde oder Freetown Sierra
Leone, sondern eben auch schon in Bad Ems oder Vil-
lingen-Schwenningen. Der Teufel ist ja bekanntlich ein
Eichhörnchen.

Angst fährt immer mit

Und trotzdem, wir ewigen Kontrollfreaks werden es nie
schaffen, in Eigenregie die allgemeine Sicherheit herzustellen. Weder auf Madagaskar noch in Malaysia. Und so
bleibt uns nicht anderes übrig, als uns immer ein bisschen
aufzugeben, uns fallen zu lassen, uns wehrlos in die Fremde hineinzubegeben. Aufbrüche, egal, ob in den Urlaub,
in einen neuen Job, in neue Lebensräume oder -abschnit-
te, sind immer turbulent, wirbeln etwas auf in unserem
Inneren. Aber obwohl eigentlich jeder im Laufe seines
Lebens die wohltuende Erfahrung macht, dass solch ein

Aufbruch nahezu immer von Erlebnissen, Erfahrungen der außergewöhnlichen Art belohnt wird, hemmt uns da etwas immer und immer wieder. Das liegt wohl daran, dass uns noch die stupideste Routine, das schalste Arrangement, noch die ödeste Gewohnheit lieber ist als das Wagnis, unbekanntes, unsicheres Terrain zu betreten. Wir bevorzugen, so scheint es, ein latentes Unwohlsein innerhalb der modrigen Mauern unserer mühsam verteidigten Behaglichkeitsburg, anstatt die gewohnten Bahnen zu verlassen, uns zu verändern, auszubrechen aus der alten, ranzigen Behaglichkeit.

Gerade in der Fremde ist es wichtig, ein hohes Maß an Ungewissheit ertragen zu können, im Psychodeutsch nennt man das, über eine hohe Ambiguitäts-Toleranz zu verfügen. Aber die haben nur wenige. Warum? Wir fürchten uns vor dem Ungewissen. Und vor einem geahnten Schmerz, den das Verlassen des gewohnten Alltags mit sich ziehen könnte. Hier wie dort gilt es, Ambivalenzen auszuhalten. Die meisten denken: Wenn ich das schon tun muss, dann ziehe ich das Vertraute dem Fremden vor. Die Ambivalenzen des Lebens im Vertrauten kenne ich wenigstens, die der Fremde nicht.

Aber auch bei denen, die den Sprung wagen, bleibt die Ängstlichkeit ein stiller Reisebegleiter. Man kennt vielleicht das Bild aus dem ICE, die Sorte ältere Damen, die eine Fernreise von Osnabrück nach Mittenwald bestreiten, dabei die gesamte Fahrt über den Mantel und Hut anbehalten und krampfhaft den Griff ihres Hartschalenkoffers umklammern, wohl damit ihnen diesen keiner entreißen kann, bevor sie am Urlaubsziel ankommen. Man erlebt immer wieder Überraschungen über das Ausmaß der Furcht und Beklemmung vor dem Auswärtigen, die in überaus kräftezehrende Strategien münden, doch noch irgendwie die Kontrolle zu behalten.

In einem österreichischen Fünf-Sterne-Hotel in den Alpen begegnete ich einmal einem sonderbaren Menschen. Er schien augenscheinlich allein hier zu urlauben. Auf den ersten Blick das krasse Gegenteil der ängstlichen alten Dame. Ein selbstsicher auftretender, charismatischer Typ, ein braungebrannter, asketischer, etwa sechzigjähriger Mann, zweifelsohne eine Inkarnation des großen Siddharta – oder wenigstens seines kleinen Bruders. Er verbreitete eine beneidenswerte Entspanntheit, schuf eine Atmosphäre um sich, wie es nur wenige können: nämlich völlig in sich zu ruhen und anscheinend mit sich und der Welt in völligem Frieden zu sein. Der Mann war augenscheinlich Vegetarier, ein weises Lächeln umspielte unentwegt das Gesicht eines Mönches. Ich traf auf ihn ein weiteres Mal in der Sauna ein paar Tage später. Ich erkannte ihn sofort, als ich die Tür öffnete, er war der Einzige hier, es war erst später Nachmittag – und es waren noch nicht viele Gäste im Wellness-Bereich. Aber der Mann saß nicht nur irgendwie nackig auf seinem Handtuch mit auf den Knien aufgestützten Ellbogen und schwitzte vor sich hin, nein, er hatte die Meditationshaltung im Yoga-Sitz eingenommen und ließ sich nicht aus der Ruhe bringen, als ich den Raum betrat. Er meditierte also bei 85 Grad Celsius, was meine erneute Bewunderung für diesen ungewöhnlichen Zeitgenossen auslöste. Als ich schon neidisch auf so viel innere Gelassenheit den Blick von ihm abwand, fiel mir auf einmal etwas auf, was mich vollkommen irritierte. Ich konnte deutlich erkennen, dass Siddhartha in der rechten Hand seinen Zimmerschlüssel mit dem klobigen Hotel-Anhänger aus Messing eng umschlossen festhielt – und dies offenbar in der tiefsten Selbstversenkung. Er befürchtete anscheinend, dass ihm während seines Saunagangs der Zimmerschlüssel entwendet werden könnte, hätte er ihn draußen in der Tasche seines Bademantels oder auf seiner Liege deponiert. Das Thema Loslassen – es ist offenbar nicht nur für Normalsterbliche, sondern auch noch für manchen ausgebufften Yogi kurz vor der Buddhaschaft eine Dauerbaustelle in der Lebensbewältigung – und das hat dann doch auch wieder einen beruhigenden Effekt für alle, die sich für unrettbar hektische Nervenbündel halten. Die Angst reist immer mit. Gerade wenn wir nackt und schutzlos sind, und erst recht, wenn wir uns im fremden Terrain bewegen. Wir trauen der Fremde nicht über den Weg. Noch nicht mal in der am besten abgesicherten Fremde, die auf dieser Welt zu buchen ist – und das dürfte jene sein, die einen in einem Alpenhotel der Spitzenklasse erwartet.

Bammel haben alle. Selbst die vermeintlich Kühnen, die über wilde Meere fahren, fremde Kontinente bereisen – und in Regionen der Welt vorstoßen, die noch vor ein, zwei Generationen eine Sensation gewesen wären! Ich kenne Globetrotter – heute heißen sie »Back Packers« – coole, lockere Typen, äußerlich unerschrocken und nassforsch, die wohl schon alle Länder dieser Welt bereist haben, ich vermute allerdings bei etlichen, ohne diese wirklich erlebt zu haben. Die Welt ist voll von solcherart gelangweilten Vagabunden, die auf den Spuren von »Lonely Planet« vorzugsweise durch Asien und Südamerika trotten, es aber keinen Tag versäumen, ihre letzten GPS-Koordinaten nebst Temperaturangaben und anderen Daten äußerlicher Befindlichkeit in die Empfangsgeräte ihrer »Community« zu twittern, Weltreisende, die trotz aller Exotik immer nur durch Kulissen waten, die kaum innerlich aufnehmen, was ihnen äußerlich begegnet. Jenes unaufhörliche Nutzen von Mobiltelefonen und der periodische Besuch im Internet-Café hat dabei für solche Ruhelosen nicht so sehr die Funktion, zu überprüfen, ob sich während der Abwesenheit irgendetwas Wesentliches zu Hause verschoben hat. Es geht eher darum, sich zu vergewissern, ob die vertraute Welt zu Hause auch noch nach zehn Flugstunden und einer Landung in Thailand zuverlässig »da« ist. Ein Mobiltelefon-Anruf aus der Südsee nach Gütersloh kann eine ähnliche Funktion haben wie der kurze Blickkontakt eines im Sandkasten vor sich hin krabbelnden Kleinkindes, das nach ein paar Metern Freiheit innehält und sich durch das Hinüberschauen zur Mutter versichert, dass noch alles gut ist. Mobilfunk-Anrufe, E-Mails oder SMS-Botschaften, sie alle sind unsichtbare Sicherheitsnetze, die wie über Satelliten gespannt sind und die Ängstlichen mit zu Hause verbinden. Sie geben Halt – das ist ihr viel zu selten erkannter Sinn. Wenn einer nach der Landung am Kofferfließband steht und erleichtert in sein Smartphone ruft: »Mutter, wir sind jetzt in Amsterdam gelandet«, dann hat das weniger kommunikativen Nutzen als rituellen Sinn.

Es wird ein Seil geworfen, das diesen Menschen mit dem sicheren Zuhause verbindet, mit dem Nest, aus dem man ausflog, mit der Mama oder Beschützerin. Anstatt die Unsicherheit in der Freiheit auszuhalten, geben wir nur zu gerne dem Impuls nach, ständig Sicherheiten zu überprüfen. Das ist unheimlich anstrengend. Vor allem aber verhindert es, dass wir uns an die Urlaubs-Unsicherheit gewöhnen, wir wirklich in der Fremde ankommen und uns dann erst an ihren Reizen erfreuen können. Das ist, bei allem Segen, der eigentliche Fluch der modernen Kommunikationsrevolution.

Juässei: It's so scary!

Oder haben die ewigen Vorsorge-Treffer, die immer Misstrauischen, die Angsthasen am Ende sogar recht? Kennt nicht jeder eine Geschichte aus dem Bekanntenkreis, wo einer beklaut oder sogar ausgeraubt wurde – oder noch viel Schlimmeres?

Für viele gehört ein Trip in die USA zu den unerlässlichen Grunderfahrungen, die man durchlaufen haben sollte, um ... Ja, warum eigentlich? Auf jeden Fall, um mitreden zu können. Diese USA-Urlaube, die man meist in der ersten Lebenshälfte hinter sich bringt, verlaufen in der Regel nach einem erkennbaren Muster ab. Man fliegt nach »drüben«, meistens in den Osten des riesigen Landes, nimmt sich einen Leihwagen und fährt über mehr oder weniger verschlungene Umwege nach L.A., Santa Monica, Ventura, sprich: California. Eben vom einen großen Wasser im Osten zum anderen im Westen – und spult auf diese Weise circa 5000 Meilen ab. Dabei ist fast sicher davon auszugehen, dass es unterwegs zu Road-Movie-ähnlichen Szenen kommt und genauso zu Übernachtungen in Motels, deren grundsätzlich Mulmigkeit verströmendes Ambiente man zuvor schon in vielen Hollywood-Filmen oder TV-Serien gesehen hat.

USA ist tatsächlich immer auch etwas »scary«. Denn hier erleben viele zum ersten Mal die amerikanische Einsamkeit in der Unendlichkeit der Prärie, die sich alsbald wie in einem Wenders-Film wozu wandelt? Richtig: zur inneren Abgründigkeit, im Sinne einer existenzialistischen Verlorenheit, oder heideggerianisch: Geworfenheit im Sein und einem sozusagen als gefühlter freier Fall solcherart den Boden unter den Füßen wegzieht. Die Bedrohungen der Unbegrenztheit, die Haltlosigkeit der amerikanischen Verlassenheit, das alles nistet sich dann in die Seele ein wie ein schlecht verdauter Mango-Vanille-Joghurt. Aber eigentlich hat man sich für diese Art Ungemütlichkeit schon längst entschieden, wenn man sich entschließt, hierherzukommen. Wie auch immer, im Motel kommt es oft zu ganz und gar gruseligen Situationen. Da herrscht dann gerne so eine Stimmung wie bei »No Country for Old Men«. Wir warten darauf, dass sich Javier Bardem mit dem Bolzenschussgerät vor der Tür ein Stelldichein gibt.

Damit Javier Bardem mit seinem Bolzenschussgerät auch schön draußen bleibt, haben wir schon vor der Abreise eine Grundregel gelernt: »Wenn es in einem amerikanischen Motel an der Zimmertür klopft, niemals – wirklich n i e m a l s – öffnen!« Zu viel sei schon passiert. Auch die Eltern meiner Nachbarin haben sich auf ihrem US-Trip dran gehalten. Gott sei Dank. Denn es hat, kurz nachdem sie sich an einem düsteren, windigen Herbstabend irgendwo im Midwest halbwegs eingerichtet hatten, ja, was: es hat tatsächlich an der Tür geklopft. »Rühr Dich nicht, Gertrud!« Beide rührten sich nicht, verkrampften ihre Hände in der schmierigen, von Zigaretten-Brandlöchern übersäten Tagesdecke. Und es schien eine Ewigkeit zu vergehen, bis das knöcherne Absatzklackern der Westernboots von Bardem am Ende des Flurs verhallt war. Die Nacht wollte nicht vorübergehen. Wer kann schon nach so einem Vorfall ruhig durchschlafen? Die Welt, eine Bestie. Am nächsten Morgen, nichts wie weg, von diesem apokalyptischen Ort, aber wo ist der Zimmerschlüssel? Zwanzig Minuten Suche endete ergebnislos. Musste sie auch. Denn er steckte. Von außen.

Ich selbst habe es natürlich auch schon ausprobiert. USA. Vier Wochen Südstaaten. Sweet home Alabama. New Orleans, Louisiana. Irgendwo zwischen Vicksburg und Natchez im Staat Mississippi. Meine Frau und ich mitten in den Cotton Fields. Am Vorabend hatten wir in einem Antebellum-Herrschaftshaus übernachtet, waren im säuselnden Abendwind in einer Hollywoodschaukel gesessen, ein Sklavenhalteridyll wie in »Gone with the Wind«. Jetzt aber war der Himmel unheilvoll und etwa so ockergelb wie das Unterhemd von Herrn Schelling. Die Luft stand, unser Auto auch, irgendwo am Straßenrand. Das Radio lief. Sonst Totenstille. Ein Lokalsender, der immer wieder irgendwelche unverständlichen Warnungen vermeldete. Ich weiß nicht mehr, wie lange es ging, bis ich begriff, dass die durchgegebenen Koordinaten genau unseren Standort bezeichneten. Am Himmel zog plötzlich eine massive, pechschwarze Wolkenwand sekundenschnell auf uns zu. Wir sprangen aus dem Auto, flüchteten in ein Motel. Kaum hatten wir die Tür erreicht, ging ein Hurrikan über diesen Landstrich hernieder, fauchte und scheuchte alles in die Luft, Blätter, Bretter, Bierdosen, Äste, Müll. Alles wirbelte umher. Dann war Ruhe, die Sonne kam durch und mir ihr eine große Friedlichkeit, wir beschlossen, die Nacht über hierzubleiben. Wir saßen auf unserem Zimmer. Ich wollte erstmal schwimmen gehen. Gabi wollte nachkommen. Herrlich, keiner da. Ich war der Einzige hier, zog gleich mal drei Bahnen durch.

Ja, ich hatte dieses Gebrummel vernommen, ihm aber keine Bedeutung beigemessen. Der Sturm war ja vorbei. Hätte ich darauf geachtet, hätte ich bemerkt, dass es sich um Harley-Motoren handelte. Auf einmal umstanden sie mich. Etwa acht böse Buben. Aber so was von böse, das hatte ich noch nie gesehen. Sie bestanden ausschließlich aus Leder, Tattoo, Testosteron und Menschenverachtung. Sie hatten die Physiognomien von Mördern im Blutrausch, sie waren besoffen, zugedröhnt, und sie waren bewaffnet. Alles, was ich in Filmen gesehen hatte, war ein Witz dagegen. Die Typen fuchtelten mit länglichen Knarren in der Luft rum. Mir wurde immer mulmiger. Sie pöbelten, brüllten, lachten, fläzten rund um den Pool auf den Liegen herum, meckerten vor sich hin. Ich schwamm, klamm im Herzen und mit komplett zugeschnürter Kehle die letzte Bahn, tat so, als wenn ich niemanden wahrnähme, hörte schon Jim Morrison: »This is the end, the end my friend!« Ich schaffte es schließlich, wie in Trance unter Todesangst dem Schwimmbad zu entsteigen, bekam mein Handtuch zu fassen, wandte der Rockerbande den Rücken zu mit dem einzigen Ziel, mit festem Schritt wenigstens noch das Innere des Motels, die Rezeption zu erreichen. Ich rechnete fest damit, dass mir jeden Moment ein großkalibriges »Bullet« von hinten zwischen den Schulterblättern eintretend die Aorta zerfetzen würde. Es kam nicht dazu. Aber noch heute habe ich an der vermeintlichen Eintrittstelle gelegentlich Phantomschmerzen. Dank sei Dir, oh Herr.

Eine üble Provokation: Stranger than Paradise

»People are strange, when you're a stranger« singt ebenfalls Jim Morrison. Ein weises Lied. Tatsächlich ist das so. Aber allzu oft sind gar nicht die Fremden so furchtbar strange, sondern man selbst verhält sich höchst sonderbar, wenn man in der Fremde ist. Wer auf Fremde trifft, meint in der Regel immer, sie wollten einem sofort an den Geldbeutel. Ein Freund von mir, ein Iraner, der seit über dreißig Jahren in Deutschland lebt, deswegen aber immer noch nicht besonders altdeutsch aussieht, erzählte mir einmal, dass er immer wieder mal beobachten würde, wie Spaziergänger, die ihm an der Rheinpromenade begegneten, sich instinktiv an die Gesäßtasche griffen, wenn er an ihnen vorüberginge, wie um sicher zu stellen, dass ihre Barschaft unversehrt bliebe. Auch Fremde, die uns ansprechen, werden von uns meistens erst einmal erkennungsdienstlich als Banditen eingerastert. Wir sind so erzogen, dass wir solche Leute zunächst als Trickbetrüger erachten, wenigstens so lange, bis sie uns unaufgefordert ihr polizeiliches Führungszeugnis vorlegen.

Andererseits meinen es natürlich nicht alle Fremden immer gut mit einem. Warum auch? Mich hat mal so ein Aggressor bei einem USA-Urlaub angemacht. Durch das offene Autofenster! Das war kurz nachdem ich an einer Petrol Station getankt hatte. Ich rollte gerade wieder Richtung Highway, als mein Blick durch das geöffnete Fenster auf ein anderes Auto fiel, am Steuer ein unsympathisch erscheinender Typ. Er verströmte auf den ersten Blick, was ich an diesem Tag am wenigsten brauchen konnte, ein hohes Quantum Aggressivität. Ich hatte das Gefühl, dass dieser Wahnsinnige sich daranmachte, mich noch im Bereich des großen Autobahnparkplatzes zu überholen, mit dem Ziel, noch vor mir wieder auf die Autobahn einzuschwenken. Das alles, obwohl ich vor ihm und durchaus zügig von den Zapfsäulen losgefahren war. Ich beschleunigte. Das wollte ich doch einmal sehen. Mein Kontrahent gab ebenfalls Gas. Und nun, gleichauf, hörte ich plötzlich durch das geöffnete Fenster, wie der Mann im anderen Auto über seinen leeren Beifahrersitz hinweg versuchte, mit mir Kontakt aufzunehmen, indem er irgendetwas von sich gab, mit der rechten Hand wild gestikulierte und immer wieder auf irgendetwas deutete. Das einzige Wort, das ich schließlich verstand, war das fehlerfrei deutsch ausgesprochene Wort »offen«. Die restlichen Wortfetzen wurden vom Motorenlärm draußen und von Meat Loafs »Bat out of Hell« in meinem Wageninneren geschluckt, aber ich ordnete sie nach den Gesetzmäßigkeiten der non-verbalen Kommunikation motorisierter Verkehrsteilnehmer eindeutig zu: Der Mann wollte offenkundig Ärger – und dafür hatte er sich mich ausgesucht. Ich zeigte ihm zunächst wortlos den ausgestreckten Mittelfinger. Doch er ließ nicht ab, fing an zu hupen, fuhr wieder auf, und rief noch ein paarmal durch den Motorenlärm hindurch etwas von »hinten offen«, bis es mir reichte und ich, wohl schon bei mittlerem Tempo, endlich zu ihm hinüberbrüllte: »… und Du hast wohl den Arsch offen!«, Vollgas gab und an ihm gerade noch vor der Einfahrt in die Autobahn vorbeizog, selber hupend, laut und gar nicht gelassen vor mich hin fluchend.

Später am Abend, nachdem ich meinen Toyota vor unserem Motel geparkt hatte, musste ich mir eine schändliche Erkenntnis eingestehen. Ich hatte an der Tankstelle meinen Tankdeckel liegen gelassen.

Aufruf zum kultivierten Kontrollverlust

Aber, man halte es mir zugute, ich habe aus diesen Erlebnissen gelernt! Und rufe heute Andere zu mehr Vertrauen, ja maximalem Kontrollverlust auf. Selbstverständlich in ganz und gar kultivierter Art und Weise. Ich selbst habe tatsächlich fast immer dann meine schönsten Momente in Urlauben erlebt, wenn ich mich von Stimmungen leiten ließ und die Kontrolle aufgegeben habe. Es gibt da einen schönen Tag in meinem Leben, den ich nie vergessen werde. Meine Frau und ich verbrachten einen Urlaub in Andalusien, an diesem einen Tag waren wir in Córdoba.

Bei einem nächtlichen Spaziergang nach dem Abendessen durch die wundervolle Altstadt hasteten plötzlich ein paar sehr festlich gekleidete einheimische Frauen und Männer an uns vorüber. Ohne darüber auch nur ein Wort zu wechseln, schlossen wir beide uns spontan – wie aus gemeinsam empfundener Neugier – diesem prachtvollen Zug durch die warme spanische Sommernacht an und folgten ihm so in den Patio eines herrschaftlichen Privathauses. Einfach so, ohne Einladung. Plötzlich waren wir Gäste einer fantastischen andalusischen Soirée mit Sevillanas und Flamenco geworden. Wir selbst hatten gerade ein feines Restaurant verlassen und waren so elegant gekleidet, dass der Bedienstete am Eingang uns ohne zu fragen die Tür aufhielt, ganz so wie den anderen gebetenen Gästen auch. Auch die Kellner, die uns bei diesem privaten Anlass immer wieder Sherry nachschenkten, kamen gar nicht auf die Idee, wir könnten ohne Zugangsberechtigung für diese Zaubernacht sein.

Es ist die alte Angst vor bösen Überraschungen, die am Ende alle Überraschungen verhindert, und eben leider auch die ganz und gar positiven. Natürlich gibt es nicht nur gute Überraschungen. Aber ich behaupte, aus einer gewissen Perspektive gesehen hat auch eine Überraschung, die auf den ersten Blick nur negativ erscheint, etwas Gutes. Wenn am Brenner der Keilriemen reißt oder die Lichtmaschine den Geist aufgibt, dann hat darauf natürlich keiner Lust. Doch mein dringender Ratschlag ist es, zu versuchen, in solchen Situationen das Gefühl in sich aufzuspüren, Teil eines spannenden Road Movies zu sein. Denn bei solchen Reiseunterbrechungen höherer Gewalt bleibt sowieso nichts anderes übrig, als sich in sein Schicksal zu ergeben. Das fällt natürlich umso leichter, je geringer die Zahl der mitreisenden Kleinkinder und Säuglinge ist. Sonst gilt auch hier, was der Dalai Lama einmal gesagt hat: Man muss das Schlimme nur so lange umrunden, bis man das Gute an ihm sieht. Tatsächlich sind Pannen Auslöser von ungeahnter Geselligkeit. Und nach Behebung derselben, einer kribbeligen Nacht im Autobahnhotel beispielsweise, startet man mit geschärften Sinnen in den Urlaub, der nun noch viel verheißungsvoller vor einem liegt – schließlich hat man gelitten: Die Panne kann sogar manchmal ein Segen sein, sie steigert das Abenteuer und macht den Genuss, der nach ihren Strapazen liegt, umso größer.

Blumen der Fremde: Das dalmatinische Veilchen

Trotz Terroranschlägen, Vulkan-Aschewolken, Streiks und Tsunamis, trotz (oder gerade wegen) der Unvorhersehbarkeit plädiere ich daher für Streifzüge ins Land der unbekannten Überraschungen. Nicht immer, aber immer einmal wieder. Aus tausend Gründen. Etwa weil dadurch auch noch im reiferen Alter unsere Fähigkeit geschult wird, uns in einer sehr ursprünglichen menschlichen Existenzsituation zu erleben, etwas zum ersten Mal zu erfahren. Außerdem ist es meine feste Überzeugung: Der Schritt in die Fremde ist schon allein deswegen wertvoll, weil er das Toleranzvermögen schult, die Offenheit stärkt und Vorurteile abbaut, aber nicht nur. Nein, die Fremde hat so oder so, Lerneffekt hin oder her, einfach den höchsten Erlebniswert – und fast immer kehrt man zurück wieder wissend, dass sich der Mut des Aufbruchs gelohnt hat.

Es war im Frühsommer 2002. Urlaub an der kroatischen Küste. An diesem Abend in einer Eckkneipe in Split, in der, wie sich herausstellte, Angehörige der Arbeiterklasse verkehrten. Das Endspiel der Champions League zwischen Bayer Leverkusen und Real Madrid wurde auf einem Sender übertragen, den ich im Hotel nicht empfangen konnte. Also ließ ich mir von meiner Frau den Abend freigeben und schlenderte in Fußball-Finale-Vorfreude durch die Straßen, um irgendwo eine Fußballkneipe zu finden, die ich bald auch entdeckte. Die Großbildleinwand hatte optimale Wiedergabequalität, also nichts wie rein. Ich nahm an einem Bistrotischchen Platz, das als einziges mit einem Väschen versehen war, in der eine bläuliche Plastikblume steckte, wie man sie auf dem Rummelplatz am Schießstand gewinnen kann, so man denn trifft.

Anfangs war ich mit höchstens fünf oder sechs anderen Männern in der Kneipe, die, wie sich herausstellte, so eine Art Vereinslokal war, aber als der Anpfiff ertönte, hatte sich der Laden gut gefüllt. Es wurde unheimlich viel geraucht und man sah die meisten Männer Bier trinken. Junge Männer, in Trainingsanzüge gewandet, viele in Badeschlappen, manche sahen aus wie frisch geduscht nach einem harten Tag am Fließband. Sie trugen große Goldketten, hatten viel Testosteron im Blut und strichen sich immer wieder über das kurze schwarze, gewachste Haar. Sie blickten mit funkelnden Augen nicht gerade Vertrauen einflößend um sich. Ich musste zugeben, so richtig gemütlich war es hier nicht, zudem hatte ich bald das Gefühl, als würde ich als Fremdkörper mehr als kritisch beäugt. Der eher frostig-feindliche Eindruck bestärkte sich, als vier junge Männer hereinkamen, die alle etwa so aussahen wie der ehemalige Box-Weltmeister Dariusz Michalszewski. Sie kamen an meinen Tisch heran, nuschelten sich irgendetwas zu, lachten derb. Ich beschloss, sie zu ignorieren und heftete meinen Blick auf die Leinwand, das Spiel nahm an Fahrt auf.

Auf einmal traten zwei von ihnen näher, stellten sich je links und rechts von mir auf, gingen zeitgleich in die Hocke, umfassten meinen Alu-Stuhl und hoben mich kraft ihrer muskulösen Oberarme in unglaublicher Geschwindigkeit, aber sanft und gekonnt in die Höhe, ganz ohne ein Wort dabei zu verlieren. Ich war wie vom Donner gerührt, blieb aber zunächst völlig regungslos. Mein Blick fiel herab auf die beiden Anderen, die mir mindestens genauso freundlich zulächelten wie meine Träger. Sie verzichteten jedoch ebenfalls auf das Mittel der gesprochenen Sprache, um mit mir zu kommunizieren. Immerhin, einer signalisierte mir bald durch verständliche Gebärden und weiterhin überaus freundlich lächelnd, dass dies hier der offenbar angestammte Tisch genau dieser Vier-Männer-Gruppierung sei. Mit dem Finger auf den Tisch und dann auf die Leinwand deutend machte er mir klar, dass eben diese Viergruppe von hier aus das Spiel zu verfolgen gedachte – und dass aus diesem Umstand heraus meine Umsiedlung unvermeidlich war.

Wahrscheinlich saßen die vier immer hier, wenn Fußballabend war – nur hatte ich das natürlich nicht gewusst. Ich kam aber gar nicht recht zum Nachdenken über Motivation und Zweck der Aktion, auch nicht darüber, ob ich mich zur Wehr setzen oder es mit mir geschehen lassen, ob ich freundlich oder ärgerlich werden, ob ich versuchen sollte, vom Stuhl herabzuspringen oder nicht – und so ließ ich es irgendwie als einen Scherz nehmend über mich ergehen, was man da mit mir vorhatte. Wie einst Pius XII. auf einer Sänfte wurde ich also durch das kleine Lokal getragen, nur dass ich nicht auf die Idee kam, die herumstehenden Gäste, die die Szene mit Interesse, aber scheinbar ohne größeres Amüsement verfolgten, von oben herab zu segnen. Alsbald wurde ich nach meiner kurzen Flugreise durch das kroatische Vereinsheim im hintersten Eck abgelassen und abgestellt. Die Träger entfernten sich grußlos. Derjenige, der mir zuvor noch die Aktion gestikulierend erklärt hatte, trat nun hinzu und stellte fast schon väterlich fürsorglich mein Getränk sorgfältig vor mich auf den Tisch, vergewisserte sich, ob ich von meinem neuen Platz auch alles gut sehen konnte, rückte mich wie einen hilflosen Greis im Rollstuhl dann nochmals in die rechte Position, damit ich, auch von hier hinten, eine halbwegs freie

Sicht auf das Spielgeschehen hatte – und gab mir am Ende noch einen Klaps auf die Schulter. Sein Kollege platzierte schließlich das Väschen mit der blauen Blume vor mich, man wollte augenscheinlich, dass ich es recht schön hier haben sollte.

Ich brauchte ein wenig Zeit, bis ich innerlich wieder halbwegs ausbalanciert war. Zur zweiten Halbzeit wurde von der einzigen Frau im Lokal, einer jungen hübschen Bedienung, frisch zubereiteter Börek gereicht, den es offenbar umsonst für alle Gäste gab. Auch mir wurde sehr höflich und charmant ein Stückchen vom Blech geschnitten, ohne dass ich dafür bezahlen musste. Ich fühlte mich bald gut aufgehoben und war dankbar, fremde Länder und Gebräuche kennengelernt haben zu dürfen, die ich sonst nie erlebt hätte, wäre ich an diesem Abend nicht aus dem Vertrauten ins Fremde aufgebrochen.

Speisen wie Gott in Donaueschingen

Meine Neugierde habe ich beibehalten und bin damit nie schlecht gefahren. Gerade in meinem Lieblingsreiseland Frankreich habe ich mir dadurch immer wieder wahre Inseln des Genusses erschlossen. »Iss doch mal was anders als Fritten!«, sage ich gedankenverloren zu meinem Sohn, obwohl der eigentlich kaum Pommes isst. Auch wenn heute gelegentlich meine überaus ernährungsbewusste Mutter mitfährt, appelliere ich gerne an sie mit dem Aufruf zum Wagnis, sich doch öfter auf die jeweilige Landeskost einzulassen, zumal wenn sie wieder einmal nur einen Endiviensalat bestellen möchte. Den bekomme sie auch in Donaueschingen, erkläre ich dann.

Ja, wir wollen uns einlassen auf unser Gastgeberland, ganz, mit Haut und Haaren, wollen weltoffen, kosmopolitisch, multikulturell, neugierig, supertolerant, am Ende vielleicht sogar *supernatural* sein, eben ganz anders als diese ewigen Neu-Spießer, die immer nur Pizza essen und deren Kinder Leon und Hannah heißen. Und genau deswegen bestellen wir heute zur Abwechslung einmal jenes Gericht auf der Karte, das da »Riz d'Agneau« heißt. Wie gut, dass ich hervorragend französisch spreche. Dass ich eine Speisekarte lesen, deuten, verstehen kann – und nicht wie diese Deppen von deutschen Touristen nur tanzende Fragezeichen vor mir sehe. Vor allem: Wie gut, dass ich mich auskenne. Nicht so wie die Idioten aus Sachsen am Nebentisch, die aussehen, als hätten sie gestern noch auf Bäumen gelebt. »Agneau« ist das Lamm, erläutere ich geistesgewandt meiner kleinen Runde. Das Wort leite sich von lateinisch: »agnus«, das Lamm ab. Wie man es etwa aus dem Gottesdienst kenne: agnus dei. »Riz« ist der Reis. Reis mit Lammfleisch, wahrscheinlich mit frischen provencalischen Gewürzen. Wir essen heut' mal was anderes. Habt Ihr Lust? Und ich bin ja auch immer so stolz drauf, dass mein Sohn immer schon alles probiert hat, Oliven, Muscheln, ein so offenes Geschmacksorgan hat. Das ist auch mein Erziehungserfolg. Deswegen heute mal »Riz d'Agneau«. Oder was haltet Ihr von »Andouillette«? Das steht auch hier auf der Karte.

Wir wollen Kontakt zum Fremden, jawohl, wir scheuen das Andere nicht, wie suchen es. Seither wissen wir, dass Andouillette nicht der Kosename der letzten französischen Königin war, die 1793 so traurig auf dem Schafott enden musste, aber auch: dass »Riz d'Agneau« mit Lammreis nicht arg viel gemein hat. Andouillette ist eine in Südfrankreich sehr beliebte presskopfartige Wurst, in die allerlei nach Ammoniak duftendes Gekröse, sprich: Innereien, eingearbeitet ist – und Riz d'Agneau, so nennt man die gesottene Thymusdrüse des jungen Rindes, auf Deutsch: Kalbbries. Ach, du dickes Ei! Zurück in die USA: Bestellen Sie doch mal eine »Prairie Oyster«! Was das wohl ist? Exotisch auf jeden Fall.

Offen für andere Kulturen zu sein bedeutet freilich nicht immer auch, dass fremde Kulturen auch offen für Dich sind, lieber Urlauber. Sind sie es? Oder ist das schon die nächste Utopie, die dort am Abgrund lauert?

Tutto il mondo è provvisorio

Wir leben zu Hause in zuverlässigen Netzwerken. Für einen Blechschaden ist das Autohaus unserer Wahl zuständig, für die Prostatavergrößerung der Urologe unseres Vertrauens, für den Bausparvertrag Schwäbisch Hall. Wenn uns diese Netzwerke in der Fremde gezwungenermaßen nicht zur Verfügung stehen, glauben wir, verraten und verkauft zu sein. Manchmal braucht es aber nur ein besonderes Urlaubserlebnis, um zu der wundersamen Erkennnis zu gelangen, dass auch die Fremde unverhofft Schutz, Sicherheit, ja Geborgenheit bieten kann – im Grunde viel mehr, als man gedacht hätte.

Es war in Larciano in der Nähe von Pistoia im Norden der Toskana, wo der verrostete Auspuff vollends durchbrach und wir mit unserem alten Mercedes-Kombi bei der Fahrt durch die malerischen Dörfer einen Motorenlärm verursachten, der ältere Bewohner des Landstrichs vielleicht noch an die deutschen Besatzungstruppen erinnert haben dürfte. Wir fragten unseren Agriturismo-Vermieter nach einer Werkstatt. Er beschrieb mir eine, am Ortsrand. Keine Vertretung einer bestimmten Automarke, sondern ein Allround-KfZ-Mann, der ganz gut sei und uns sicher helfen könne. Ich steuerte unseren Donnervogel bald zu seiner Werkstatt. Signore lag gerade ächzend und Schraubenschlüssel drehend auf einem Rollbrett unter einem Wagen in seiner Reparaturgarage, als ich mich vorsichtig näherte. Ein rötlichbraun-weiß gescheckter Mischlingshund trottete auf mich zu und beschnüffelte mich kurz. Ich erreichte die Garage, eine ältere Frau im Kittelschurz öffnete eine Tür, sie hatte mich durch ein Fenster kommen sehen. Ich konnte durch die offene Tür erkennen, dass die Küche, aus der Schwaden von Kochdämpfen in das Garageninnere hinüberzogen, unmittelbar an die Werkstatt grenzte. Das hatte ich so auch noch nie gesehen. Die Frau schrie durchdringend den Namen ihres Mannes, er kam bald zum Vorschein.

Er war nicht sehr freundlich. Aber er hörte mir zu. Er war klein, dreckig und etwas verschlagen. Steckte in einem blauen Overall und hatte rabenschwarze Hände, die er fortwährend in einem alten Fussellappen abstrich, ohne dass seine Hände auch nur irgendwie sauberer wurden. Es gelang mir, in erbärmlichem Holzfälleritalienisch den Grund meines Besuches darzulegen. Er inspizierte bald den kaputten Auspuff. Und sagte dann nur »Mercoledì«. Das war übermorgen.

Mercoledì stand ich wieder in der Garage. Er wollte fünfzig Euro für die Reparatur. Fünfzig Euro? So wenig, dachte ich. Er hatte den Auspuff wieder an den Topf geschweißt, erklärte er mir. Ich stutzte. »Aber, aber … der war doch so verrostet!«, dachte ich. In einem deutschen Autohaus hätte man jetzt ein Ersatzteil eingesetzt. Geschweißt? Damit hätte ich nicht gerechnet. Der Vollkasko-Deutsche brach jetzt in mir durch. Klar, dass die es hier unten nicht können. Wie war das noch mit »Fiat«? Fehler in allen Teilen. Da kam mir der rettende Gedanke. Ich fragte ihn, ob es sich hierbei nur um eine »soluzione provvisorio« handele – und ich das Auto in Germania dann »richtig« reparieren lassen müsse. Provvisorio? Das schien ihn mächtig aufzuregen. Er legte den Kopf schief und giftete mich an: »Provvisorio?« Und dann noch nachdrücklicher »Provvisorio«? Er machte eine verächtliche Handbewegung in meine Richtung. »Che cosa è provvisorio? Tu sei provvisorio, io sono provvisorio, tutto il mondo è provvisorio!«

Die ganze Welt ein Provisorium. Damit war ich auch nicht schlauer. Und doch hat mich dieser Satz tief beeindruckt. Der Mann hatte etwas sehr Weises von sich gegeben. Ein Philosoph hatte aus dem alten ölverschmierten Mechanikergesicht gesprochen. Der Sicherheit Herr zu werden ist sinnlos. Es gibt keine absolute Sicherheit. Alles ist vorläufig im Leben, alles fließt. Es kann tatsächlich sein, dass ich morgen schon tot umfalle. Mich hatte das kuriert. Ich ließ die Sorge sein, verschwendete tatsächlich keinen Gedanken mehr daran, ob der Auspuff nun bis morgen, bis Germania, bis nächste Woche oder bis in alle Ewigkeit halten würde. Die Episode ist sechs Jahre her. Ich fahre das Auto heute noch – ohne neuen Auspuff. Und werde mich auch künftig in die Hände außerdeutschen Fachpersonals begeben und einfach loslassen, wenn es wieder so weit ist.

Das Problem mit dem Loslassen

Loslassen ist ja eigentlich ein unheimliches Verb. Unheimlich deswegen, weil es etwas fürchterlich Richtiges, Wichtiges, ja etwas beinhaltet, was höchste Lebenskunst bedeutet, mehr noch, selbst auch den Tod erreicht, eine Lebens- und Sterbekunst gleichermaßen vorstellt – etwas, was wir Menschen beizeiten erlernen sollten. Eine Kardinaltugend also, und doch vibriert in diesem Begriff etwas ganz und gar Ungutes mit: Ausgelöst durch das Palaver der modernen Massenpsychologie, den verhalten-diktatorisch vorgebrachten Entspannungsterror, wie er von zeitgemäßen Pseudo-Buddhisten und anderen selbsternannten Ausgeglichenheitsexperten gebieterisch abgesondert wird, ob in den Wellness-Bereichen kostspieliger »hideaways« oder, kostengünstiger, beim autogenen Training in der Volkshochschulgruppe. Loslassen ist also vorbelastet. Wohl dem, der die gute Essenz herausdestilliert. Denn Loslassen ist ganz wichtig. Das Allerwichtigste gewissermaßen am ganzen Urlaub.

Loslassen fängt ja schon vor der Abreise an. Ich selbst bin nicht gut darin. Ja, ich gebe unumwunden zu, dass ich mit den Jahren sogar immer schlechter darin geworden bin. Loslassen bei einer Urlaubsreise ist das Zurücklassen der heimischen Welt, des Alltags, der Routinen, aber zuerst und ganz konkret: der Wohnung. Bei mir lässt sich da Bedenkliches beobachten: Mein Kontrollverhalten hat mit den Jahren zugenommen – und wird immer schlimmer. Bevor ich endlich meine Bude verlassen kann und für ein paar Tage ausbüchse, egal, ob es zum Wandern in den Schwarzwald geht oder für zwei Wochen nach Südfrankreich, ich kann nicht mehr anders, ich muss einen kraftraubenden Wohnungscheck-Marathon absolvieren.

Ich packe heute viel akribischer, wenn eine Reise bevorsteht, prüfe meine Utensilien wieder und wieder mittels imaginierter Checklisten, nehme eher mehr als weniger mit und bemerke nach der Heimkehr immer wieder, dass ich so manches Kleidungsstück, so manches Paar Schuhe oder auch bestimmte Bücher im Urlaub gar nicht angerührt habe, also vollkommen überflüssigerweise von meinem Wohnort an die Ziele meiner Urlaubsreisen mitgeschleppt habe.

Noch schlimmer ist meine Unfähigkeit loszulassen, wenn es darum geht, für mehr als ein paar Tage meine Küche zu räumen. Bricht vielleicht ein Wasserrohr in meiner Abwesenheit – oder mein bevorzugtes Verdachtsobjekt: der Gummischlauch an meiner Waschmaschine? Ergießen sich Milliarden Hektoliter Leitungswasser in meine Wohnung, von dort in die unter mir liegende Wohnung, wird am Ende alles, was mir lieb ist, weggespült, bevor es in den Fluten untergeht? In solchen Momenten gehe ich dazu über, nicht nur übergenau zu überprüfen, ob sämtliche Wasserhähne zugedreht sind, sondern seit ein paar Jahren pflege ich auch den Haupthahn für die Küche, der sich unter der Spüle befindet, zusätzlich zu schließen. Als doppelte Absicherung sozusagen. Seit Kurzem weiß ich, dass es im Keller noch einen General-Wasserhahn für jede einzelne Mietwohnung gibt – und spiele mit dem Gedanken, auch diesen noch zuzudrehen, bevor ich verreise. Diesem vorgeschaltet ist übrigens ein Hahn fürs ganze Haus. Ich glaube, der liegt unter der Asphaltschicht in der Mitte der Straße. Man müsste ihn aber mit einem Minibagger freilegen können. Mir gefällt die Idee.

Genauso schlimm ist es mit dem Herd. Sind alle vier Heizplatten des Ceran-Herdes abgeschaltet? »Bist Du Dir sicher?«, frage ich mich wohl vierzehn Mal auf dem Weg zur S-Bahn, die mich bald zum Flughafen oder Fernbahnhof bringen soll. Was, wenn nicht? Wird ein Wohnungs-, ach was, ein Hausbrand oder Straßen-, ja Stadtteilbrand durch das Durchschmoren der Herdplatte ausgelöst, verursacht durch meine Vergesslichkeit?

Vor allem schaffe ich es nicht mehr zuverlässig, die Wohnung rechtzeitig zu verlassen. Ich versuche zwar immer, in den Abreisetag mit genügend Zeitpuffer zu gehen, aber oft genug gerate ich dann doch unter immensen Druck (… den ich dann beim verspäteten Gang zum Bahnhof an meinem armen Sohn wieder abreagiere …), weil ich statt eines endgültigen letzten Kontrollganges einen dritten und vierten anfüge und gar nicht mehr aufhören kann. Dieses Zwangsverhalten lege ich übrigens auch im Hotel an den Tag, wenn ich mich wieder auf die Heimreise mache. Kein Quadratzentimeter bleibt unüberprüft, unterm Bett wird zweimal geguckt, vielleicht habe ich dort ja etwas verloren – und wenn es nur ein Playmobilmännchen ist. Es ist zum Verzweifeln.

Früher, da war das noch anders. Da habe ich gepackt wie Uma Thurman in »Pulp Fiction« – oder jugendliche Hollywood-Stars, wenn sie mit ihren Partnern Schluss machen. Koffer aufs Bett, Klamotten reinhauen, Bargeld, Abflug. In höchstens fünf, zehn Minuten ging die Aktion über die Bühne. Heute, in der Reife meiner 48 Lebensjahre, neige ich trotz psychologischer Grundausbildung zu bedenklichem Nicht-Loslassen-Können. Wenn das schon zu Hause anfängt, wie soll da ein Urlaub erst gelingen? Abhilfe leisten allenfalls mühsam eingeübte Überlistungstechniken wie einstudierte Selbstgespräche: »Ja, Martin, Du hast den Herd ausgeschaltet!«, sage ich ganz langsam, laut und deutlich vor mich hin, noch während ich vor demselben stehe. Um mich später im ICE zwar nicht daran zu erinnern, dass ich wirklich abgeschaltet – sondern daran, dass ich diesen Satz vor mich hingesagt habe, was mir dann wenigstens für die nächsten drei Minuten die nötige Sicherheit gibt. Oder ich praktiziere Abschiedsrituale. Die habe ich aus einem Buch für Kinder gelernt. Man klatscht symbolisch in die Hände, wenn der Alltag vorbei ist und der Urlaub anfängt. Gerne spreche ich mit meinem Sohn auch ein Reisegebet. Der heilige Jakob ist der Schutzpatron der Reisenden und Pilger – er stehe uns bei und verhindere allerlei Unbilden auf unserem nächsten Höllentrip.

Ja, und dann geht es endlich los. Aufbruch in die Fremde. Man betätigt den Anlasser und rollt durch das altvertraute Stadtviertel Richtung Autobahn. Überprüft den Benzinstand. Kontrolliert, ob alle angeschnallt sind. Ist genügend Wischwasser im Tank? Nur ganz langsam wird man lockerer. Vielleicht ein wenig nachhelfen mit Musik? Ja, aber erst, wenn man die Autobahn erreicht hat. Aber welche Musik wird im Auto bei der Anreise gehört? Die Musikauswahl ist übrigens viel wichtiger, als man denkt. Und umso wichtiger, wenn man drei Kilometer nach dem Start bereits zweimal die Lichthupe eines feindlichen Verkehrsteilnehmers hat über sich ergehen lassen müssen. Ich empfehle dann, Nationalhymnen einzulegen – und die Insassen raten zu lassen, welche wir gerade hören. Oder Märsche. Der Badenweiler ist sehr schön, der Radetzky-Marsch sowieso, Preußens Gloria, der Alte Jägermarsch. Gerne dirigiere ich mit der rechten Hand dazu mit. Dadurch kommt ein gewisses Gefühl auf, die Dinge zu lenken und selbst nicht nur Spielball höherer Mächte zu sein. Es kann allerdings passieren, dass andere Verkehrsteilnehmer die taktschlagenden Handbewegungen als obszöne Beleidigungsgeste interpretieren. Egal, hören Sie die Brandenburgischen Konzerte, Händels Wasser- oder Feuerwerksmusik, so kann man der Euphorie auf die Sprünge helfen. Mit Diskussionen über Sprinterunfälle eher nicht, auch Grundsatzdebatten über Sinn und Unsinn des europäischen Fiskalpaktes sind gerade bei der Anreise ins griechische Feriendomizil nicht gerade stimmungsförderlich.

Gut gewappnet sollte man auch sein, wenn die Stimmung im Wageninneren schon nach den ersten Metern der fast tausend Kilometer langen Anreise zum Bolsena-See durch einen Blitzer in der 3oer-Zone einen empfindlichen Harmonieschaden erleidet. Oder wenn man denkt, man sei geblitzt worden, weil man in der Ortsdurchfahrt schneller als 50 km/h gefahren ist. Dann bin ich mit den Gedanken sogleich bei meiner Flensburger Verkehrssünderkarte – und bekomme leichte Kaltschweißausbrüche, schon vorwegnehmend, dass der Lappen diesmal weg ist. Ob geblitzt oder nicht, oder vielleicht oder doch nicht – ich brauche in der Regel etwa eine Stunde, bis ich mich von solch einer handfesten Reiseanfangsirritation erholt habe. Mein Tipp zur Prophylaxe: trotz bevorstehender tausend Kilometer langer Fahrleistung stoisch korrekt fahren, noch akribischer als sonst auf Geschwindigkeitsbeschränkungen achten, auf der Autobahn konsequent 110 km/h. So wenig wie möglich überholen. »Roulez doucement!«, wie die Franzosen sagen – oder die AOK früher: »Setz' die Gesundheit nicht aufs Spiel, langsam kommst Du auch ans Ziel!« Übrigens beginnt der Urlaub per Automobil für mich erst wirklich, wenn ich mindestens dreimal *Willy Betz*, zweimal *Waberer* und mindestens einmal *Barth*, *Dachser* und *Schuon* überholt habe. Der Süden ist aber erst nahe, wenn *Hoyer* passiert wird. Das sind die mit den zylindrischen Anhängern, in denen wahrscheinlich Flüssigei- oder Edelgas-Konfigurationen drin sind.

Zwischenstopp in der Schweiz I

Eine Freundschaft durch die Jahrhunderte

Die Schweiz ist ein schönes Land, aber auch eine hohe
Hürde, die es zu überwinden gilt, für den, der in den Urlaub will. Zumindest für den, der den Wagen nimmt und
von Deutschland aus nach Süden aufbricht. Die Alpen
sind und waren immer schon: ein Hindernis aus Stein
auf dem Weg in den Urlaub. Manche sagen, die Schweiz
ist es ebenfalls.

Viele Menschen bewundern die Schweizer, ihren
Wohlstand, ihre Freiheit. Auch mein Vater gehört dazu.
Ein bis heute hochgeachteter und umtriebiger Histori-
ker aus Rottweil, dem Städtchen am Neckar, in dem ich
aufgewachsen bin. Lange bevor ich den Beruf des Schrei-
bers ergriffen habe, hat er die innige sowie historisch ver-
bürgte enge Verbindung meiner Heimatstadt (als eines
kantonähnlichen »zugewandten Ortes«) zu den Schweizern sogar in einer Schrift gewürdigt, die 1969 anlässlich des 450-jährigen Bestehens eines »ewigen Bundes«
der Rottweiler mit der Eidgenossenschaft erschienen ist.
»Eine Freundschaft durch die Jahrhunderte« war der Titel
des Bändchens, das heute noch einen Ehrenplatz in meinem Regal hat.

Mein Verhältnis zu den Schweizern ist nicht ganz so euphorisch. Und von Seiten der Schweizer zu uns Deutschen ist das Verhältnis ja im Grunde noch frostiger. Die Schweizer mögen die Deutschen nicht sonderlich. Nach Ansicht von Nationalrätin Nathalie Rickli etwa arbeiten viel zu viele Deutsche in der Schweiz. Anders ist es mit unserem Geld, dagegen hat man nichts, das nimmt man gerne, ja, Banken wie die UBS warben noch bis vor Kurzem deutsche Kunden an und versprachen ihnen noch in die Hand, sich um den Schmuggel des Bargeldkoffers über die Grenze kümmern zu wollen. Warum sollen wir die Schweizer lieben?

Das weiß ich manchmal nicht genau. Denn für die schönen Berge können sie ja nichts. Was ich gelernt habe, ist, die Schweiz eher zu meiden, wenn es nicht wirklich triftige Gründe gibt, ihren Boden zu betreten. Außerdem erinnere ich mich noch an meine Jugend und an die Schweizer Zöllner an der Grenze bei Schaffhausen oder Weil am Rhein. Schweizer Zöllner können fast noch giftiger sein als etwa jene preußischen Ex-DDR-Grenzer, die einen einst beim Verlassen der Ostzone unter Flutlicht im Nieselregen »abfertigten«. »Hän Sie wos zu värzolla?«, sagte mal einer zu uns vor vielen Jahren, als wir mit der blauen Ente von Achim nach Südfrankreich durchstarten wollten. Obwohl wir verneinten, wurden wir auf einen Seitenstreifen gewunken. Alles Gepäck raus, Taschen auf, Schlafsäcke aufrollen, Kulturbeutel ausräumen, alles. Die Beamten wühlten alles durch und wurden nicht fündig. Am Ende erblickte einer in einem Ablagefach ein Stück zerknitterten Alu-Papiers. Er lächelte schon siegesgewiss. Da war das Rauschgift. Der Mann griff mit klammen Fingern zu und hinein in das geheimnisvolle Silberpapier – zog die Hand jedoch alsbald angewidert zurück. Den Schmelzkäse durfte er behalten.

Sicher, man kann die Schweiz umfahren. Aber die Schweiz ist etwas, wo wir durch müssen, um auf der anderen Seite wieder rauszukommen. Dort, wo es dann schön ist. Vielleicht ist es ja sogar gut, dass wir durch die Schweiz müssen, um im Schönen anzukommen, am Strand, am Meer. Die Schweiz erhöht die Fallhöhe. Wir plumpsen so aus beträchtlicherer alpiner Höhe ins Urlaubspolster. Und fühlen die Weichheit der Kissen, die uns in Italien oder Frankreich auffangen umso intensiver. Per aspera ad astra.

Das Leben ist ein Born der Lust,
aber wo das Gesindel mittrinkt,
da sind alle Brunnen vergiftet.
Friedrich Nietzsche

3. Die Urlaubsgemeinde – über Mitreisende, Mitgäste, Mitmenschen

Völlig von den Socken am Tooting Lido

Der Strand ist der perfekte Ort, um eines zu lernen: Über Glück und Unglück, das man mit seinen Mitmenschen erleben kann, entscheidet nicht die noch so malerische Umgebung, in der man aufeinandertrifft, sondern einzig das rare Talent, das richtige Maß an Nähe und Distanz zu Seinesgleichen herauszufinden. Nirgendwo so sehr wie am Strand entscheidet sich das Glück, das uns ein schöner Sommertag bringen kann, am Vermögen, mit seinen Artgenossen ein gütliches Auskommen zu finden. Sich mit den anderen Badegästen so zu arrangieren, dass alle auf ihre Kosten kommen.

Besuchen wir daher zunächst einen Ort, der uns in eindrucksvoller Weise Aufschluss über den richtigen Abstand zu den Menschen in unserer Umgebung geben kann. Tooting Bec Lido im Süden Londons. Vielleicht die härteste Naherholungsanlage, die ich in meinem

Leben je gesehen habe. Ein überchlorter Badetümpel, drum herum nur Asphalt, eine Betonliegewiese, Handtuch an Handtuch bei 32 Grad Celsius – und kein Schatten. London, zumal ganz im Süden, kann im August gnadenlos sein.

Es muss die Zeit des Feierabends gewesen sein. Die letzten verbliebenen Quadratmeter Liegefläche befanden sich ausgerechnet an unserem Kopfende. Hier war noch für drei, vier Handtücher Platz, aber keiner drückte bisher in die Lücke. Mein Freund Rick und ich lasen bäuchlings liegend. Aber irgendwann bahnten sich vier finstere Gestalten wie aus einer Charles-Dickens-Verfilmung den Weg durch die Menge und sicherten sich diese letzte verbliebene Insel im Menschenmeer der Badegäste. Breiteten sich auf der beengten Liegefläche aus. Entkorkten Bier. Rauchten. Bauarbeiter, dachte ich. Gerüstbauer oder Straßenbau. Alle vier oben ohne, schwitzend, mit Spuren von Gips und Baustaub in den Haaren, in abgewetzten Shorts, Wollsocken und Arbeitsstiefel mit Stahlkappen. Alle vier zogen die schweren, staubbedeckten Stiefel aus, stopften nachlässig ihre dicken Socken hinein und stellten die Schuhe so ab, dass nicht viel gefehlt hätte und sie hätten den Rand meiner Lektüre berührt – ich glaube, es war an diesem Tag das Penguin-Classic-Taschenbuch »Wuthering Heights«. Um die brausenden Höhen von Emily Brontës bravourösem Brevier breitete sich brachialer Brodem wie brodelnd aus, er quoll aus den Latschen, verdampfte von den feuchten, blässlichen Arbeiterfüßen, zwischen deren bleichen Zehen man bläulich-graue Sedimentablagerungen vermischt mit rötlichem Baumwollabrieb erkennen konnte. Ich überlegte, versuchte, eine Lösung zu finden. Schließlich flüsterte mir Rick zu: »I think, we better leave now. It's getting late. Let's go!« Ich widersprach ihm nicht.

Ich erinnere mich an einen anderen, viel schöneren Strandtag in der Nähe von Conil de la Frontera in Andalusien. Ganz ohne Sicherheitsstiefel. Wir waren an diesem Tag schon in unserer Lieblingsbucht an der Costa de la Luz, kurz nachdem die Sonne aufgegangen war. Einer der wenigen Tage, an denen wir es wirklich geschafft hatten, vor allen anderen hier zu sein. Ein absurd idyllischer Strand in einer fantastischen Badebucht war nur belegt von mir und meiner schönen Braut. Wir saßen in göttlicher Harmonie auf unseren Handtüchern und schauten seit einer Zeitspanne ins Meer, von der ich nicht mehr sagen kann, ob sie ein paar Minuten oder ein paar Stunden dauerte.

Es war heiß, aber unter unserem rot-gelb-grün-blauen Sonnenschirm, den wir immer dabei hatten, wenn wir ans Meer fuhren, war es angenehm kühl. Kurzum, wir waren sehr glücklich an diesem Tag.

Erst gegen 13 Uhr kam eine französische Dreierformation hinzu. Vater, 70, Mutter, 70, Sohn 45, Ödipussi, der sich von Mama den Rücken mit Sonnenschutzfaktor 55 einschmieren ließ. Harmlose, nette Nachbarn, obendrein mit interessantem Leseverhalten. Der Sohn nahm sich »Le Fils du Dieu de l'Orage« von Arto Paasilinna vor, der Vater schmökerte in »Femmes de Dictateur« von Diane Ducret – und sie las ein Buch über Charles de Gaulle. Stoff für eine ganze Psychotherapeuten-

Konferenz. Leider war um 14 Uhr Schluss. Autotüren knallten, im Gänsemarsch sahen wir sie die Steiltreppen herunterschlurfen. Sie lachten und sie schrien viel. Die knapp fünfzig Meter breite Paradiesbucht musste plötzlich geteilt werden mit einer 1-Liter-Bierflaschen der Marke »Cruzcampo« schwenkenden, fünfzehnköpfigen Jungmännerhorde, deren angetrunkene Mitglieder alle versuchten, wie Christiano Ronaldo auszusehen und bald schon den voll aufgedrehten Ghettoblaster in Stellung brachten. Zur Wahrung der territorialen Integrität half da nur der komplette Rückzug. Grundsatzdiskussionen über Respekt und Rücksichtnahme in einer freiheitlich verfassten europäischen Union hätten zu nichts geführt. Höchstens zu einem blauen Auge.

Urlaub ist immer ein Gemeinschaftserlebnis

Wie man sieht, entscheidet sich ein Großteil des Urlaubsglückes an der richtigen Distanz zu anderen Erholungssuchenden – oder daran, wie sehr es uns gelingt, uns andere vom Leib zu halten, die einen perfekten Tag auf eine ganz andere Art interpretieren. Aber dazu muss man nicht gleich die Stahlkappenschuhe ausziehen oder den Blaster in Stellung bringen. Es gibt auch noch andere zweifelhafte Methoden. Manche Urlauber pflegen früh am Morgen an den Strand zu kommen und als Erstes ihren Claim regelrecht abzustecken. Dieser Claim wird dann den ganzen Tag über zäh verteidigt. Aber somit jegliche Entspannung verhindert. Denn die Bewachung und Verteidigung des besetzten Geländes ist alles andere als erholsam. Wer wird heute mein Strandnachbar? Jeder kennt diese meist bange Frage am Morgen eines herrlichen Strandtages. Oh nein, hoffentlich nicht der Dicke mit den drei Hunden. Nein, nur nicht die vier Jung-Fußballprofis. Besser für alle Beteiligten ist es immer, sich mit den eintreffenden Strandnachbarn umgehend anzufreunden. Für Busreisende auf Langstrecken durch die USA hat die US-amerikanische Soziologin Esther Kim herausgefunden, dass derjenige die viel netteren Sitznachbarn bekommt, der sich eben nicht einigelt oder verbarrikadiert. Sie kam zu dem Schluss: »Je länger Sie in Ihrer Abwehrhaltung verharren, desto wahrscheinlicher ist es, dass sich am Ende die größten Rüpel neben Sie setzen – diejenigen, die Ihre Tasche einfach zur Seite schieben.«

Man sollte bei allem Gedränge am Urlaubsort nicht vergessen, Urlaub ist eben immer ein Gemeinschaftserlebnis, und das kann auch sehr glückvoll sein. Man mache die Gegenprobe: Ein ausgestorbener Strand an einem trüben Regentag in Tobago – das kann, wie bereits ausgeführt, eher depressiv machen. Oder ein vollkommen leeres Hotel. Das gibt es nur in Stanley Kubricks »Shining« – und wer es betritt, wird am Ende verrückt. Genauso wenig würde sich jemand in ein gähnend leeres Restaurant setzen, selbst wenn dort das beste Essen der Welt serviert würde. Es gibt auch mit ganz und gar unbekannten Menschen schöne Gemeinschaftserlebnisse, sogar auf engem Raum. Am besten könne er auf der Eckbank am Kachelofen einer alten voll besetzten Schwarzwälder Wirtsstube einschlafen, erzählte mir früher manchmal mein heute elfjähriger Sohn, weil ihn die ganze Atmosphäre, der Essensgeruch, die Wärme, das Gebrabbel nicht störten, sondern im Gegenteil wohlig werden lasse – und ich verstehe das nur zu gut. Unter Menschen gleicher Gesinnung zu sein, unter Menschen, die denselben Genüssen frönen, die eher von Endorphin durchpulst sind als von Adrenalin – da ist der Aufenthalt ein durch und durch angenehmer.

Immer das richtige Mittel, das Idealmaß von Nähe und Distanz herzustellen, ist es, einem Menschen Rücksicht entgegenzubringen. Genau deswegen gilt es gerade im Urlaub, unseren Mitreisenden Respekt zu zollen – auch oder gerade dann, wenn es mal etwas voller wird am Traumstrand. Eine der fundamentalen Ausdrucksformen von Respekt ist der Gruß. Wen grüßen wir im Leben? Unsere Nächsten, Verwandte, Freunde und Nachbarn. Aber nicht nur. Menschen grüßen auch vollkommen unbekannte Zeitgenossen, nur weil sie der gleichen Beschäftigung nachgehen. Das kann man schon bei einem Waldspaziergang studieren. Sobald durchschnittlich zivilisierte Mitteleuropäer einen Wanderweg betreten, grüßen sie andere entgegenkommende Wanderer. Radler grüßen andere Radelnde, und auch beim Joggen erlebe ich es immer wieder, dass ich von anderen Joggern gegrüßt werde. Warum eigentlich? Ich glaube, weil man die Freude über die gleichfalls ausgeübte Freizeitbeschäftigung und den Genuss, den sie bereitet, den anderen signalisieren möchte. Oder nur die Verbundenheit, in einer ähnlichen oder derselben Lage zu sein, weshalb zum Beispiel Mütter und Väter so oft anderen Müttern und Vätern beim Kinderwagenschieben zulächeln. Gleichzeitig will man anzeigen, dass man sich mit den anderen in einer Art Schutzallianz versteht. Man zeigt sich an, dass man sich des Wertes des geteilten Vergnügens bewusst ist und dieses behüten und bewahren will. Also immer zurückgrüßen! Ich bekenne freimütig, ich mag es, wenn mich im Urlaub Gleichgesinnte umgeben. Sobald ich mich als Teil einer Gemeinschaft fühle, versuche ich, die anderen noch mehr zu achten, als wenn ich einem Menschen nur zufällig begegne. So ist das vor allem im Urlaub. Gerade dem Besuch eines Hotels oder einer Ferienanlage sollte stets der Entschluss vorausgehen, an einer Gemeinschaftsveranstaltung teilzunehmen. Zumindest zeitweilig – und man sollte sich darauf freuen.

Aber oft fängt das Gemeinschaftserlebnis schon bei der Anreise an. Bei 25 Kilometer Stau auf der A 8 vor Salzburg. Oder im überfüllten ICE, wenn die Klimaanlage ausgefallen ist. Und alsbald kann man trotz aller guten Vorsätze feststellen, dass es einem mit Mitreisenden auch schnell zu bunt wird. »In Eisenbahnen, in Bädern und auf Schiffen, in Kurorten, Hotels und Pensionen lebt ein fremd- und bösartiges Tier: der Mitreisende«, erkannte nicht gerade von Philanthropie befeuert der gute Sebastian Haffner in einem kleinen Essay aus den Dreißigerjahren. »Der Beruf des Mitreisenden ist es, zu stören. Er stört. Schon ehe er auftritt, stört er.« Etwa im Zugabteil: »Zähneknirschend gestattet man, dass der Mitreisende sich einnistet und es sich bequem macht, der Parasit! Man gestattet, dass er einem den Handkoffer mit dem Unterwegsroman darin unter Bergen von Schrankkoffern und Gebirgsausrüstungen begräbt, dass er kategorisch ein für allemal das Fenster schließt, … dass er eine ganze Familie mit drei unerzogenen Kindern, Säugling und Hund hereinwinkt. ›Hier herein, schnell, schnell, hier ist es noch ganz leer!‹ Der Mitreisende bringt es tatsächlich fertig, ein Abteil als ganz leer zu bezeichnen, in dem man sitzt!« Verschärft wird die Situation, wenn der Mitreisende uns auch noch in kniffelige Gespräche verwickelt. Das hat schon Heinrich Heine durchmachen müssen und sich in seinen »Reisebildern« darüber heftig beklagt: »Ich bin der höflichste Mensch von der Welt. Ich tue mir was darauf zugute, niemals grob gewesen zu sein auf der Erde, wo es so viele unerträgliche Schlingel gibt, die sich zu einem hinsetzen und ihre Leiden erzählen oder gar ihre Verse deklamieren; mit wahrhaft christlicher Geduld habe ich immer solche Misere ruhig angehört, ohne nur durch eine Miene zu verraten, wie sehr sich meine Seele ennuyierte. Gleich einem büßendem Brahminen, der seinen Leib dem Ungeziefer preisgibt, damit auch diese Gottesgeschöpfe sich sättigen, habe ich dem fatalsten Menschengeschmeiß oft tagelang standgehalten und ruhig zugehört, und meine inneren Seufzer vernahm nur ER, der die Tugend belohnt.« Was Haffner und Heine beschreiben, sind jedoch nur die Vorstufen zu dem Nervenkitzel, der sich heutzutage bei einer Flugreise in den Urlaub einstellen kann. Das Spannende am Fliegen ist ja, dass man in einem Flugzeug keinerlei Chance hat, anderen Mitreisenden zu entkommen, schon gar nicht dem, der direkt neben einem sitzt.

Es gibt ja Leute, die finden Wesley Scantlin cool. Den

US-Rocker von »Puddle of Mudd«. Wer einen USA-Trip bucht und dazu ins Flugzeug steigen muss, dem kann es passieren, dass er dort auf den coolen Rockstar trifft. Denn Rocker sind oft Vielflieger, Wesley Scantlin auch. Von einem Konzert zum anderen, von einem Studio zum nächsten. Wow! »Ey, ist das nicht Wes Scantlin?« Klar ist das Wes Scantlin! »Hey! Jetzt hab ich bis L.A. die Möglichkeit mich mit einem echten Rockstar zu unterhalten! Boah.« Denken Sie. Ist aber nicht so. Was Sie zu diesem Zeitpunkt nicht wissen, ist, dass Wes Scantlin schon mal gerne auf 11 000 Fuß Flughöhe komplett ausrastet und so lange randaliert, bis der Flieger – mit nicht zu unterschätzendem PR-Effekt für den Musiker freilich – im texanischen Austin zwischenlanden muss. So geschehen im Jahr 2012. Einen US-Inlandsflug zur Zwischenlandung zu bringen. Cool. Wohl eine der letzten, wenn auch etwas kostspieligen Vergnügungen, die uns unser entzaubertes Zeitalter noch gelassen hat – und wir danken es Wes Scantlin, dass wir dabei sein durften.

Ich selber bin einmal die kurze Strecke von Bergen in Norwegen nach Amsterdam geflogen, neben mir saßen zwei angetrunkene übergewichtige holländische Pornoproduzenten in Lonsdale-Kapuzenpullis, die wahrscheinlich auch noch im internationalen Waffen- und Mädchenhandel eine maßgebliche Rolle spielten. Das war eine Freude. Klaustrophobie ist ja nicht so sehr das Gefühl, eingeschlossen zu sein, sondern nicht rauszukönnen, wenn man will. Selten ist mir das so bewusst gewesen wie in dem Moment. Mein linker Unterarm berührte die gemeinsame Armlehne nicht eine Flugsekunde lang. Mein

Nachbar saß tief in seinem Sitz, unangeschnallt natürlich, mit gespreizten Beinen, er war alkoholisiert und schniefte wie ein Walross.

Unendlich viel entscheidet sich also am richtigen Abstand in unseren Beziehungen, zumal im Urlaub, im Restaurant, im Hotel, in der Ferienanlage, am Strand zu den anderen Mitgliedern der Urlaubsgemeinde. Den richtigen Abstand herauszufinden, lässt einen erst die Wonnen menschlicher Beziehungen erleben, denn nur er sichert eigene Unversehrtheit bei gleichzeitig maximalem zwischenmenschlichem Gewinn. Zu viel Nähe engt ein, zu viel Entfernung macht einsam.

Was aber, wenn wir uns zwar nach Kräften bemühen, aber ein anderer hält nicht den richtigen Abstand ein? Ja, dann muss man Wege finden, wie man sich die Mischpoke vom Hals hält.

Der Seeteufel von Kronsgaard:
Wie aus Pfeilen Blumen werden

Kennen Sie Kronsgaard? Nein, das ist nicht die Reinigungsfirma mit dem uniformierten Mann mit der Bärenmütze. Die heißt Kingsgard. Kroonsgaard ist ein Ostseebad, nördlich von Kappeln an der Schlei, zwischen Maasholm und Pommerby. In Schleswig-Holstein. Ein prächtiger Urlaubstag an der Ostsee lag hinter uns. Unser erster in diesen Sommerferien. Um 16.30 Uhr hieß es zusammenpacken. Mein Sohn, seine Oma und ich schlendern voller Sonne und Wonne zum Auto zurück. Ich trage eine große Kunststoffkiste vor mir her, in der unsere Strandutensilien drin sind. Käscher, Taucherflossen, Brille, Schnorchel, Strandfußball, orangefarbene Pylonen zur Markierung der Torpfosten, ein Schlauchboot, Paddel und was man halt so braucht an der See.

Die letzten fünfzig Meter bis zur Parkwiese merke ich, wie hinter mir ein Auto fährt. Ich drehe mich aber nicht um, die paar Meter kann der jetzt auch noch im Schritttempo absolvieren, außerdem ist die Kiste ganz schön schwer. Als ich mein Auto erreiche, die Heckklappe öffne und die Kiste in den Kofferraum schieben will, höre ich eine bedrohlich schwingende Stimme in leichtem Platt: »Sagen'se mal, haben Sie mich näch gehört?« Ich stelle mich taub. Soll mich in Ruhe lassen, denke ich. Da wieder. Und ein drittes Mal ziemlich aggressiv: »Hallo! Haben Sie mich nicht gehört?« Ich kann ihn jetzt nicht mehr ignorieren. »Nein, hab ich nicht«, lüge ich, »warum sollte ich denn?« Vor mir steht ein großer, dicker, schwitzender Mann, mit blonden Strähnchen im dünnen Haar und Pilotensonnenbrille, Alter circa 61, vor einem fetten silberfarbenen BMW. Der Kopf funkelt dunkelrot vor grünen Dünengräsern. Der Mann wirft mir vor, dass ich nicht sofort Platz gemacht hätte und ins Gebüsch gesprungen sei, als er die letzten Meter bis zu seinem Parkplatz hinter mir hergefahren sei.

Jetzt reicht es mir. Ich setze die Kiste ab und gehe zu ihm hinüber, stehe ihm Auge in Auge gegenüber. Angriff. »Sie glauben wohl, Sie sind der Chef hier, was?«, sage ich – aber mit nur minimaler Wirkung. »Ne, Sie meinen wohl Sie sind der Chef!«, bellt er seinen genauso erbärmlichen

Konter. Sein Vorteil: er ist auf hundert, blinzelt gefährlich aus den Augenschlitzen, absoluter Choleriker. Da greift auf einmal seine Frau, die ich bislang gar nicht wahrgenommen habe, von der Seite ins Geschehen ein. Man nennt es Keifen, was sie nun tut: »Sie müssen vielleicht einen richtig beschissenen Strandtag gehabt haben, dass Sie so schlecht gelaunt sind – und das jetzt an anderen auslassen müssen!« Ich lass gar nichts an anderen aus. Schrei ich zurück. Die lassen was an mir aus, die Bagage. Denke ich. Die Frau ist ebenfalls knallrot im Gesicht. Und unheimlich sauer. Ich versuche so zu tun, als würde ich lachen. Längst pulsieren aber meine Schläfenäderchen. Der Blutdruck ist erhöht. Es wird nur noch Adrenalin ausgeschüttet. Oder Noradrenalin. So genau weiß ich das in diesem Moment nicht. Wahrscheinlich beides. Das blockiert aber meine Geisteskraft, sprich: Schlagfertigkeit. Mir fällt nichts ein! Dann zeige ich auf beide, mache eine Geste, als wolle ich sie segnen, sage nur: »Der Friede sei mit Euch!«, steige wortlos in mein Auto und fahre los.

Jetzt sitze ich immer noch im Auto. Herzklopfen. Ich ärgere mich, versuche die Emotion so gut wie möglich zu unterdrücken. Schließlich soll der Dicke keine Macht über mich bekommen. Das gelingt aber nicht wirklich. Ich bin beschmutzt, meine Ehre ist besudelt, ohne Eigenverschulden. Auf der Rückfahrt tue ich das, was alle in meiner Lage tun: Ich gehe die Episode nochmals und nochmals durch und überlege mir, wie ich richtig reagiert hätte. Wie hätte ich cooler reagieren können? Warum perlt das nicht an mir ab? Warum macht mir das was aus? Warum kann ich nicht wirklich relaxed sein? Obwohl ich jeden Tag meditiere. Offenbar reicht eine Kleinigkeit, um mich so auf die Palme zu bringen. Am Ende bin ich zerknirscht. Vor allem unzufrieden mit mir und meiner Schwäche, den bösen Streich nicht besser, eleganter pariert zu haben.

Leider ist es so, dass man fast immer erst viel später weiß, wie man einen Überraschungsangriff rhetorisch elegant abgewehrt, ja, mehr noch, gegen den Aggressor selbst gewendet hätte. »Der Friede sei mit Euch!« Das war nicht besonders wirksam. Irgendwie zu sophisticated. Besser wäre gewesen, was ich mal von einem Müllarbeiter gehört habe, der von einem Fatzke im SAAB-Cabrio angehupt wurde, weil sein Müllauto die Straße versperrt hatte: »Hast Du Schmerzen?« Und dann hätte ich ganz cool einsteigen sollen und erstmal »Samba Pa Ti« hören. Oder »Una furtiva lagrima« aus der Donizetti-Oper »L'Elisir d'Amore«.

Tatsächlich erst zwei Tage später nach diesem Vorfall fiel mir die richtige Antwort ein. Ich habe lange nach ihr gesucht, da ich zu jenen Menschen gehöre, bei denen die passende Pointe, die nicht an den Mann gebracht werden kann, wie eine verschluckte Gräte wirkt. Ich hätte Don McLean zitieren und sagen sollen: »Everybody loves me, baby, what's the matter with you?« Aber der hätte ja kein Englisch verstanden, der verfluchte Seeteufel, der mich an diesem Tag versucht hat. Noch besser wäre praktizierte Gelassenheit gewesen. Echte Gelassenheit, nicht nur gespielte. Aber die kommt eben von innen. Und will erlernt sein. Ich habe mir danach tatsächlich geschworen, dass mir so etwas nicht noch einmal passiert. Alles kommt auf die Resonanz an, sagen die Buddhisten. Immer kommt es auf die innere Resonanz an, mit der wir auf das Negative reagieren, was auf uns einströmt. Vom großen Buddha wird erzählt, er hätte Pfeile, die auf ihn geschossen wurden, noch im Flug so verwandelt, dass sie als Blumen auf ihn niederfielen. So will ich es künftig auch halten. Dann kann mich keine Pilotenbrille der Welt mehr aus der Ruhe bringen.

Der nackte Mitgast: Eine Zoologie des Spa-Bereichs

Trotz gelegentlicher Reibereien bleibt es dabei: nichts ist spannender als einer Urlaubsgemeinde anzugehören, vor allem, wenn sie ein großes Hotel beherbergt. Ich könnte ganze Urlaube im Hotel verbringen, ohne je den Fuß vor die Tür zu setzen. Ein schönes großes Hotel isoliert einen auf wundersame Weise von der Alltagswelt. In einem solchen Hotel könnte ich mir sogar vorstellen, Dauergast zu werden, so lange, bis sie mich dereinst mit den Zehen nach vorne heraustragen. Ja, ich würde einen Hotelurlaub fast immer anderen Urlaubsformen vorziehen. Allerdings nur in einem Grand-Hotel der oberen Klasse. Gehoben, klassisch – aber ohne Staralüren. Alpenhotels, Landhotels oder wirkliche »Hideaways« – um diesen dümmlichen Ausdruck hier noch einmal zu gebrauchen – da zieht es mich hin. Denn dort ballen sich Menschen mit so unterschiedlichen Lebensgeschichten, Aggregatzuständen, Hormonständen, Überlebenstechniken, Manieren und Geschmacksniveaus. »Glückliche Menschen beobachten Vögel«, schrieb der englische Romancier und Reiseschriftsteller Evelyn Waugh über seine Hotelaufenthalte, »ich beobachte Menschen. Die sind weniger schön anzusehen, aber vielfältiger.« Und so halte ich es auch, ganz genauso.

Zu Waughs Zeiten war in einem Hotel noch Vieles ganz anders. Da hatten viele selbst der exklusiven Hotels noch einen Postkartenständer an der Rezeption, der Concierge kannte sich noch jenseits der Hoteleinfahrt aus, und es gab maximal ein Schwimmbad für Gäste, die ein paar Bahnen schwimmen wollten. Der »Spa-Bereich« war noch auf die Kurhotels beschränkt, und nur vereinzelt gab es im Normalhotel eine »Sauna«, die noch Dampfbad hieß – eine »Saunalandschaft« schon gar nicht. Heute gibt es dort bekanntlich jede Menge Wellness. Dadurch wird der Aufenthalt im Ferienhotel natürlich viel aufregender. Denn im Spa-Bereich läuft man pudelnackert herum und trifft so auch die anderen nackten Hausgäste. Jetzt weiß man beispielsweise endlich auch, dass die Tussi von dem neoliberalen Ölprinz, der einem vorhin mit seinem Porsche Cayenne den Parkplatz weggeschnappt hat, Kletterpflanzen an Oberarm und Schultern tätowiert hat. Solche Informationen sind nützlich, helfen sie einem doch, seine Tischnachbarn beim Abendessen typologisch besser einzuordnen.

Die anderen Gäste des Hauses, die unter demselben Dach ihre Ferien mit einem verbringen, nicht mehr allein im Speisesaal oder am Frühstücksbuffet anzutreffen, sondern eben auch im Spa-Bereich, führt generell dazu, dass man oft schon nach ein paar Tagen von etwa 75 Prozent der Gästeschaft eine genauere Vorstellung hat, wie sie nackig aussehen. Das hat häufig große Überraschungs-effekte: Der Herr etwa, der gerade am Nebentisch das Carpaccio in Auftrag gab, sieht im Jackett aus wie Tho-mas Mann, in der finnischen Sauna vorhin noch erin-nerte er eher an den Hausmeister, und seine Frau ist der lebende Beweis dafür, dass man auch aus einem unan-sehnlichen Pummelchen was machen kann, wenn man es in die richtigen Klamotten stopft, etwas schminkt und herrichtet. Natürlich wissen die anderen Gäste jetzt ge-nauso gut, wie ich nach dem Abbrausen mit nassen Haa-ren aussehe, sie wissen jetzt, ob und inwieweit ich über einen vorzeigbaren Sixpack verfüge oder ob der eher unter einer schützenden Lipidschicht verborgen liegt. Ich weiß viel, vielleicht zu viel von den vier quietschigen Friseur-Meisterinnen aus Bergisch-Gladbach. Oder von Prof. Lütterbüse aus Dinslaken, der ein selbst mitgebrachtes Badetuch mit Spongebob-Motiv benutzt. Und von dem schönen Mann aus Lerici. Im Pool dachte ich noch, eine braune Wasserschlange würde ihn verfolgen, bis ich im Umkleidebereich erkannte, dass es keine Schlange war, sondern ein Haarzopf, den sich Signore einseitig bis fast zur Hüfte hinab hatte wachsen lassen, um damit durch kunstvolles Schlingenlegen seine spiegelblanke Glatze zu bedecken, auf dass durch diese Schneckennudel-Frisur beim Betrachter der Eindruck vollendet vollen Volumens entstünde. Man weiß auf einmal so viel! Und schämt sich ein bisschen dafür. Auch dass der Schweizer Familienva-ter, der haptisch gut und gerne Kirchentagspräsident sein könnte, tatsächlich ein Bauchnabel-Piercing mit Kettchen trägt, wäre ohne Nackigsein im Spa-Bereich ein ungelüftetes Geheimnis geblieben. So allerdings wissen alle Beteiligten, wo sie dran sind – und können sich für den Rest ihres Aufenthalts ideal aufeinander abstimmen.

Man kann es aber auch weniger voyeuristisch, eher soziologisch wenden: Die Nacktheit der Gäste – zumindest derer, die den Spa-Bereich frequentieren, demokratisiert das Ferienerlebnis Hotel auf eine ganz und gar wohltuende Weise. Soziale Unterschiede ebnen sich ein, im Angesicht des nackten Mitgastes erkennen wir, dass wir alle vor Gott mehr oder weniger gleich sind, oder zumindest vor der staatlichen Gerichtsbarkeit – und alle lange nicht so perfekt, wie wir das gerne hätten. So gesehen hat der Spa-Bereich einen Befriedungseffekt vor allem für die Schlacht am kalten Buffet, die in der Regel nach dem Saunabesuch am frühen Abend einsetzt. Man erkennt sich trotz Garderobe und geordneter Frisur wieder, ja, nickt sich nun vielleicht noch wohlgesinnter zu, lässt aber auf jeden Fall viel bereitwilliger anderen den Vortritt, wenn es darum geht, wer sich zuerst den Räucherlachs auf den Teller pieksen darf. Urlaub ist die einzige Zeit im Leben, in der man seine Nachbarn nackt sehen kann. Ich finde, man sollte sich diese Chance nicht entgehen lassen.

Neulich am Nebentisch

Wie beim Besuch eines Konzerts oder einer Vernissage geht es auch im Restaurant darum, seine Zeit nicht allein, sondern im Kreis mit anderen zu genießen, mit

Menschen, die denselben Sinn für Küchenkunst haben. Im feingeistigen Gemeinschaftserlebnis entsteht erst eine Verständigung über das Hohe, Edle, Schöne, freilich ganz ohne dass man sich tatsächlich darüber austauschen müsste. Ich bin eigentlich immer sehr gespannt auf meine Mitgäste und mit meinen Tischnachbarn meistens gut gefahren. Die meisten haben mehr Kultiviertheit als man denkt, und auch mehr Humor – mit Ausnahme vielleicht von Leistungssportlern, Kirchenfunktionären und Berufssoldaten. Zumindest eröffnet uns ein Tischnachbar immer auch erstaunliche Einblicke in ganz unbekannte Lebenswelten. Ich gegenwärtige da etwa jene drei russischen Bulldozer, deren beeindruckendes Auftreten ich einmal im Intercontinental Hotel Berchtesgaden bezeugen durfte. Ich höre es heute noch klar und deutlich, wie die drei ihre muskelbepackten Leiber in die Edelstahl-Stühle unseres Nebentisches krachen ließen und sofort ein erhebliches Gazprom-Protzgemisch verströmten. Sie orderten in schlechtem Englisch drei T-Bone-Steaks. Den Kellner ließen sie mit den Speisekarten in der Hand stehen, ohne einen Blick hineingeworfen zu haben. Zu Trinken gaben sie eine Flasche Wodka in Auftrag – dazu drei Wassergläser. Während des gesamten Mahls unterhielten sich die Herren nicht, sondern telefonierten lauthals auf ihren Nobel-Smartphones. Zwischendurch ließen sie sich zu meiner Überraschung die Weinkarte reichen. Was jetzt folgte, nennt man in einschlägigen Gastro-Kreisen »Rechts bestellen«. Eine Disziplin, die hauptsächlich Gäste aus Zentralrussland und Saudi-Arabien beherrschen. Das geht so: man schaut nicht auf die linke Seite der Karte, wo die jeweiligen Weine mit den Angaben zu Lagen und Jahrgängen ausgewiesen sind, sondern auf die rechte, wo steht, was sie kosten. Schnell ist der höchste Preis gefunden, und der dazugehörige Wein wird bestellt. Ich glaube, in diesem Fall war es ein Volnay, der mit einem tatsächlich vierstelligen Eurobetrag ausgepreist war. Der Wein kam, wurde dekantiert, die Gazprom-Abordnung nippte ein wenig daran, um die Gläser dann aber tatsächlich halbvoll stehen zu lassen. Die Dreiergruppe verließ den Tisch und war bald in der Lounge zu sehen, wo man sich laut blökend Zigarren in Auberginengröße zuführte und sich prächtig fühlte. Für das Spitzengewächs interessierte sich keiner mehr.

Wenn sich in meinem Geldbeutel mal wieder genug Kleingeld angesammelt hat, besuche ich gerne Schloss Elmau, ein Luxushotel bei Garmisch-Partenkirchen gelegen. Und hier, am Fuß des Wettersteingebirges gibt es auch immer wieder Interessantes zu beobachten. Ich zitiere im Folgenden aus Aufzeichnungen, die ich während meines letzten Aufenthaltes im Speisesaal machte:

Vier Herren sitzen am Nebentisch. Sie alle sehen aus wie … ja wie? Irgendwie wie Schönheitschirurgen. Während sie auf ihr Essen warten, kann ich beobachten, wie sie auf ihren mitgeführten iPads Fotos vergleichen, die sie vorhin beim Sonnenuntergang vor einem Alpenpanorama von ihren Mercedes-Sportwagen gemacht haben. Ein Tisch weiter nimmt Bin Laden mit grober Wollmütze Platz. Entweder ein Taliban – oder, auch gut möglich, ein New Yorker Performance-Künstler. Er ist allein und pfeift vor sich hin. Hinter mir begibt sich in diesem Moment eine Mischung aus Rudolf Scharping und Sigmund Freud zu Tisch. Es ist Lutterbüse – aus dem Spa-Bereich! Wie gestern in einer weiten grauen Cordjeans, seither von mir Lotterhose genannt. Er scharrt normalerweise circa zwölf Mal mit seinem Stuhl hin und her, bis er seine endgültige Parkposition eingenommen hat. Auch heute wieder. Weiter hinten mache ich zwei zusammengeschobene Tische aus, etwa zwölf Personen bevölkern sie, zwei hanseatische Familien, Besserverdiener mit gleich fünf Kleinkindern, die alle wie kleine Erwachsene gekleidet sind. Sie kommen im Dufflecoat und Edeljankerl hereingeschlurft. Die Väter tragen Cricket-Pullover, darunter je einmal rosarot und einmal blauweiß gestreifte Button-Down-Hemden mit dem Polo-Symbol auf der Brusttasche, dazu Tods. Die Gattinnen, die aussehen wie aus einer Rosamunde-Pilcher-Verfilmung, beehren den Speisesaal im Landhausstil in hellbeigen Hosen und Reiterstiefeln, als wenn es nachher noch zum Ausritt ginge. Sie haben sich heute Abend beide für weiße Blusen unterm Pullunder entschieden, deren Krägen sie absichtsvoll verknüllt hatten. Auch ein Freund von mir, schräg hinten links: der schwäbische Unternehmer, dem Akzent nach eventuell aus Filderstadt, den ich schon zweimal die Formulierung habe ausstoßen hören: »Des isch mir completly sausage!« Sein Sohn, ein Jugendlicher mit Schlupfmütze, setzt sich. Er sieht aus, als wenn er gerade »Deutschland sucht den Superstar« gewonnen hätte. Und nimmt deswegen die Mütze auch beim Hauptgang nicht ab. Aber dafür hängt seine Hose so weit unten in den Knien, dass alle Anwesenden immer wieder den Atem anhalten und inständig hoffen, dass ihnen der Anblick erspart bleibt, sollte das Beinkleid bei einer ungeschickten Bewegung den Weg der Schwerkraft nehmen.

Zwei Tische weiter ein offensichtlich orientalischstämmiger Einzelgast, der Ähnlichkeit mit Chemie-Ali hat. Er ist mir schon am ersten Abend aufgefallen, weil er noch vor dem »Amuse gueule« in sich versunken einen Nasenpopel geerntet, verdichtet und verzehrt hat, und von mir daher seitdem Natschibolla genannt wird. Der Schneckennudelmann ist da samt Gattin. Ob sie ihm heute Abend bei der anspruchsvollen Haarkonstruktion behilflich war? Die Frisur jedenfalls sitzt perfekt. Elmau, 19 Uhr, volles Volumen. Ein Jazzmusiker mit ausgesuchtem Motto-T-Shirt, Aufdruck »problem child« und Tom-Waits-Hut nähert sich coolen Schritts, bald darauf ein Tunichtgut mit schwarzem Heavy-Metal-Shirt, Aufdruck auf der Vorderseite »Motörhead Deutschland«, Rückseite »Everything louder than everything else«. Ein mittelalterlicher Mann passiert unseren Tisch – tatsächlich in einem königsblauen Trikot von Schalke 04 mit »Raul«-Schriftzug auf dem Rücken. Unglaublich. Dann ist da noch eine Tiger-Lilly aus der Zentralukraine mit einer Oberlippe, die seit der letzten Schönheits-OP aussieht wie eine aufgeplatzte Debreciner. Sie erkundigt sich gerade beim Kellner, ob man zum Menu auch eine Maß Bier dazu bestellen kann. Und noch einen Tisch mit drei älteren Pärchen, die zusammen Urlaub machen, nehme ich im hinteren Teil des festlichen Speisesaals wahr. Kommunikationstheoretiker sagen ja, die Fünfergruppe sei die größte Gruppe, in der noch ein Gespräch aller mit allen gelingen könne. Schon ab sechs – oder eben bei drei Paaren – teile sich das Gespräch gerne. So auch hier. Die Frauen plaudern übers Wetter, die Herren über die KfZ-Versicherung. Nur bei Witzen, die vorher angekündigt werden, horchen alle auf. »Zum Wohl allerseits«, sagt Willi, nimmt einen kräftigen Schluck Pils und ruft dann: »Lieber Alkoholiker als stadtbekannter Säufer!« Alle lachen laut auf. »Willi, wie schmecken die Kartoffeln?« »Gut, willst Du probieren?« »Nö.«

Überhaupt, was alles so geredet wird an Nebentischen! Da ist immer viel lohnendes Material dabei. Wenn laut geratscht wird, mein Rat: Betrachten Sie es als Einladung zuzuhören! Die Gesprächsthemen sind unerschöpflich, etwa jenes, was in den gelben Sack gehört und was nicht, bei wie viel Grad man was waschen kann und was nicht – oder dass man die Knethaken nach dem Herstellen eines Spätzle-Teigs wegen des gelösten Eiweißes besser mit kaltem als mit warmem oder gar heißem Wasser reinigen solle. Beim Mobiltelefonieren am Nebentisch wird es etwas schwieriger. Dem Gespräch halbwegs mit Gewinn zu folgen ist nicht einfach, weil man ja immer nur die Hälfte versteht. Es gibt übrigens eine wertvolle Untersuchung, von der unlängst *Psychologie heute* berichtet hat: Menschen empfänden demnach ein Gespräch per Handy neben sich im ICE oder anderswo tatsächlich dann weitaus weniger nervig, wenn sie auch die Antworten des Gesprächsteilnehmers am anderen Ende der Verbindung vernehmen könnten. Es ergebe sich dann so etwas wie ein nachvollziehbarer Dialog, eine narrative Struktur, und man hat wenigstens etwas davon, wenn man schon mithören muss. Wenn man dagegen nur den anwesenden Telefonierer reden hört, so wäre dies wie ein Text, bei dem immer wieder wichtige Verständnis-Bausteine fehlten, die semantische Einheit ginge flöten – und das mitgehörte Gespräch wird nur zum lästigen sozialen Geräusch.

Tummelplatz für Tagträumer

Ich habe nie verstanden, wie man sich in einem Restaurant langweilen kann, auch wenn man ganz allein ist. Nach meiner Erfahrung kann noch die ödeste Überlandpartie, das langweiligste Abendessen im Durchschnittslokal gerettet, ja zum unvergesslichen Höhepunkt werden, vorausgesetzt, man hat einen interessanten Nebentisch – oder aber es gelingt einem aus eigener Kraft, sich das, was zum vollen Kick fehlt, einfach auszumalen. Wenn ich allein auf Reisen bin, stelle ich mir gerne vor, was jetzt los wäre, wenn plötzlich Wolfgang Schäuble auf seinem Rollstuhl hereinrollte, am Tischle rechts von mir einparken würde und – gut badisch – Schäufele mit Brägele bestellen würde. Er würde dann, während er auf sein Pils wartet, etwas verlegen den Gästen links und rechts zunicken, und vielleicht würde er mich zur Aufmunterung fragen: »Na, Herr Hecht, ham'se Ihre Steiererklärung schon abgegebba?« Dann muss ich leise lachen – und die Umsitzenden denken dann, der hat sie nicht mehr alle. Manchmal hat man auch Glück und muss sich solche Situationen erst gar nicht mühsam ausdenken. In meiner

Studentenzeit in Freiburg im Breisgau besuchten wir an sonnigen Tagen manchmal das Ausflugslokal St. Valentin. Da konnte es wirklich passieren, dass die Tür aufging, Hans Karl Filbinger, ehemaliger NS-Marinerichter und Ministerpräsident a. D., hereinkam, einen Gutedel bestellte und knisternde Spannung verbreitete. Aber so gut meint es das Schicksal ja nicht immer mit einem, und so ist man auf die eigene Fantasie oder »Einbildungskraft« angewiesen, wie sie noch bei den alten Philosophen hieß.

Was ich auch gerne treibe und nur wärmstens weiterempfehlen kann: Heiteres Beruferaten. Ich gebe mir Mühe, den Beruf besonders interessant erscheinender Umsitzender zu erraten. Und danach versuche ich, durch allerlei detektivische Kniffe herauszufinden, ob ich mit meiner Vermutung richtiglag. Oder ich mache das Nasenspiel. Ich betrachte die Nasen der anderen Mitgäste im vollen Lokal, eine nach der anderen, bis ich nur noch Nasen sehe. Ja, so lange, bis ich auf einmal nur noch Nasen sehe, die sich miteinander unterhalten. Ja, bis ich bemerke, wie vollkommen komisch es ist, eine Nase zu haben, wie groß die Variationsbreite an unterschiedlichen Nasentypen und -arten ist. Welche besonders kurios, kühn, eingedrückt, ausgedellt, großporig, behaart, wächsern, rosig, fettig-schimmernd, spitz, naseweis, wie auch immer geformt sind. Oder ich mache das Tierspiel. Mir hat mal einer erzählt, dass in jedem Menschen ein Tier steckt. Wenn man sich nur lange genug das Gesicht des Betreffenden ansieht, könne man das Tier, das in ihm verborgen ist, erkennen. Männer seien meistens Hunde, Frauen Katzen. Es gibt aber auch Esel oder Pferdeähnliche, Mäuse und Affen. Dagegen selten, aber wenn, dann zumeist lohnend: Fische. Fische gibt es wiederum mehr unter Frauen als unter Männern.

Übrigens, auch eines meiner bedeutendsten schriftstellerischen Inspirationserlebnisse verdanke ich einem Hotel. Genauer gesagt dem Hotel Schwarzer Adler in Oberbergen im Kaiserstuhl, in welches meine Frau und ich uns anlässlich unseres siebten Hochzeitstages eingefunden hatten. Wir saßen am nächsten Morgen im Frühstücksraum, ein Tisch weiter ein waschechter Rheinländer samt Gattin. Er war vielleicht 65 Jahre alt, trug aber trotz seines fortgeschrittenen Alters blondgefärbte Löckchen und sah aus wie ein wohlgenährter König aus dem Märchenbuch meines Sohnes. Er trug ein zitronengelbes Poloshirt und eine enge, blau-grün karierte Stoffhose, nein eher: ein Stoffhöschen, das er über das Poloshirt bis fast unter die Brustwarzen hochgezogen hatte. Unter dem Höschen wölbte sich ein mächtiges rheinisches Hinterteil und vorne ein stattlicher Ranzen. Ihm wollte es an diesem Morgen nicht schnell genug gehen.

Als die badische Kellnerin an seinem Tisch vorübereilte, entfuhr es seiner Majestät ungeduldig: »Ich hatte Ei bestellt.« Eigentlich sagte er: »Isch hatte Ei beschtellt!«, nein, er sagte gut niederrheinisch: »Isch hadte Äe böschdällt!«. Die Kellnerin nickte kurz und wandte sich der Küche zu. Aber das Ei kam nicht. Fünf Minuten später nahm sich seine Frau der Sache an und brachte das Anliegen in eindrücklicher Art erneut gegenüber der Kellnerin in Erinnerung: »Mein Partner hatte Rührei bestellt!« Wobei sie das Wort »Partner« etwa wie »Bachtner« aussprach.

Der Bachtner war König Alfons, der Viertelvorzwölfte. Ich war begeistert. Plötzlich war ich wie besessen von der Idee, diesen Roman zu schreiben. Welchen Roman? Na, eben den Roman, der diesen Titel trug, tragen musste. Ich wusste noch gar nicht, was darin vorkommen sollte, aber ich hatte den Titel. Der Roman musste heißen: »Ich hatte Ei bestellt.« War der Titel gut? Ja, auf jeden Fall. Oder ließ er sich noch optimieren? Vielleicht eher: »Isch hatte Ei bestellt« oder: »Isch hatte Rührei bestellt!«.

Interessant empfand ich schon nach kurzem Nachdenken auch die noch viel verwegenere Variante »Mein Partner hatte Rührei bestellt«. War es das, worauf man in diesem Büchersommer wartete? Immer schneller galoppierte es in meinem Kopf, und schon bald war ich sicher – der war es: »Mein Partner hatte Rührei bestellt«. Ja! Als ich meiner Frau die Romanidee unterbreitete, war ich auf die Reaktion schon gefasst. Sie sah mich an, als sei ich bekloppt, und machte mit der Hand den Scheibenwischer vor den Augen. Damit hatte ich gerechnet, und doch stand mein Entschluss fest: »Mein Partner hatte Rührei bestellt« musste geschrieben, musste ein Welterfolg werden! Kurz darauf, beim Zähneputzen im Hotelzimmer, fiel mir ein, dass der Titel noch besser ging: »Mein Partner hatte zum wiederholten Mal Rührei bestellt« war natürlich noch blumiger, irgendwie elastischer. »Mein Partner hatte wiederholt in scharfem Ton Rührei bestellt« ging wohl zu weit, aber »Mein Partner hatte inzwischen wiederholt Rührei bestellt« – der war richtig gut. Oder bekam dadurch meine Grundintention eine falsche Richtung? Wäre nicht »Ich hatte Rührei bestellt« viel besser gewesen, kürzer, bündiger, zupackender? »Ich hatte Rührei gegessen.« Nein, »bestellt«, viel besser, denn der Leser wartet ja darauf, zu erfahren, was dann am Ende eigentlich herauskam. Ob das verdammte Ding dann doch noch auftauchte, ob es inzwischen kalt geworden war und ob es überhaupt noch schmeckte. Ob es Zoff gab, weil das Ei nicht kam, und was dadurch noch so alles ausgelöst wurde.

Warum steht diese Episode in diesem Buch? Diese Zeilen stehen hier, um klarzumachen, dass der Entschluss, sich in die Arme gastronomischer Betriebe zu begeben, nahezu immer irgendwie belohnt wird, mithin nie verkehrt ist, auch wenn man sich die Sache eventuell im Vorhinein tatsächlich irgendwie anders vorgestellt hat.

Duft-Offensiven am Frühstücksbuffet

Es gibt Mitgäste, denen man, was ihre Vorzüge und Reize angeht, eigeninitiativ auf die Schliche kommen muss. Andere machen es einem da leichter. Das sind solche, die ganz von sich aus das Füllhorn ihrer eigenen Individualität vor einem ausschütten, ohne dass man sie darum bitten müsste. Es sind dies Gäste, die unaufgefordert ihre Visitenkarte abgeben, man könnte auch sagen: ihre Duftmarke setzen. Denn etliche Restaurant- und Hotelgäste sind nur zu gerne – wohl weil sie so ihren wunderschönen Urlaubsaufenthalt gebührend würdigen wollen – stark beduftet, wenn sie zum Speisen schreiten. Schließlich ist Urlaub immer Genießen mit allen Sinnen.

Ich lebte viele Jahre im dritten Stock eines Altbaus in innerstädtischer Lage. Über mir wohnte ein alleinstehender Lokaljournalist. Wenn der gegen zehn Uhr das Haus zur täglichen Konferenz verlassen hatte, konnte man noch eine Stunde nach seinem Weggang im gesamten Treppenhaus ein ungemein scharfes Beduftungsmittel riechen, mit welchem er allem Anschein nach allmorgendlich seinen Redakteurskörper reichlich zu besprengen pflegte. Der soziale Aspekt am beherzten Einsatz von Parfums und Desodorierungsmitteln kommt so direkt zum Tragen: Die anderen haben auch immer was davon. So auch, wenn im Restaurant neben Ihnen *Davidoff* Platz nimmt, oder *Hermès 24 Faubourg*, *Chanel No. 5* oder zwischendurch vielleicht einmal eine leichte Note Naphtalin. Wenn Sie gerade ganz beseelt das Aroma der Trüffelpasta einatmen wollen oder den Duft einer Gänsestopfleber und es weht eine Brise von *Dior* herüber, dann werden plötzlich Geschmackserlebnisse möglich, von denen Sie zuvor nicht geträumt hätten. Mir übrigens zuletzt passiert in einem bayerischen Spitzenhaus, als ein freundlicher Engländer, der etwa so aussah wie Roger Whittaker, den Tisch nebenan belegte und eine scharfe Note aus Achselschweiß und *Jean-Paul Gaultier* zu uns herüberschickte, quasi als völkerverständigenden Begrüßungswind. Bei einem Aufenthalt in einem anderen Haus nahm einmal ein Hotelgast direkt gegenüber meines Frühstückstisches Platz. Später am Buffet merkte ich, dass er ein eigenwillig gefärbtes Bukett hinter sich herzog, einen Geruch, den man etwa aus dem ICE kennt, wenn für den Abfall zuständige Bord-Mitarbeiter große

Plastiksäcke durch den Großraumwagen zerren und eine Mischung aus Desinfektionsmittel und Erdbeeraroma hinterlassen. Ja, zugegeben, der olfaktorische Übergriff ist nicht immer einfach zu parieren. Ausgeführt wird er übrigens ausnehmend gerne von Damen in fortgeschrittenem Alter, die aber »für ihr Alter noch fantastisch« aussehen (vgl. Carmen Nebel, Vicky Leandros), und darauf auch dreimal pro Stunde angesprochen werden wollen. (Ich frage mich immer, ab welchem Alter ist das eigentlich ein Kompliment und ab wann eine Unverschämtheit?) Gerade solche gut konservierten reiferen Frauen neigen dazu, selbst auf gesellschaftlichen Kleinstevents Mittelchen einzusetzen, die man sonst nur aus der Schädlingsbekämpfung kennt. Die Folge: sie erscheinen in der Regel stark umnebelt zum Diner. Und den betroffenen Mitgästen bleibt oft nur der Abgang, etwa in der überstürzten Art, in der Roger Kaplan alias Cary Grant in der Hitchcock-Verfilmung »Noth by Northwest« (»Der unsichtbare Dritte«) durch ein Maisfeld flüchtet, nachdem seine Verfolger aus einem Kleinflugzeug pulverisierte Pestizide abgeworfen haben. Was immer ein wenig Hoffnung auf Rettung bietet, ist die berechtigte Aussicht auf ein Nachlassen der Übergriffe. Setzen Sie auf den Faktor Zeit. In der Regel strömt weniger *Davidoff* aus, wenn der Betreffende still sitzt. Das ist ja in der Regel so, wenn man dann endlich isst. Die Moleküle setzen sich ebenfalls, nisten sich im Cashmere-Pullover ein und bleiben da vorerst auch.

Den Kontrapunkt zum parfümierten bildet im Übrigen der ungeduschte Mitgast. Kaum zu glauben, aber wahr, man begegnet ihm immer noch. Selbst in Spitzenhotels gelegentlich – und zwar vorzugsweise am Frühstücksbuffet, gerne am Aufschnitt schnüffelnd und das Tablett nach eingehender Beschnupperung wieder zurückstellend. Menschen, die vor dem Frühstück noch nicht geduscht haben und sich in grauer Baumwoll-Lümmelhose, Badeschlappen und öligem Haupthaar in den Frühstücksraum geschmuggelt haben. Den absoluten Höhepunkt aber bilden ungeduschte und zugleich schwer parfümierte Hausgäste. Das ist der Versuch, nächtlichen Wurzelsud durch *Axe* zu überdecken. Hier sollte die freiwillige Feuerwehr eingeschaltet werden.

Unsere vierbeinigen Freunde

Ähnlich dem parfümierten Mitgast zählen Urlaubsgäste mit Hund zu solchem Menschenschlag, der uns gerne viel mehr von sich und ihrer Kontaktfreude schenkt, als wir eigentlich verdient hätten. Klar, der Hund kommt natürlich mit ins Gebirge oder an den Strand, und meistens ist es ja auch er, der den Weg zu uns sucht, und es sind die Halter, die es dann sehr süß finden, wenn uns ihr Labrador-Retriever »Ombra« einen seiner Vorderläufe über die Schultern legt oder die Sonntagshose einschleimt.

Meistens erkennt man von Weitem gar nicht genau, was das für ein Hund ist, der da auf einen zutrottet. So auch bei meinem letzten Dänemarkurlaub. Aus der Entfernung war mir nicht klar, ob »Honey« ein Wildschwein, ein Sitzrasenmäher oder ein Hund war. Auf jeden Fall machte es auf meinen Sohn und mich an diesem Tag am Strand bei Lønstrup an der Jammerbucht einen durchaus Vertrauen einflößenden Eindruck, dass ein großer starker Mann im Joggingoutfit durch eine Leine mit »Honey« verbunden war. »Honey« gelang es aber dennoch, sich loszureißen. Und zwar genau in dem Moment, als er unseren Euro-2012-Lederball durch die Luft fliegen sah. »Um Gottes willen halten Sie den Hund fest!«, hörte ich den hünenhaften Hundehalter wie panisch aus der Ferne brüllen und immer wieder: »Honey! Honey!« Oder vielleicht auch nur »Honi«. (Abkürzung für Erich Honecker?) »Honey!« »Aus! Platz! Stopp! Fuß!« Das Übliche halt. »Honey« galoppierte auf uns beide zu, die wir angesichts des heranstürmenden vierbeinigen Sitzrasenmähers das Interesse an einem weiteren Direkt-Pass-Spiel verloren hatten. »Halten Sie das Tier fest!«, krakeelte der Mann und kam hinter »Honi« hergerannt, freilich ohne ihn einzuholen. »Um Gottes willen, halten Sie die Bestie fest!« Wie bitte sollte ich die Bestie festhalten? »Honey« stürzte sich auf unseren Fußball. Mit einem kräftigen Biss klemmte er ihn in Sekundenbruchteilen zwischen seine Kiefer. Die Luft entwich zischend. »Warum halten Sie den Hund nicht fest, verdammt noch mal? Ich hab doch gesagt, Sie sollen den Hund festhalten!« Jetzt war der Mann bei uns angekommen, ganz außer Atem. »Sie müssen den Hund festhalten!« »Wieso ich?« »Scheiße!«, sagte der Mann und ging in die Knie. Mein Sohn und ich sagten gar nichts. Unser Blick fiel auf »Honey«. »Honey« war eine Mischung aus Rottweiler, Triceratops und Hulk und tänzelte mit unserem Spielgerät in der Brandung. »Na schön. Ich zahl' euch den Ball.« Der Mann zog einen 5-Euro-Schein aus dem Portemonnaie. »Hier!« »Das wird wohl nicht reichen«, entgegnete ich. Der Ball hatte 29,95 Euro gekostet. »Was?« Der Mann war sauer. »Na, gut, hier sind 30 Euro, Schluss, aus, fertig. Ich will keine Scherereien haben!«, blaffte er uns an. Das hätte er einfacher haben können.

Ich liebe Tiere, liebe Leser. Bei Hunden, erst recht im Urlaub, habe ich allerdings meine Schwierigkeiten. Sie haben es wahrscheinlich schon zwischen den Zeilen herausgelesen. Ich bekenne freimütig, in erster Linie sind Hunde für mich gezähmte Raubtiere, die sich zur gegenseitigen Begrüßung den Anus abschnuppern. Hundehalter sind für mich also Menschen, die sich gegenseitig den Anus abschnuppernde Raubtiere halten. Ich gebe weiter unumwunden zu: In meiner Weltanschauung haben Menschen, die sich gezähmte, sich gegenseitig den Anus abschnuppernde Raubtiere halten, tendenziell nicht alle Tassen im Schrank. Es sei denn, diese Menschen sind blind, über 85 Jahre alt oder haben ein schweres Trauma zu bewältigen. Der Hund in unserer Kultur ist – auch psychologisch nachweisbar – fast immer ein Hinweis darauf, dass es da irgendwo nicht ganz stimmt im Gemüt des Halters. Da wird oft etwas Ungutes abreagiert, wofür das arme Tier freilich gar nichts kann, meistens Machtgelüste – man macht den Dompteur. Sich einen Hund zu halten kann auch eine verspätete Kompensation für den eigenen erlittenen Liebensentzug sein oder eben für ein manifestes Minderwertigkeitsgefühl, wenn der Hund als Waffe oder Ego-Vergrößerung dienen muss. Wie verhält es sich aber im Urlaub? Manche werden ja bedauerlicherweise an Autobahnrastplätzen ausgesetzt, aber fast immer kommt der Hund natürlich mit in die Ferien. Er ist dort aber für fast alle anderen Menschen außerhalb der Hundehalter-Familie ein veritables Ärgernis. Vor allem am Strand. Viele kennen das Gefühl, wenn man von schnuppernden Hunden im süßen Strandschläfchen geweckt wird, Hunde, die herüberstreunen und einem ins Ohr hecheln. Was tun, wenn »Tequila«, »Calypso« oder »Brutus« meine Strandtasche begattet, wenn der Pit Bull mit Namensaufdruck »Bodyguard« oder »Tyson« auf dem Schulterband auf meine abgestellten Flipflops markiert oder der Rüde »Orlando« in einem unbewachten Augenblick mein Lunchpaket zerfetzt? Pfefferspray sei eine gute Lösung, hab ich gehört. Und Gelassenheit. Besprühen Sie mit beidem ausgiebig ihre Strandsachen und Sie bleiben unversehrt.

Rotten, Horden und Geschwader:
Eine Verhaltenstherapie

Aber lassen Sie uns zur Abwechslung einmal über verschärfte Startbedingungen sprechen, im Urlaubshotel oder im Restaurant. Heimsuchungen durch Horden oder Herden. Was tun, wenn eine Gruppe heuschreckenartig einfällt – obendrein mit Hunden! Zugegeben, jetzt bin ich mit meinem Urlaubslatein fast am Ende. Aber nur fast. Lassen Sie uns einen kühlen Kopf behalten und zunächst einmal differenzieren. Mit welchen menschlichen

Zusammenballungen kann man im Urlaub überhaupt konfrontiert werden? Als da wären gleichgeschlechtliche Gruppen, alterskonforme Gruppen, Gruppen aus Paaren bestehend, sodann Bildungsgruppen, Schulklassen, Studenten-Exkursionsgruppen, Rentner-Ausflugsgruppen, Outdoor-Gruppen, Sportgruppen, Partygruppen, Motorradgruppen, Hundehaltergruppen, Grillgruppen. »Masse und Macht« lautet Elias Canettis berühmter Essay. Der Leser findet darin allerlei interessante Überlegungen, zu welchen Arten von Massen sich Menschen zusammenfinden, wie sie gruppendynamisch funktionieren und welchen Schaden sie welthistorisch anrichten können. In Canettis Buch leider nicht näher berücksichtigt sind die Typen von Massen, zu denen sich alle Jahre wieder sogenannte Freizeitaktivisten zusammenfinden – und erhebliche Macht über andere unschuldige Sommerfrischler ausüben.

Das Erste, was es zu Massen im Urlaub zu sagen gibt, ist, dass sie in aller Regel wie ein Gottesgericht über einen kommen. So wie einst an jenem schönen Spätsommerabend in einer meiner Lieblingswirtschaften im Südschwarzwald. Von der Terrasse aus sah ich einem alten Bauern zu, der seinen Kühen auf der Weide »Gute Nacht!« sagte, eine Katze schnurrte im wärmenden Abendlicht, das Bierchen lief gut runter. Ein seltenes Sommergoldhähnchen zwitscherte im Laubwerk über dem lauschigen Plätzchen, friedvolle Stunde. Als ich irgendwann merkte, dass die Serviererin trotz überschaubarer Gästezahl auf der Terrasse mit der Zeit immer hektischer und kürzer angebunden wurde, fragte ich besorgt: »Was ist denn mit Ihnen los?« Sie entgegnete tief durchatmend und mit einem wehen Blick gen Himmel: »Mir hen' no an Bus heit!« Zehn Minuten später wusste ich, was die Frau beunruhigte. Auf dem Parkplatz hatte ein SETRA-Reisebus mit der Aufschrift *Käsbohrer* angehalten. Dem Wageninneren entquoll eine Rotte von etwa 50 Rentnertouristen in Dreiviertelhosen, die binnen Kurzem lärmend und pöbelnd den gesamten gastronomischen Außenbereich in Beschlag nahmen, Gartenmöbel über den Waschbeton zerrten, scharrten und flegelten, wie ich das noch nicht erlebt hatte.

Von Georges Brassens stammt der weise Satz: »Ab vier Personen entsteht ein Deppenhaufen« – und es ist richtig, dass der Mensch in der Masse dazu tendiert, höchst sonderbar zu werden. Tatsächlich ist jeder Mensch für sich genommen zu Wohlbetragen und allerhand gescheiten Ein- und Ansichten die Welt betreffend imstande, ganz unabhängig von seinen natürlichen Anlagen und dem Bildungsstand. Sobald aber eine Gruppe entsteht, wird der Mensch immer wieder vollkommen närrisch. Jetzt geht es um soziale Anerkennung im Pulk, man versucht, den derbsten Witz zu landen oder will andere durch Operettengelächter oder andere kehlige Knurrlaute übertönen, sie lautstark für sich einnehmen, die eigene Marke setzen. Man versteigt sich zu verwegenen Radikalismen in der Meinung, um durch Pointierung des Gesagten in der Runde an Profil zu gewinnen, man versucht, originell zu sein – oder aber ganz umgekehrt: man missbraucht die Gruppe als eine Art Schutzschild, hinter dem man sich schlicht gehen lassen kann.

Dennoch bleibt in solchen Gruppen immer viel Anspannung und Stress zu kompensieren. Denn es ist ungemein anstrengend, den ungeschriebenen Gruppengesetzen zu gehorchen. Oft führen sich die Teilnehmer daher erhebliche Mengen Drogen zu, um diese harte psychische Beanspruchung überhaupt zu überstehen. Dadurch wird aber immer auch die Enthemmung gefördert – und erst dadurch werden nicht nur Jugendliche unausstehlich, sondern alle menschlichen Zusammenballungen ohne jede Altersbeschränkung. Man kennt die Problemmassen aus eigener Erfahrung: angesoffene Verbindungsstudenten, durchuniformierte Wandergruppen im Jack-Wolfskin-Design, Fahrradreisende in schwarzen engen Kunststoffhosen, die ab Kassel/Wilhelmshöhe den Großraumwagen in eine Art rollende Vesperstube verwandeln und sämtlich Käsebrot essen, Junggesellen-Abschiedsfeier-Gruppen mit Motto-T-Shirt, Stammtischbrüder auf Vatertagsausflug, Kirchentagsabgesandte im ICE, Love-Parade-Pack, mächtig gut drauf – alles ein großer Graus. Oder ein halbes Dutzend Sekretärinnen, die mal ohne ihre Männer in Malle einen draufmachen. Horden sind schlimm, egal, ob an Frühstücksbuffets, auf Berggipfeln oder wenn sie mit den Mountainbikes unterwegs sind. Und immer ist das Problem die Gruppe an sich, das Schwarmverhalten. Oder um mit Nestroy zu sprechen: »Der Mensch ist gut, die Leut' sans a G'sindel!«

Grillen, Hund, BMW:
Gesindel – und wie man ihm entkommt

Woran aber erkennt man wahres Gesindel? Nun, Gesindel fährt zunächst einmal vornehmlich Geländewagen. Gerne BMW. Gesindel grillt erfahrungsgemäß gerne. Häufiger als andere soziologisch erfassbaren Gruppen und vor allem zwanghafter als andere. Des Weiteren führt Gesindel überdurchschnittlich oft einen (großen) Hund mit, gerne auch gleich mehrere. Gesindelangehörige tragen häufiger Sonnenbrille als andere Menschen, genauso Tattoos und lesen, wenn überhaupt, dann Auto-BILD und FOCUS. Und man hat in aller Regel auch einen Fellbesatz an der Kapuze vom Winteranorak.

Lautstärke ist ein weiteres untrügliches Identifizierungsmerkmal. Egal, ob in Dezibel – oder nur in der Grellheit der eigenen Statusinszenierung. Es gibt kein stilles Gesindel. Gesindel ist immer eine energetisch aufgeladene Zusammenrottung. Deswegen sind auch die »Energieträger« nie weit: Die Grillkohle als solche ist solch einer, gerne aber auch die Musik-Anlage und allerlei Motoren, die man rituell aufheulen lässt. Vor allem aber herrscht im Gesindel selbst immer eine gewisse Spannungsenergie. Fast immer schwelen Aggressionen im Innern dieser Gruppen, verleihen den Abstoßungs- und Anziehungskräften erst ihre immense Wucht, Kräfte, die sich nur durch periodische Zugabe von Rauschmitteln, wenn auch nur für kurze Zeit, gegenseitig aufheben. In einer Gesindelgruppe wird nahezu immer viel und vor allem laut gelacht. Aber nicht etwa aus überschwänglicher

Freude. Das Lachen hat hier vornehmlich hierarchische Funktion, man unterscheidet Überlegenheits- und Unterwürfigkeitslachen. Es handelt sich fast ausnahmslos um ein soziales Lachen. Sehr häufig sogenanntes Ventillachen, also ein Lachen, das dem psychohygienischen Zweck dient, Anspannung abzuführen, die sich als Ergebnis des hohen Gruppendrucks angestaut hat, der in solchen Zusammenballungen herrscht.

Sein idealtypischer, reinrassiger Aggregatzustand wird erreicht, wenn das Gesindel das tut, was es »feiern« nennt. Vornehmlich am Urlaubsort nachts, gerne am Pool in der Ferienanlage, »ohne Ende« und »bis der Arzt kommt«. Knülle in der Idylle. Gesindel liebt »La-Ola-Machen« und Sprechgesänge wie »Gib mir ein H, gib mir ein u, gib mir ein m etc. … humba, humba, humba tätärä … !« Man sieht: für manche Menschen bedeutet Urlaub nicht entspannen, zur Ruhe kommen, sich innerlich wieder einsortieren, sondern Halligalli, Abdancen, Durchdrehen. »Was ist der Schrecken eines Taifuns gegen den Menschen, wenn er seinen Spaß will?«, meinte Bert Brecht einmal, ohne dass weiter bekannt wäre, ob er einmal all inclusive auf Ibiza gewesen ist.

Wir nähern uns dem nächsten Merkmal, das untrüglich eine Gesindelrotte auszeichnet. Es hat keinen Sinn für das Feine und keinen für das Schöne. Es ist ästhetisch unempfindlich, indifferent. Es reagiert lediglich auf Schlüsselreize, die meistens entweder aus Glas, Chrom, Gold oder Marmor sind. Wird Licht auf diese Flächen geschickt und reflektiert, so dass es dem Gesindel ins Auge springt, schnappt es reflexartig zu.

Es ist ein großer Irrtum zu meinen, Gesindel sei notwendig arm, mittellos und proletarisch. Ganz und gar nicht. Oft können sich Angehörige von Gesindel auch einen sehr dicken BMW leisten. Oder gleich einen Porsche – wenn Gelder vorhanden sind. Anzutreffen ist Gesindel daher durchaus auch dort, wo es richtig was kostet.

Ich erinnere mich an einen denkwürdigen Empfang in dem bereits erwähnten Hotel Schloss Elmau, einem en gros wunderschönen, gut geführten Haus, das, laut Prospekt, auch noch gleich beides sein möchte: »Luxury spa and cultural hideaway«. Hier wollte ich wieder Urlaub machen, hier wollte ich ankommen. Aber ankommen war an diesem Herbsttag gar nicht so einfach. Ich kam mit meinem Auto gar nicht vor die Eingangstür, um mein Gepäck zu entladen, denn circa zehn Porsche-Sportwagen verstellten den Haupteingang nebst ihren stolzen Besitzern, die mit ihren dicken Uhren um die Wette rasselten. Statusbrunftzeit unter Luxusrabauken. Laffen und postmoderne Pfingstochsen gaben sich ein Stelldichein. Premiumweiber stöckeln um Motorhauben, Sonnenbrillen überall. Das gute alte Schloss sieht auf einmal aus wie die Kulisse für einen Edel-Porno. »Papa, warum haben die Männer so große Uhren?«, will mein Sohn wissen und deutet auf die bierdeckelgroßen Metall-Gehäuse an den Armknöcheln der Porscheleute. Zuerst will ich ihm antworten, dass die Männer schlecht sehen würden. Alte Leute, die nicht mehr gut sehen könnten, brauchen Bücher mit größeren Buchstaben, damit sie auch selbst eine Geschichte lesen könnten und sie sich nicht vorlesen lassen müssen. Das hatte ich ihm bei Großdruck-Büchern schon einmal erzählt. So sei das mit den Zahlen auf der Uhr. Aber dann sage ich ihm die Wahrheit. Es gibt reiche Männer, führe ich aus, die wollen, dass man auch sieht, dass sie reich sind. Und so eine Uhr ist sehr, sehr teuer – genauso wie so ein Porsche. Wenn sie also die Uhr und das Auto herumzeigen, wissen alle, dass es sich um sehr reiche Menschen handelt. Mein Sohn verstand das sofort und fragte mich: »Papa, sind das Angeber?« So könne man das durchaus sagen, entgegnete ich mit Lob in der Stimme.

Später frage ich einen Mann, der an der Rezeption herumlungerte und den ich für den Hotelbesitzer hielt, warum man dieses Mittelstands-Event nicht im ortsansässigen Autohaus abhalten könne, sondern direkt auf dem Hotelgelände vor dem Haupteingang. Ob es das wirklich bräuchte? Er wirft mir einen hochmütigen Blick zu. Da ginge es um Sponsoring für sein Hotel, meint der Mann, dem ich vor der Abreise für fünf Übernachtungen circa 2.500 Euro überweisen werde. Sponsoring für ein Luxushotel? Außerdem könne er nicht erkennen, warum Porsche-Fahrer schlechtere Menschen seien, schiebt er nach. Schlechter nicht, entgegne ich, aber aufdringlicher. Also solche, bei denen der Prestigenerv relativ offen liegt. Denn es gibt tatsächlich wenige Gegenstände in unserem Kulturkreis, die mit derart viel Statusbewusstsein aufgeladen sind wie solch ein Fahrzeug. Und das führt dann zu penetrantem Auftreten, zumal im Konvoi. Außerdem: entweder »cultural hideaway« oder Schaulaufen des Besitzbürgertums – beides geht schlecht zusammen. Er redet noch irgendwas von »faszinierender Technik« –

und ich bekomme den Eindruck, der Mann habe zu viel Autowerbung geguckt.

Menschen aller Gesellschaftsschichten senden soziale Signale aus. Nur manche tun dies eben viel lauter, greller, heftiger – und so, dass sich andere dadurch belästigt fühlen. Orte, an denen zu viel Statusbotschaften frei flotieren, gilt es aller Erfahrung nach zu meiden, denn an solchen Orten ist nie wirklich gut Gast zu sein. Es sei denn, man hat einen Spaß daran, Sozialbiotope auszuleuchten und Repräsentationsstrategien der Gegenwart zu studieren. Es ist trotzdem wunderbar hier. Der Porsche-Parcours war wie eine Schleuse, ein Durchgang gesäumt von schlechten Geistern, den passieren musste, wer im Paradies ankommen wollte. Und zwei Stunden später rollte tatsächlich der letzte aus dem Blickfeld. Die Luft war wieder rein. Der Spuk war vorüber. Schloss Elmau ist einfach nicht zu verderben.

Wenn die Hunnen kommen:
Umgang mit schwierigen Erholungssuchenden

Egal, ob reich oder arm, Gesindel an sich ist keine Freude. Zur Plage wird es aber erst im Urlaub. Denn unter Urlaub verstehen seine Angehörigen eine seltene Möglichkeit zu maximaler Rücksichtslosigkeit, inklusive Belästigung anderer, ohne dass man sich dafür irgendwie schämen würde. Es ist unerheblich, ob sich Gesindel darüber selbst im Klaren ist oder nicht. Entscheidend ist, dass es ihm völlig gleichgültig ist, ob und wodurch es andere Mitmenschen stört. Dazu kommt die notorische Verweigerungshaltung gegenüber Reklamationen durch andere. Mehr noch: echtes Gesindel pflegt im Falle eines noch so sachlich vorgetragenen Protests gerne noch einen draufzusetzen.

Das Wichtigste bei der pädagogisch richtigen Reaktion auf Gesindel ist daher die Fähigkeit zur Antizipation der Folgen eines Einschreitens. Wie schaffe ich es wirklich, den Party-Clan aus dem niederländischen Arnheim dazuzubringen, jetzt, gegen 2.17 Uhr MEZ, den Techno-Lärm wenigstens ein bisschen leiser zu drehen, das Brüllaffen-Gelächter einzustellen oder gar zu Bett zu gehen? Wie gelingt es mir, dass auch die Meinen und ich etwas von diesem schönen Agriturismo-Landgut-Abend in den Weinbergen von Larciano habe – und nicht nur die beiden VW-Busbesatzungen aus unserem nordwestlichen Nachbarland? Oder zurück zum Badestrand: Wie wird Catcher Rey Mysterio mit dem Goldkettchen neben mir am Strand reagieren, wenn ich ihn bitte, seine Füße von meinem Badehandtuch herunterzunehmen – oder etwas leiser zu telefonieren? Werden Snitsky, Festus und Matt Striker von der American Wrestling Association tatsächlich ihre Messerwerfübungen einstellen, wenn ich ihnen schonend beibringe, dass mich dies stört?

Hier hängt alles von der Kernfrage ab: Ist die Versindelung so weit fortgeschritten, dass kein Korrekturvorschlag Aussicht auf Erfolg hätte, ja eventuell sogar die Störaktivitäten nur noch schüren und vermehren könnte? Kommt man hier zum Schluss, es ist alles zu spät, ist man gut beraten, eine Intervention zu unterlassen. Oder besteht vielleicht doch noch ein Funken Hoffnung auf

Einsicht? Das ist die alles entscheidende Frage. Kommt die Vorprüfung zum Ende, eine Resozialisierung ist wenig aussichtsreich, gibt es immer zwei Möglichkeiten: das innere Arrangement oder den Rückzug. Der Rückzug ist die Ultima Ratio, ansonsten aber ist fast immer das innere Arrangement, die Einverständniserklärung auch mit einer Welt, wie ich sie nicht haben möchte, das einzige zur Verfügung stehende Mittel, sich den Traum vom Urlaubsglück zu bewahren.

Wenn man aber auch nur geringe Anlässe zur Vermutung wahrnimmt, es sei irgendwie möglich, den Status quo ante wiederherzustellen, schreite man zur Tat. Man trete aber hier niemals mit Vorwürfen auf! Nein, seien Sie stets freundlich, sagen Sie: »Wären Sie so lieb und würden Sie bitte etwas leiser sein?«. Oder: »Wären Sie so freundlich, den Haufen Ihres Kampfhundes von meinem Schlauchboot zu entfernen?« Die einzige Aussicht auf Erfolg bietet dabei immer das gezielte Einzelgespräch mit dem Gruppenführer. Gelingt hier echte Überzeugungsarbeit, vor allem, wenn man sich tatsächlich den einflussreichsten Ansprechpartner einer Gesindelgruppe ausgewählt hat, besteht Aussicht auf Rettung.

Gerade wenn es unausweichlich ist, etwa, wenn sich abzeichnet, dass Sie mit einer Gesindelgruppe die nächsten zwei Wochen in enger Nachbarschaft verbringen müssen, etwa im Urlaub auf dem Campingplatz oder weil die Appartements direkt nebeneinander liegen, sollten Sie den Ärger nicht in sich hineinfressen, sondern auf die Gruppe zugehen. Passen Sie einen geeigneten Moment ab. Frühmorgens haben Sie immer einen Vorteil, denn um 9 Uhr haben Ihre Nachbarn in der Regel noch mit einem Kater zu kämpfen. Hier ist die Chance auf Einsicht höher als gegen 15 Uhr, wenn das Unheil schon wieder seinen Lauf nimmt. Zur Gesprächseinfädelung dient eine »Einladung«. Laden Sie den Bandenführer zu einem Getränk ein. Hat die Annäherung keinen besänftigenden Erfolg, versuchen Sie, die unliebsamen Gäste zu ignorieren, solange es geht. Geht es nicht mehr, bauen Sie sie ein in Ihren Urlaub. Studieren Sie Physiognomie, Kleidungsstil, Ess-Stil, schnappen Sie Redehappen auf, rätseln Sie über Beruf und regionale Herkunft der Gruppe, kurzum: machen Sie die Gruppe zum Objekt eines Quiz. Finden Sie heraus, wer krault wem den Rücken, wer laust wen, wer ist das Alphatier im Paviankäfig, auf wen darf jeder draufhauen. Entwerfen Sie ein Soziogramm und überprüfen Sie es immer wieder. Geben Sie den einzelnen Mitspielern Namen, etwa aus einem Lucky-Luke-Comic: wer ist Eisenkopf-Wilson, Pistol-Pete, Explosions-Harris, Muskel-Jack, Mogel-Billy?

Gesindel ist so lange kein Problem, solange es genügend Ausweichmöglichkeiten gibt. Gesindel stört erst wirklich dort, wo Platzmangel herrscht – und das ist oft so im Urlaub, weil alle an die schönen Plätze wollen. Und wenn Sie ihm doch nicht entkommen? Dann brechen Sie eben Ihre Zelte ab. Fliehen Sie vor dem Gesindel. Fliehen Sie, um den Traum vom perfekten Urlaub noch eine Weile weiterzuträumen.

Zwischenstopp in der Schweiz II

Im Land des wetterfesten Zahngolds

Damit wir auf Reisen von bösen Heimsuchungen möglichst verschont bleiben, gibt es unser Händchen für die gesindelfreien Zonen und, wenn gar nichts mehr hilft: die Polizei. Die Polizei sorgt dafür, dass sich alle so verhalten »comme il faut«, wie man in der französischen Schweiz sagt.

Aber man spricht ja auch deutsch in der Schweiz. Zum Beispiel den Satz: »Sagen Sie, mein Herr, gibt es in Ihrem Land keine Regeln, an die man sich halten muss?« Liebe Leser, die Sie vorhaben, dieses Jahr wieder durch unser Nachbarland im Süden zu reisen, bitte versuchen Sie einmal, diesen Satz in leisem, bedächtigem Schwyzerdütsch langsam und deutlich vor sich hin zu sprechen. Lächeln Sie dabei so menschenfreundlich, wie Sie nur können. Beides hilft, sich vorstellen zu können, was mir kurz unterhalb des Julierpasses zugestoßen ist, als ich mich auf der Fahrt in einen wunderbaren Oktoberurlaub im Engadin kurz vor meinem Reiseziel wähnte.

Mitten in der bizarren hochalpinen Felsenlandschaft gab es da eine Baustelle, über die die rote Morgensonne an diesem Tag ihre zarten Strahlen schickte. Einspurige

Verkehrsführung. Schotterweg über ein paar Hundert Meter. Ausbesserungs- oder Verbreiterungsarbeiten. Man sah einen gigantischen Bagger schaufeln und dabei starke Abgaswolken ausstoßen. Eine Baustellenampel zeigte grün, also fuhr ich mit gedrosselter Geschwindigkeit in den Bereich hinein. Vielleicht fünfzig Meter hinter der Ampel sah ich einen in einem orangefarbenen Overall gekleideten Arbeiter mit einer rot-weißen Fahne hektisch winken. Gilt nicht mir, dachte ich – zumal ja die Ampel dasjenige Verkehrsmittel war, was mir die Durchfahrt erlaubte, denke ich. Aber kaum passiere ich den Mann und bewege mich im Schritttempo auf die Engstelle mit dem Bagger zu, da höre ich böse Sirenen, und nehme durch meine Seitenfenster wahr, wie aus dem Areal neben der Baustelle ein Geländewagen von der Seite auf mich zuschießt. Ich lenke meinen Wagen vollends an dem Bagger vorbei, und schon fährt mir der Jeep in den Weg, dass der Kies spritzt und ich anhalten muss. Ein athletischer Uniformierter im Ganzkörper-Kampfanzug springt aus dem Verschlag und sprintet elastisch auf mich zu, ich betätige den Fensteröffner, und der Mann streckt seinen kahlrasierten Kopf ins Wageninnere. Ich bin auf alles gefasst. »Trittst im Morgenrot daher, Seh' ich Dich im Strahlenmeer, Dich, du Hocherhabener, Herrlicher!«, fällt mir der Anfang der Schweizerischen Nationalhymne ein.

Der Hocherhabene erinnert an eine sportive Ausgabe von Louis de Funès, nur doppelt so groß und wesentlich wetterfester. Er lächelt, ja er scheint zu lachen, eine apothekenhafte Note Mundgeruch weht herein. Ich gewahre viel Gold in diesem Mund, die Gesichtshaut erscheint wie ganzjährig in Olivenöl eingelegt, schon höre ich ihn in einer hohen, unerwartet freundlichen Art und Weise, die so einfühlend klingt, dass sie keinen Widerspruch duldet: »Gruetzi!« Ich entbiete den Gruß in der Landessprache. »Sagen Sie«, sagt der Mann genüsslich weiterlächelnd, »gibt es in Ihrem Land keine Regeln, an die man sich halten muss?« Ich lächle beschämt, ohne genau zu wissen, was ich falsch gemacht habe und überlege, was ich darauf antworten soll. Bevor ich damit zu Ende bin, hakt er in derselben Liebenswürdigkeit nach. »Ich habe Ihnen eine Frage gestellt!«, sagt der Kantonspolizist lachend, wie wenn er mich gleich umarmen wollte. Ich entgegne, dass ich mich nicht entsinnen könne, gegen irgendetwas verstoßen zu haben. Darauf lächelt er, kann aber eine gewisse Gereiztheit nun nicht mehr unterdrücken und spricht dann in einer unerträglichen Süße weiter. »Das habe ich Sie nicht gefragt, mein Herr. Versuchen Sie sich zu erinnern, was ich Sie gefragt habe! Erinnern Sie sich? Ich habe Sie gefragt, ob es in Ihrem Land keine Regeln gibt, an die man sich halten muss?« Jetzt habe ich ihn endgültig ins Herz geschlossen. Ich lächle erneut andienernd und antworte in tiefster Selbsterniedrigung: »Natürlich gibt es die, aber habe ich denn irgendetwas übersehen?« »Sehen Sie«, sagt er, »es gibt Regeln in Ihrem Land!« Und dann in immer noch peinigenderen Art weiter: »Wissen Sie, die gibt es bei uns genauso – und wir wollen, dass sich alle daran halten, auch Gäste, die unser Land besuchen!« Ich lächele immer noch gezwungen, um dem Bußgeldbescheid, der da unweigerlich auf mich zuflattert, irgendwie zu entgehen. »Die Ampel da oben war doch grün!«, hauche ich und strecke ihm meinen Hals zum Todesbiss hin. Mein Argument interessiert ihn nicht. »Den Kollegen mit der Fahne – den haben Sie nicht gesehen?« »Ja, doch aber …« »Sie sind doch Brillenträger, da müssen Sie ihn doch sehen, nicht wahr!« »Ja, haha, schon …« »Sehen Sie, warum haben Sie dann nicht gehalten?« »Weil ich dachte …« »So, Sie denken! Soso. Wissen Sie, ich könnte Ihnen jetzt ein hohes Bußgeld berechnen, wissen Sie das?« Und ob ich das weiß. Ich lächle ihn immer noch an, als würde er über mein Leben gebieten, und jetzt fällt mir auch jenes fernöstliche Sprichwort ein, das da heißt: »Wenn Du auf einer schmalen Brücke einer hungrigen Bärin begegnest, solltest Du freundlich zu ihr sein!« »Aber ich will es heute einmal sein lassen!«, durchbricht er die Redepause. Und setzt noch einen nach: »Fahren Sie weiter … aber versprechen Sie mir zuvor noch das eine!« »Ja, was meinen Sie?«, wispere ich einem scheuen Reh gleich – und weiß jetzt, wie es sich wohl anfühlen muss, wenn man mit Kim Jong-un über freie Meinungsäußerung diskutiert. »… dass Sie darüber nachdenken werden, was ich Ihnen gerade gesagt habe!« »Ooooooh, haha, ach so, natürlich, das will ich gerne versprechen, haha!«, fahre ich hoch und heuchele Einsicht. Der Mann weicht endlich zurück, lässt nochmals sein Zahngold blinken und winkt mich durch. Mein Entschluss ist gefasst. Wenn ich in Deutschland zurück bin, werde ich einen Verein gründen, dessen einziges Ziel es ist, die Schweiz in einen einzigen großen Parkplatz umzuwandeln.

Es ist nicht alles Gold, was glänzt.
Deutsches Sprichwort

Ich bin nur witzig,
wenn ich mich beschweren kann.
Evelyn Waugh

4. HOTELLERIE UND GASTRONOMIE –
EIN SELBSTVERTEIDIGUNGSKURS

Sternstunden wahrer Gastlichkeit

Das Aufregende an einem Urlaub ist nicht nur, dass man jeden Tag am Meer, im Gebirge oder sonst irgendwo in der Natur ist. Das wirklich Aufregende ist, sich während seines Aufenthaltes im Urlaubsort in die Hände von wildfremden Menschen zu begeben, unseren rührigen Gastgebern, die uns beherbergen, bedienen und vielleicht sogar bemuttern, wo sie nur können. Denn als Urlauber liefert man sich aus, begibt sich in die Obhut anderer, auf dass die Seele endlich baumeln kann.

Gerade in Gastronomie und Hotellerie sind wir Urlauber daher auf besonders verständige und einfühlsame Menschen angewiesen, die in Demut und Hingabe ihren Dienst an uns verrichten oder zumindest: ihn gerne und mit vollstem Herzen tun. Der Urlauber ist froh, wenn er nach der langen Anreise in seinem Urlaubsland auf Personal trifft, dem der Beruf zugleich Berufung ist, und dankt dem Herrn für die schöne Welt. Etwa im Freistaat Bayern, in dem von allen deutschen Bundesländern der größte Umsatz mit dem Tourismus gemacht wird. Gerade hier, in der bayrischen Gastronomie, trifft man zum Glück noch Lokale an, in denen oft noch echte urige Gastlichkeit vorherrscht, in denen Frauen und Männer arbeiten, die einen ganz ohne Falschheit bedienen, offenherzig und zünftig auf einen zugehen, kurzum einfach menschlich noch ganz und gar sauber sind. Als Beleg für diese Behauptung sei hier nur das Augustiner Bräuhaus in der Landsbergerstraße in München genannt, wo es anlässlich meines 46. Geburtstages an einem nebligen Novemberabend im Jahre 2010 einmal zu folgender Szene kam. Gegen circa 20.30 Uhr Ortszeit, während mein Sohn und ich auf unseren Krustenbraten mit Knödeln warteten, wurde am Nebentisch von hellrot leuchtenden Bierköpfen kräftig zugelangt und eine rechte Gaudi veranstaltet. Als die nächste Fuhre Weißbier anrollte, verschwapperte der ganz vorne sitzende Oberbatzi aus Versehen bei der Entgegennahme Teile des Getränks auf der Tischfläche. Trotz fortgeschrittener wohliger Enthemmung schämte er sich augenscheinlich etwas dafür, grinste verlegen und empfing sodann von Kellnerin Therese im Dirndl die wirklich charmante Grußbotschaft: »Jo, wos bist denn Du fiar a Sau, fiar a dreggeda!« Wo das Herz am rechten Fleck sitzt, lässt es sich nicht zurückhalten. Ja, so wollen wir das haben. Unverkrampft, gradlinig, frei heraus.

Eine etwas andere, wenn auch nicht weniger von Herzen kommende Charmeoffensive gilt es in diesem

Zusammenhang aus dem Schwäbischen zu vermelden. Genauer gesagt aus einer Stuttgarter Weinstube, so geschehen im Jahr 2001. Streng genommen dürfte die Geschichte gar nicht in diesem Buch stehen, denn wer, der noch halbwegs bei Trost ist, macht schon in Stuttgart Urlaub? Egal, eine männliche Aushilfskraft, wie sich später herausstellte: ein evangelischer Theologiestudent, trug die Flädlesuppe auf, trat aber nicht umgehend wieder ab, sondern stellte sich wie fordernd vor meine Frau und mich, schaute uns kurz erwartungsvoll an und sagte dann in einer unnachahmlichen, herzerfrischenden Art: »Und meine Herrschaften – wie heißt das magische Wörtle?« Nicht »Simsalabim«, nicht »Abrakadabra«, sondern »Danke!« war die Lösung des Rätsels. Der junge Mann wollte, dass wir uns bei ihm bedankten! Das magische Wörtle. Wir erröteten etwas und nickten zumindest artig. Wir ungehobelten Undankbaren brauchten noch ein bisschen, um diese unerwartete moralische Intervention so in unsere Flädlesuppen-Soirée zu integrieren, dass der weitere Verlauf des Abends keinen größeren Schaden nahm.

Ein vorbildlicher Kellner

Eines der blödsinnigsten deutschen Sprichwörter lautet: »Wie man in den Wald hineinruft, schallt es heraus.« Wahr ist, man kann in 90 Prozent aller Lebenslagen in den Wald hineinrufen, wie man will, herausschallen tut es sowieso anders. Und zwar so, wie der will, der da herausschallt. Der größte Fehler im Urlaubsrestaurant ist es daher, dem Personal gegenüber »authentisch« aufzutreten. Ich möchte nämlich keinen authentischen Kellner. Ich will Freundlichkeit: gerne auch gespielte – und so rufe ich in den Wald. Ich bin der Meinung, dass das »falsche amerikanische Lächeln«, das bei uns oft als aufgesetzt und grundfalsch gilt, durchaus ein Segen sein kann. Wolfgang Koydl, Korrespondent der Süddeutschen Zeitung, sieht das ebenso. Er erzählte mir einmal in einem Interview zu einem früheren Schwerpunkt meines schriftstellerischen Schaffens, genauer zum Themenkomplex »Deutsche Unsitten«, von seiner Zeit in den USA. Wie jeder gute Deutsche habe er damals Anstoß genommen an dieser aufgesetzten Heiterkeit, die einem überall entgegenschallt. »Ich war im Heartbreak-Hotel in Memphis und komme in den Frühstücksraum«, berichtete er mir, »und da steht eine Frau: ›Einen wunderschönen guten Morgen! Ich hoffe, Sie haben gut geschlafen! Ich hoffe, Sie haben einen wunderbaren Tag! Was kann ich Ihnen anbieten?‹ Ich war unausgeschlafen. Ich dachte, Scheiße, die meint das doch gar nicht so!« Wie der Zufall es wollte, war Koydl ein paar Wochen später in München im Hotel. Im Frühstücksraum. »Zimmernummer! Tee oder Kaffee?«, schallte es ihm entgegen. Das sei der Unterschied – und er schloss: »Da muss ich sagen, da war mir die Aufgesetztheit lieber als die Ehrlichkeit, die die deutsche Kollegin hier fraglos an den Tag gelegt hat.«

Es gibt sie also noch, wenigstens in den USA, aber eben auch anderswo. Freundliche Kellner, die ihre Gäste wahrnehmen, ein, zwei Sätze auch an die Kinder richten. Bedienungen, die mit Zahnpasta-Lächeln auf mich zukommen, auch wenn ich noch so gramgebeugt in meinem Freischwinger hocke. Kellner sogar, die einen dabei engagiert unterstützen, für sich das richtige Gericht herauszufinden. Das kommt alles tatsächlich noch vor: In einem serbischen Restaurant, das es wohl heute nicht mehr gibt, wollte ich als hungriger Student einmal ein landestypisches Gericht bestellen. Tatsächlich ohne weiteren Anlass als den rein menschlicher Empathie beugte der junge Mann, der hier bediente, seinen Kopf zu mir herunter und flüsterte mir mit vorgehaltener Hand in gut verständlichem Deutsch so leise wie möglich ins Ohr: »Das würde ich an Ihrer Stelle nicht machen ...« »Was?« Ich war perplex. Ich musste spontan loslachen, meinte dann nur: »Nein? Würden Sie nicht?« Er schüttelte nur stumm den Kopf, erklärte mir weiterhin flüsternd, er habe sich vorher in der Küche umgesehen und wisse, wovon er rede. Er blickte dabei höchst unschuldig drein, damit der Wirt, der da hinterm Tresen lauerte, keinen Verdacht auf das geschäftsschädigende Verhalten seines Angestellten schöpfen konnte. »Ja, was würden Sie denn an meiner Stelle nehmen?«, fragte ich halblaut. Das und das. Und das nicht und das auch nicht – und das erst recht nicht, erwiderte er, indem er mit dem Finger auf die Karte deutete – und mir so half, die beste Wahl zu treffen, die in diesem Haus möglich war. Es gibt ganz und gar wundervolle Kellner. Und Kellnerinnen.

Models, Hipster, Oberaufseher

Bei manchen dauert es allerdings etwas länger, bis man unter der rauen Schale des weichen Kerns ansichtig wird. Das sind die Unnahbaren, die die Atmosphäre eines »Don't speak unless spoken to!« verströmen, wie gelegentlich noch auf Hinweisschildern in britischen Amtsstuben zu lesen ist. Und oft genug spürt man es genau, ohne dass zwischen Gast und Bedienung auch nur ein Wort gewechselt wurde: Den Anweisungen des Personals ist Folge zu leisten. Keine Widerrede. Auch im Hochpreissegment, vielleicht erst recht hier. Ich kenne einige dieser resoluten, älteren Damen im Dirndl, die im Film gut und gerne die Rolle der bösen Gouvernante spielen könnten. Frau Adriani aus Tucholskys Schloss Gripsholm. Eine von ihnen wird in Elmau beschäftigt. Wir nennen sie immer nur die Oberaufseherin. Sie hat ein Lächeln, das keinen Widerspruch duldet, und beherrscht die bewundernswerte Kunst, die Gäste trotz vorgeschobener Servilität auf subtile Art und Weise zu bevormunden.

Das Gute an der gegenwärtigen Lage in den Dienstleistungsberufen: es scheinen sich immer mehr attraktive junge Frauen in Ausbildungssituationen wohlzufühlen, wie sie Gastronomie und Hotellerie bieten. Ja, man hat fast den Eindruck, immer mehr aussichtsreiche Aspirantinnen auf die lukrative Karriere eines Topmodels entscheiden sich – zumindest vorläufig – gegen den Laufsteg und für den Gästeraum. Kein Wunder, dass diese jungen topgestylten Frauen ihre Gäste eher als Publikum wahrnehmen und vor ihm testen wollen, wie die neue Hornbrille oder die Peep Toes ankommen. Solcherlei Personal legt heute auch ganz neue Charaktereigenschaften an den Tag, die für die Gästebewirtung traditionell eigentlich nicht unbedingt erforderlich waren. Das sind ausgerechnet solche, deren Ausprägung Erziehungsberechtigte bei ihren heranwachsenden Töchtern bis vor Kurzem eigentlich noch eher vermeiden wollten. Aber genau diese werden neuerdings in Model-Casting-Sendungen prämiert – und warum um alles in der Welt soll es in einem trendigen Hotel, das auch nur halbwegs auf der Höhe der Zeit sein will, anders zugehen als beim Catwalk bei Heidi Klum? Essen bringen, abräumen und umsichtig sein ist da eher zweitrangig. Solch eine hoch qualifizierte Kraft anzusprechen heißt auch immer, ihrer Performance eine unwillkommene Störung beizubringen – und so entschuldigt man sich besser, bevor man ein Getränk oder Gericht in Auftrag gibt.

Man sollte sich so langsam daran gewöhnen: Wo früher Bedienungen sittlich-weiße Spitzenschürzchen trugen, man sie noch »Serviererin« nannte und mit »Fräulein« ansprach (»Fräulein, seien'S doch so gut und bringen Sie mir noch einen schönen Cognac!« »Aber sicher, Herr Sanitätsrat!«), stolzieren heute junge Frauen im »Undone«-Stil durchs Lokal. »Undone« sieht aus wie direkt aus der Mülltonne, man braucht aber zwei Stunden vor dem Spiegel dafür. Restaurants, die hip sein wollen, haben sich auch schon entsprechend eingerichtet. Da geht es genauso zu. Eben »undone«. Man sitzt auf Möbeln, bei denen man immer Angst haben muss, die Müllabfuhr zieht sie einem gleich unterm Hintern weg. Absichtsvoll sperrmüllartig auch das Vintage-Geschirr. Selbst das Publikum kommt selbstverständlich angemüllt. Alle sehen aus wie frisch aus dem Bett. Absichtsvoll nachlässig.

Solches Personal den eigenen Wünschen willfährig zu machen, gelingt kaum. Eine gute Idee ist es, Jennifer (22), die gerade auf ihren Keilabsätzen davonklappert, mit »mein Kind« anzusprechen, wie weiland die Mutter von Herrn Winkelmann in Loriots »Ödipussy«. Wirkt aber nicht unbedingt. Und so ist leider auch meine Bestellung noch immer »undone«. Eine Stunde nach Aufgabe. Ganz sicher ist die Wiederentdeckung der Langsamkeit in unserer angeblich so turbohaft beschleunigten Zeit eine kulturelle Aufgabe höchster Dringlichkeit. Eine andere Frage ist es, ob mein Boeuf Stroganov tatsächlich anderthalb Stunden brauchen muss, um von der Küche auf meinen Tisch zu wandern. Überlanges Warten aufs Essen – eine Geduldsprobe sondergleichen. Zumal wenn der Hunger groß ist. Erinnert mich immer an Indiana-Jones-Filme oder zuletzt an »Pirates of the Carribean«, wo Menschen nach Einnahme eines Giftes oder Zaubertrunks per Zeitraffer innerhalb von Sekunden von quicklebendig zur Schrumpfkopf-Mumie altern: So fühle ich mich manchmal, wenn es zu lange dauert. In letzter Zeit hört man immer öfter: »Sie müssen ein wenig Geduld mitbringen!« Das sagen die in der Notaufnahme der Uniklinik genauso wie beim T-Punkt in der Fußgängerzone. Warum dann nicht auch im Restaurant?

Um die Wartezeit abzukürzen, läuft immer öfter ein halblauter Lounge-Techno-Brei im Hintergrund und auch noch während des zweiten Ganges. Solche Musik begleitet die Dame sonst beim Hosenkauf bei *Zara* auf der Zeil in Frankfurt. »Könnten Sie das bitte ausmachen?«, frage ich dann höflich. »Das ist Geschmacksache!«, kontert der junge Karate-Kellner zackig, der eine Frisur wie bei der Hitler-Jugend hat. Ist es nicht, denke ich, und sage das auch. Vor allem nicht im Restaurant. Er hat es schließlich verstanden. Auch die »Gypsy Kings« oder Ravels »Bolero« auf der Endlos-CD sollen einem die Wartezeit versüßen. Ganz warm ums Herz wird mir aber erst bei Vivaldis »Vier Jahreszeiten« oder vollends, wenn das Jodelregionalprogramm zum Zwiebelrostbraten mitserviert wird.

Und auf dem Land? Wie ist die Lage, wenn man Urlaub auf dem Bauernhof macht? Echter, unverdorbener. Eben: typisch. Deswegen ist Urlaub im Landhotel ja oft auch mit Dirndl. Meistens irgendwie im Tiroler Stil. Egal, ob in Sachsen-Anhalt oder auf der Schwäbischen Alb. Wieso eigentlich? Weil das der Vorstandsvorsitzende der kassenärztlichen Vereinigung Westfalen-Lippe, der hier mit seiner Familie Urlaub macht, so sehen möchte. Wahrscheinlich. Das ist genauso wie mit den Stäbchen für Reisgerichte im Thai-Restaurant. Thailänder essen Reisgerichte mit Löffel und Gabel, aber wir Europäer erledigen das mit Stäbchen, weil das eben zu unserer Vorstellung von asiatisch gehört. So ist es offenbar auch mit den Dirndln. Ich bin darauf ja, ehrlich gesagt, nicht ganz so sehr fixiert. Zumindest nicht ohne Vorwarnung. Ich muss sogar einräumen, dass ich Bedienungen im Dirndl fast ausnahmslos als irritierend empfinde. Vor allem wenn sie tief dekolletiert sind, so dass einem beim Servieren der Leberknödel auch noch gleich die Dutteln entgegen-purzeln. Auch am Empfangstresen im Schwarzwald-hotel will ich nach zwei Stunden Anfahrt im Nieselregen, ehrlich gesagt, nicht gleich üppig wallende Büsten sehen. Etwa in Kombination mit einem Zungenpiercing oder ei-nem Nackentattoo. Das beunruhigt mich eher und bringt den feinstofflichen Energiefluss in meinen Meridianen zum Stocken.

Grenzerfahrungen
in der gastronomischen Todeszone

Wir kommen hiermit zum größtmöglichen gastronomi-schen Abenteuer, das so ein Urlaub bereithalten kann. Ganz besondere Momente sind das, die man in der Er-innerung kostbar behüten sollte. Ich denke da an nichts Geringeres als die physische Dislokation während der Einnahme eines Gerichts. Um Klartext zu reden: Ich war einmal mit einem Freund im Urlaub, ebenfalls an der kro-atischen Küste. Es war heiß, die Kneipe leer. Irgendwie ergab es sich, dass er mächtigen Hunger hatte, ich aber noch nicht so sehr – und so nippte ich an einem Bierchen, während er ein rustikales Tellergericht zu sich nahm. In-mitten der Speisung pirschte Goran um die Ecke, sag-te auf deutsch »Smeckt's?«, wartete aber gar nicht das Nicken meines Kompagnons ab, sondern ergriff plötz-lich seinen vollen Teller, sagte mit einem unterwürfigen Lächeln leise »Entschuldigung!« und stellte den Teller drei Tische weiter wieder ab, bedeutete fuchtelnd meinem

Freund, dem gerade die volle Gabel fast im Halse stecken geblieben war, nun hier herüber zu kommen, zog den Stuhl zurück und rückte Stuhl plus Gast sodann wieder an den Tisch heran, den er für ihn ausgewählt hatte. Wir verharrten regungslos in einer Art Schockstarre, ließen geschehen, was der kühne Slave da vollführte – und begriffen irgendwann, dass Goran so eine viele bessere Sicht von seinem Stammplatz auf das Restaurant-TV-Gerät hatte, wo offenbar die Fußballübertragung seines Lieblingsclubs Hajduk Split begonnen hatte. Die Kroaten und der Fußball-Sport. Kaum zu glauben!

Ein anderes Beispiel für Grenzüberschreitungen der ungewöhnlichen Art liefert auch die gehobene Hotellerie, in diesem Fall das Haus Hirt in Bad Gastein, Winterurlaub 2008. In diesem schönen Alpenhotel gab es einen Barkeeper, der auf ungewöhnlich übermütige Art mit seinen Gästen umging. Dieser durch und durch kühne Mensch schaffte es, den Sinn für Humor seiner Bar-Gäste aufs Äußerste herauszufordern und auch, dass es die meisten immer noch irgendwie lustig fanden, als er sich eines Abends einmal tatsächlich daranmachte, vier von ihnen genau um jeweils einen Hochsessel weiter zu verpflanzen, nur damit ein ihm bekanntes Paar, das kurz zuvor den Raum betreten hatte, zwei zusammenstehende Sitzgelegenheiten für sich hatte. So etwas hatte ich einmal in John Cleese's legendärer Hotelkomödie »Fawlty Towers« gesehen, aber noch nie in der realen Welt. Der Mann im schwarzen Hemd verließ also seine Bar, stellte sich alsbald hinter seine Gäste, die er samt Getränk zwangsumzusiedeln gedachte, packte jeden einzelnen an den Schultern und bugsierte einen nach dem anderen, ohne dabei auch nur ein erläuterndes Wort zu sprechen, mit sanfter Gewalt einen Sitz weiter, schob die Getränke hinterher, bis die beiden gewünschten Hocker frei waren. Ich konnte unter den betreffenden Gästen selbst weltgewandte, wache Naturen erkennen, die das alles ohne zu murren mitmachten, ja in aller Verlegenheit auch noch vor sich hinkicherten. Nur einer blickte ihn durchdringend an – und fragte ihn scharf, ob er komplett wahnsinnig geworden sei. Tja, manchmal ist es schon ein verrücktes Völkchen, das einen da bewirtet, aber dann auch wieder unendlich kreativ, auf jeden Fall: mit hohem Überraschungseffekt – und darüber sollte man sich, zumal im Urlaub, doch immer freuen.

Übrigens: am Abreisetag von meinem Dirndl-Hotel im Schwarzwald genoss ich nochmals eine Morgenbrause im Qualitätsbadezimmer. Abwechselnd eiskaltes und dann wieder geysirheißes Wasser, was ich die Islandmischung nenne. Besonders prickelnd war das Duschen in diesem Zimmer aber deswegen, weil das eigene Spa-Event von demjenigen abhing, das gerade der Zimmernachbar genoss. Je nach Nähe zum Zentralboiler konnte es gut und gerne sein, dass sich das warme Wasser just in dem Moment drastisch abkühlte, in dem der Nachbar seine Brause aufdrehte – und andersrum. Das Bad verfügte zudem über einen ungewöhnlichen Duschvorhang, der mich vor immer neue Prüfungen stellte. Entweder drängte er sich bei einer der seltenen Heißwasserphasen von selber an einen und wollte gar nicht mehr weichen, oder er haftete von unsichtbaren Luftströmungen getrieben an einem wie das Kleid am Körper von Kate Winslet im Fahrtwind am Bug der Titanic. Beim Auschecken entspann sich dann noch folgender netter Dialog zwischen »Caroline – ich lerne noch« und mir: »Hat es Ihnen bei uns gefallen, Herr Doktor?« »Ja, ganz gut. Ich war ja schön öfter hier!« Caroline: »Ach so, stimmt ja. Aber, gell, unser Hotel ist ja auch immer wieder eine neue Herausforderung!« Da sprach sie Wahres gelassen aus.

Strukturprobleme im spätkapitalistischen Turbo-Tourismus

Hotelaufenthalte, Restaurantbesuche, Urlaube sind tatsächlich heute nichts weniger als Herausforderungen. Wie konnte es dazu kommen? Das führt uns zu Betrachtungen grundsätzlicher Art über das Wesen und die Herkunft dieser ganz und gar eigentümlichen Institutionen, wie sie gerade Hotels nun mal sind. Man glaubt es ja nicht recht, aber tatsächlich ist deren historische Geburtsstunde das Erbarmen mit Notleidenden. Jemand gab einem in Not geratenen Menschen Obdach und etwas zu essen. Etwa den Pilgern, die im Mittelalter scharenweise über die Straßen zogen, von Räuberbanden drangsaliert und von Seuchen heimgesucht, nur um schließlich am Grabe Petri oder anderen heiligen Orten den heißersehnten Sündenerlass zu erlangen. Hospize, Krankenhäuser, Gästehäuser entstanden entlang der großen Fernwege. Daraus entwickelte sich mit der Zeit ein Gewerbe.

Im Anfangsstadium der Entwicklung zum Massentourismus war der in Not geratene Mensch seinem Gastgeber sicherlich noch mit gutem Grund zu großem Dank für dessen Mildtätigkeit verpflichtet.

Heute ist das nicht mehr so, sollte man denken. Heute mietet man etwas, nämlich das Hotelzimmer für ein paar Nächte, und man kauft etwas: das Frühstück oder Essen und die Leistung, bedient zu werden. Im Restaurant gibt man Geld aus, um dort zu festgelegten Preisen Nahrungsmittel in einem wettergeschützten Innenraum zu konsumieren. Man geht tatsächlich eine Art Tauschhandel ein, bei dem jeder etwas gibt: der Wirt Bett und Tisch, der Gast Geld. Trotzdem hat man oft das Gefühl, man müsse den Hoteliers und Restaurantbetreibern dankbar dafür sein, dass man hier sein darf. Allzu häufig treten Wirte als Wohltäter auf. Sie verbreiten eine Stimmung, als täten sie auch noch bei 300 Euro Übernachtungsgebühr Notleidenden etwas Gutes. Eine seltsame Spirale kommt da oft in Gang. Denn Gäste sind auf ihr Hotel und Restaurant fast immer in einem weit höheren Maße angewiesen als der Betreiber auf den einzelnen Gast. Es ist das Ausgeliefertsein der Gäste, das die Anbieter, Wirte, Restaurant- oder Hotelbetreiber nur allzu leicht zum Missbrauch verführt. Der Straftatbestand, den man am häufigsten in Restaurant zu beklagen hat, ist die Ausnutzung von Schutzbefohlenen.

Das Urproblem der gastronomischen Grundsituation ist jenes tückische Abhängigkeitsverhältnis, in welches sich unweigerlich begibt, wer über die Schwelle eines Hotels oder Restaurants tritt. Dieses immer riskante Verhältnis wird keineswegs dadurch entschärft, dass man für alles, was man in Anspruch nimmt, Geld bezahlt. Im Gegenteil, dadurch entsteht es erst. Da sowieso klar ist, dass der Gast die Zeche nicht prellen wird, ist der Wirt von vornherein im Vorteil. Je nach Laune, Wille und verfügbarem Können kann er die Erwartungen, die der zahlende Gast hegt, erfüllen oder eben nicht. Etwas zu essen und zu trinken gibt es immer, klar, die Frage ist nur, von welcher Qualität und Zubereitungskunst die Nahrungsmittel sind, die aufgetischt werden. Und da sitzt der Wirt dann am längeren Hebel, denn dem Gast fehlen schlicht die Mittel, bei Ausbleiben der ertauschten Dienstleistung Ansprüche auf Schadensersatz geltend zu machen.

Weiter zugespitzt wird diese unheilvolle Abhängigkeitssituation zu Ungunsten des Gastes durch seine extreme Bedürfnislage. Wer im Restaurant den Raum unter Protest verlässt, weil er nicht bekommt, wofür er meint bezahlt zu haben, tut dies mit leerem Magen und vielleicht noch mit der Aussicht, dass es draußen in Strömen regnet. Deshalb bleibt er auch unter widrigen Umständen im Zweifel eher sitzen. Und es gibt noch viele andere Gründe, die ihn von einer entschlossenen Reklamation abhalten. Denn selbst wenn der Gaumen wegen Ungenießbarkeit eindeutige Protestnoten an das limbische System der Sinneseindrücke im Gehirn sendet, sendet ein anderer Teil weiterhin den Durchhaltebefehl an den Mund, Nahrung aufzunehmen, da der Körper etwa nach diesem anstrengenden Wandertag dringend Nahrung benötigt. Wie sagt noch gleich der schwäbische Volksmund über schlechtes Essen: »Da Hunger treibt's nei!«

Man kann auch sagen: Der Startnachteil für den Gast in diesem Tauschgeschäft besteht darin, dass er es stets in einem Zustand verminderter Zurechnungsfähigkeit, verursacht durch starken Hunger und Durst, abschließt. Nie schützt einen die Tatsache, dass man Geld ausgegeben hat, vor Enttäuschung oder gar Betrug. Für etwas bezahlt zu haben, ist in Gastronomie und Hotellerie nie eine Garantie dafür, es auch zu bekommen. Wenn man sich das einmal klar gemacht hat, geht man desillusionierter, aber vielleicht genau deswegen viel entspannter in den nächsten Hotelurlaub mit Halbpension.

Die Kunst der Restaurant-Beschwerde

Das höchste Gut eines Menschen, der ein Restaurant betreibt, ist nicht Gleichheit, Freiheit oder Brüderlichkeit – nein, es ist Störungsfreiheit. Man strebt einen »reibungslosen Ablauf« an und will störungsfrei seine Öffnungszeiten überdauern, ganz egal, was man seinen Gästen vorsetzt. Eine Beschwerde im Restaurant, selbst eine ganz und gar berechtigte, ist jedoch immer eine Störung, eine höchst unwillkommene obendrein. Wem eine Beschwerde entgegengebracht wird, setzt aller Erfahrung nach alles in Gang, was sie als ungerechtfertigt erscheinen lässt. »Hier hat es noch allen geschmeckt!«, schallt es auch noch demjenigen entgegen, der fühlerbewehrte Kerbtiere auf seinem Rohkostteller entdeckt. Das sei ausgeschlossen, erwiderte mir mal ein Oberkellner, als ich ihn darauf aufmerksam machte, dass das Essen komplett versalzen sei. Und selbst wenn einer zähneknirschend anerkennen muss, dass eine Beschwerde zu Recht erfolgt, immer erregt sie Unmut, Verärgerung – fast nie Verständnis, und die Entschuldigung, die selten, aber doch noch hin und wieder erfolgt, wird fast nie frei heraus und voller reumütiger Einsicht ausgesprochen, sondern oft nur widerwillig und etwa so wie im Kindergarten, wenn die Erzieherin zu einem trotzigen Fünfjährigen sagt: »Jetzt entschuldigst Du Dich aber sofort bei Deinem Spielkameraden!«

Das Hauptproblem für den Gast ist jedoch nicht allein der massive Widerstand, auf den er stößt, sondern nur allzu oft auch die Ausweglosigkeit seiner Situation. Was kann er schon erreichen? Dass er dasselbe schlechte Gericht, denselben oder einen anderen schlechten Wein nochmals kredenzt bekommt? Dazu kommt der Umstand, dass eine Wiedergutmachung fast immer zeitverzögert oder vollends zu spät kommt. Meistens hat man eben doch die Hälfte des ungenießbaren Gerichts in sich reingedrückt, aus ganz unterschiedlichen Motiven: vielleicht weil man der Partnerin den Abend nicht vermiesen wollte, vielleicht auch, weil man selber so lange wie möglich an der Illusion festhalten wollte, hier in der romantischen Taverne unter freiem Himmel einen schönen ersten Urlaubsabend zu verbringen oder gar den Hochzeitstag stimmungsvoll zu beschließen. Auch vertilgt man deswegen oft einen großen Teil eines im Grunde ungenießbaren Fraßes, weil erst der halbwegs gestillte Hunger wieder die Hirnleistung ermöglicht, die notwendig ist, um die Minderqualität schonungslos zu erkennen und das Gericht zurückzugeben. Man hört ja dann gerne vom Personal: »Aber Sie haben ja die Hälfte aufgegessen, so schlecht kann es Ihnen unmöglich geschmeckt haben!« Das Verhalten des Nicht-wahr-haben-Wollens gibt es übrigens auch beim Wein. Man nimmt nicht fünf, sechs, sieben Schluck, weil das Getränk so gut schmeckt, sondern weil man immer wieder neu probiert, ohne dass es einem tatsächlich besser schmecken würde, bevor man sich endlich entschließt, den Fusel zurückgehen zu lassen.

Aber auch das ist nicht so einfach. Denn gerade ab einem gewissen Grad in der gehobenen Gastronomie, in Häusern, in denen man sich berechtigte Hoffnungen auf einen wahrhaftigen Weingenuss machen darf, erfüllt das Personal nicht mehr allein reine Service-Aufgaben, sondern dient immer häufiger auch dazu, den Gast einzuschüchtern. Gerade dem Gast im gehobenen Preissegment wird oft suggeriert, er sei vielleicht schlicht zu blöd, diesen hervorragenden Tropfen oder die ungewöhnliche Bitternote an der Panade des seltenen Krustentieres zu schätzen! Oft nur aus der puren Befürchtung, man könne vom Veranstalter als Banause eingestuft werden, steigt die Hemmung vor einer Beschwerde tendenziell, je teurer das Essen, je aufgebrezelter der Laden daherkommt. Und dazu kommt manchmal auch noch eine innere Stimme, die uns immer schon lähmte. »Stellt euch nicht so an! Euch kann man es ja nie recht machen!« Auch bei inakzeptablen Zuständen tendieren wir nur allzu oft dazu, zu parieren, statt zu protestieren.

Und noch eines kommt hinzu. Eine Restaurant-Beschwerde ist immer eine Beschwerde vor einem Publikum.

Aus eigener Erfahrung weiß man, dass andere Gäste, die am Nebentisch den Beschwerdefall bezeugen, fast immer dazu neigen, sich mit dem Service-Personal zu solidarisieren. Es ist also gut möglich, dass man trotz eines gekippten Kartoffelsalats auf einmal den ganzen Laden gegen sich hat.

Kleines Frühwarnsystem für Genussbereite

Wenn sich erwachsene Menschen, die ein Restaurant-Desaster erlebt haben, im Nachhinein darüber unterhalten, fällt oft der Satz: »Eigentlich war mir schon klar, dass es so kommen würde, als wir hier zur Tür reinkamen!« Trotzdem ist man in die Falle getappt. Warum? Das hat sehr oft mit der kurzen Phase des unmittelbaren Betretens des jeweiligen Restaurants zu tun. Hier sind tatsächlich die ersten dreißig Sekunden entscheidend, ja überlebenswichtig. In dieser halben Minute entscheidet sich oft das Schicksal eines ganzen Urlaubstags. Aber selbst wenn uns unsere Empfangsorgane alarmieren, dass hier irgendetwas nicht stimmt, ist es oft schon zu spät. Wo man sich hineinbegeben hat, da bleibt man in der Regel auch. Ja, wir sträuben uns meist hartnäckig dagegen, den Laden unverzüglich zu wechseln, selbst wenn wirklich vieles dafürspräche.

Das kommt aber keineswegs daher, dass wir alle verkappte Masochisten wären. Es hat vielmehr mit einer Situation zu tun, die uns überfordert. In diesen ersten dreißig Sekunden müssen wir unheimlich viele Aufgaben auf einmal bewältigen – und das auch noch in einem Stadium maximal verminderter Entscheidungskraft, die nach einem Strandtag oder einer Gebirgstour von einem Bärenhunger überlagert wird, der uns die nötige Besonnenheit raubt. Außerdem haben wir uns das Lokal unter Umständen von irgendjemandem empfehlen lassen, und noch wichtiger: es fehlt meistens Plan B. Das heißt, wir wüssten auch gar nicht, wohin, wenn dieses Restaurant nun nicht in Frage käme. Eigentlich merken wir immer gleich, wenn wir solch einen Laden betreten: irgendetwas stimmt hier nicht. Wir wissen nur nicht immer sofort, was. Die Tatsache, schon zu lange gesucht zu haben, der Kellner, der uns gleich an den nächstbesten Tisch schubst, all das führt zu vorschneller Wahl, mithin ins Verderben.

Was aber kann man tun, um seine Schicksalsgöttin im Restaurant günstig zu stimmen? Ich sage immer zu den Meinen: Antennen ausfahren und Signale wahrnehmen! Zum Glück finden sich fast immer ausreichend viele Hinweise für das, was einen drinnen erwartet, schon draußen vor der Tür. Man muss diese Hinweise nur zu lesen verstehen, um seinem Glück wenigstens ein wenig auf die Sprünge zu helfen.

Der Parkplatz

Die Dichte an Automobilen auf dem Restaurant-Parkplatz mit hoher Statusaggression ist immer ein erster aussagekräftiger Indikator. Scheibenverdunkelte Off-Roader, Edel-Geländewagen, egal welcher Hersteller, die hier zwischen Elektrofackeln und Kübelbäumchen stehen und denen Männer mit Premium-Base-Caps und Frauen entsteigen, die »Schatz« zu ihnen sagen und auch noch jenseits der 45 eine Diddl-Maus als Schlüssel-anhänger haben – das reicht eigentlich schon aus. Man dürfte es eigentlich wissen: Alles wirklich Gute kommt unaufgeregt daher. Unaufgepumpt, bescheiden, welt-freundlich. Das Laute dagegen sucht Bühne und den Prestigekrawall.

Die Speisekarte

Am meisten gibt ein Restaurant von sich auf der Speise-karte preis. Die Speisekarte ist die eigentliche Visitenkar-te des Hauses. Und die gilt es interpretieren zu können. Wolfgang Abel, einer der besten Autoren, die sich mit den Höhen und Tiefen unserer Gastronomie beschäftigt haben, hat einmal von jenen kleinen Glaskästchen ge-schrieben, in denen an der Eingangstür eines Restaurants die Speisekarte hängt und die den Sinn und Zweck haben, durch eine appetitanregende Auswahl feiner Speisen die Gäste dazu zu bringen, dieses Haus zu betreten. Wenn am Boden solcher Vitrinen tote Stubenfliegen rücklings lägen, alle Viere von sich streckend, sage dies über den Zustand der Küche alles aus, was es zu sagen gebe. Am aussagekräftigsten ist aber wohl immer noch die Auswahl dessen, was es hier zu essen gibt. An der Karte erkennt man den Koch, und am Koch, was man zu erwarten hat. Im Groben kann man bei problematischen Küchen folgende Typen unterscheiden: die »Da-kann-man-nixfalsch-machen-Küche« (»Zwei gegrillte Gambas mit grünem Salat« oder »Schwenksteak mit Gorgonzola-Sauce«). Dann die klassische Angeberküche (»Krustentiervarationen an und auf und zu …«), die »Alles-aus-der-Friteuse-Küche«, auch »Sportheim-Küche« genannt, die man schon von der Bundesstraße aus riechen kann – sowie die gehobene »WG-Küche«, die gerne mit »Mousaka«, »Schinkelnudeln mit Käsesahnesauce« und anderen immer überbackenen Ofengerichten aufwartet, dabei ausgiebig mit »Knobi« experimentiert.

Die Expertise der Einheimischen

Gut essen im Urlaubsrestaurant ist nicht selten von der Kunst abhängig, sich vor Ort unter den Einheimischen ad hoc Verbündete zu suchen, die einem das Geheimnis verraten, wo genau das Schöne, Gute und Edle des Ortes, den man sich gewählt hat, verborgen liegt. Wenn man nach einem sonnigen Strandtag, gut durchgelüftet, mit Salz und Sand auf der Haut, im mittelalterlichen Gassengewirr einer südfranzösischen Stadt herumstromert und schon genau weiß, wie das kleine Restaurant aussehen müsste, in dem man jetzt unbedingt einen »Salade au Chevre Chaud« und hernach ein saftiges »Fault filée grillé« zu sich nehmen will, meistens genau dann ist dieses Restaurant nicht auffindbar, der Michelin-Führer weiß auch nichts davon – und so ist die Konsultation Ortskundiger unausweichlich. Aber Vorsicht: die Hausfrau, die seit fünfzig Jahren in der Nachbarschaft lebt, ist nicht unbedingt die richtige Adresse für kulinarische Tipps. Es gibt ja auch bei uns Menschen, die in den vergangenen fünfzig Jahren vielleicht nur drei oder vier Mal in einem Restaurant waren – davon das letzte Mal vor 41 Jahren bei der Beerdigung von Tante Hedwig. Entscheidend ist es, beim Ansprechen Ortskundiger schnell herauszufinden, ob es sich um Leute handelt, die einen Sinn für gutes, genussvolles Speisen haben. Dabei gilt immer: Hören Sie nicht so sehr auf die Inhalte, sondern studieren Sie Ihr Gegenüber. Trauen Sie ihm zu, gutes Essen schätzen zu können? Ist das einer, der weiß, wovon er redet? Kann der Carpaccio von Gaspacho unterscheiden? Oder ist das ein Apparatschik, der sich von Lyonerwurstbrot ernährt? Oder ein reiner Portionsfetischist, ein Fastfood-Experte am Ende gar, der sich mit Chicken McNuggets besser auskennt als mit einer Bouillabaisse? Kontraproduktiv sind oft auch Leute, die »Leckeres« empfehlen, oder gar Superleckeres, da drohen Frittier-Orgien – oder vollends eine Schnitzel-Pizza.

Der Visitenkarten-Trick

Vor bösen Überraschungen kann nichts zuverlässig schützen, aber ganz ohnmächtig ist keiner. Das beste Mittel, das es gibt: man unternimmt, wie beim Autokauf, eine Art Probefahrt oder verschafft sich sonst einen Eindruck. Wie bei der Wahl des geeigneten Altersheims für Oma oder Opa oder des besten Kindergartens für die Tochter oder den Sohn, am besten ist es immer, nach Art der Steuerfahndung aufzutreten und unangemeldet reinzuplatzen. Am besten so gegen 11.15 Uhr oder nachmittags um halb vier, wenn keiner mit ankommenden Gästen rechnet und das Haus authentisch ist.

Wenden Sie den Visitenkarten-Trick an. Verschaffen Sie sich einfach vorher Zutritt zu dem Restaurant, das Sie sich ausgewählt haben. Ich gehe in meinen Urlaubsorten nahezu immer schon mal tagsüber in jene Lokale, die für mich für ein Abendessen in Frage kämen – auch in solche, in denen ich bereits für das Diner reserviert habe, spreche die Betreiber darauf an, ob sie denn eine Visitenkarte für mich hätten. Die Zeit, die vergeht, während man mir das Kärtchen heraussucht, reicht mir vollkommen für einen ersten Eindruck aus. Ich verlasse das Lokal und habe so eine grobe Idee davon, was mich hier erwarten könnte. Wenn ich noch mehr Zeit brauche, um den Ort auf seine Eignung zu überprüfen, schiebe ich gerne auch noch meinen Sohn unter dem Vorwand vor, er müsse hier mal auf die Toilette. Meistens dürfen Kinder Pipi machen, ohne dass die Wirtin einen größeren Unmutsanfall bekommt. So gewinnt man nochmals wertvolle Sekunden. (Allerdings macht das mein Sohn langsam nicht mehr mit. Kein Wunder, er ist ja mittlerweile elf Jahre alt.)

Bei der Kunst, ein stimmungsvolles Restaurant im Urlaubsort aufzuspüren, kommt es nicht so sehr darauf an, die Antennen auf »gut« oder »schlecht, billig, einfach« auszurichten. Es geht viel mehr darum, ein Gefühl dafür zu bekommen, was man von einem Haus erwarten kann – und was nicht. Ein Beispiel. Der Wolfsbarsch oder italienisch »spigola« oder auch »branzino«, steht zwar bei Luigi vom Bella Italia auf der Speisekarte, aber wohl eher aus Prestige-Gründen. Sicherlich würden Sie bei ihm einen solchen Fisch auch tatsächlich bekommen, wenn Sie sich für ein entsprechendes Gericht entscheiden würden, nur: es dürfte in diesem Restaurant wohl nur alle paar Schaltjahre mal vorkommen, dass jemand auf die verwegene Idee kommt, den Edelfisch zu bestellen. Normalerweise gibt es hier eine durchschnittliche bis schlechte Pizza und vier passable Pasta-Gerichte – ansonsten kommt das kulinarisch Wertvollste, was es hier gibt, eher aus der Zapfanlage. Wenn der Fisch denn zur großen Überraschung des Chefs einmal bestellt wird, dann kommt er mit ziemlich hoher Wahrscheinlichkeit aus den Untiefen einer Gefriertruhe, die seit dem Godesberger Parteitag nicht mehr abgetaut wurde. Ich will damit sagen, man kann einem Restaurant anmerken, was es kann und was nicht. Den Wolfsbarsch aus dem ewigen Eis muss man dazu nicht probieren.

Der Empfang

Vertrauen Sie auf Ihre Nase und ihr Bauchgefühl. Auf Ihre Intuition. Riecht es hier gut? Fühlen Sie, ob das Haus, das Sie in die nähere Auswahl gezogen haben, liebenswürdig und charmant geführt wird. Die beste Waffe, die man als kundiger Kandidat für einen schönen Abend im Restaurant zur Verfügung hat, ist nicht so sehr die hellseherische Fähigkeit, die hier waltende Küchenkunst zu erahnen, sondern über einen Riecher und das Gefühl für die Stimmung zu verfügen, die in einem Lokal herrscht. Wenn die Rezeptionistin zickig ist, wenn einem Übellaunigkeit, ein äußerst mieses Karma, ja unverhohlene Antipathie entgegenschlagen, wenn hier alles ausschließlich einer harten betriebswirtschaftlichen Kalkulation zu unterliegen scheint, wenn man im Empfangsbereich steht und dort schon Bad Vibrations wahrnimmt, dann sagt das bereits alles. Wo die Stimmung schlecht ist, ist auch das Essen schlecht, wo Unfreundlichkeit herrscht, ist das Personal nicht motiviert, nicht mal ein routinierter Betrieb ist dann gewährleistet.

Wo dagegen gute Stimmung herrscht, ist meist auch gut zu speisen. Eine entspannte Atmosphäre, ein Team, das Spaß am Arbeiten hat und die Gäste nicht hetzt oder unter Druck setzt, garantiert nicht immer, aber sehr häufig auch einen angenehmen Abend. Wo das Betriebsklima gut ist, wird das Produkt, an dem alle arbeiten, umso besser sein als in einer Kaschemme von Restaurant, wo sich die Bediensteten am liebsten von morgens bis abends den ausgestreckten Mittelfinger zeigen würden.

Der Stil: Design und Jodelchic

Vorsicht vor Orten, an denen eine aufwändige Raum-Inszenierung die Funktion hat, das, was auf den Teller kommt, in den Hintergrund treten zu lassen. Zwar ist ein Restaurantbesuch immer ein Ereignis für alle Sinne, aber oft ist zu viel Design Blendwerk für minderwertige Küchenkunst, ja übertriebenes Designgebaren ist immer ein Indikator für Nepp. Merke: je mehr Kunst auf dem Etikett, je verschlungener die Designer-Schnapsflasche, je mehr Balsamico-Zickzack auf quadratischen Tellern, je mehr Coolness in der Innenarchitektur, desto genauer gilt es, das Küchenkönnen kritisch unter die Lupe zu nehmen. Genauso müssen die Warnlampen aufleuchten, wenn das Interieur nach Brauereibarock aussieht, zugerüscht, zugehübscht, Großmutters-gute-alte-Zeit-Romantik versprüht. Vorsicht immer bei alten Bügeleisen, Kaffeemühlen und Dreschflegeln an der Wand: gut möglich, dass die Bratensoße hier noch mit Mondamin und Maggi versetzt wird. Eben ganz so, wie es die Großmutter noch wusste.

Wie man das Schlechte meidet

Die erste Lektion in der Kunst, einen geschmackvollen, angenehmen Ort zu finden, ist erst einmal, die Fähigkeit zu erlangen, unerquickliche Plätze zu meiden. Burnout ist die Volkskrankheit, doch der Blackout regiert nur zu oft die Wahl des richtigen Urlaubsorts. Erschreckend viele Menschen verfügen über keinerlei Gespür dafür, wie sie solchen Unorten entkommen. Man geht halt dahin, wo andere auch hingehen, und wundert sich dann immer wieder, wenn es dort nicht nur heillos überfüllt ist, sondern unter den Leuten auch noch eine Stimmung herrscht, die wie die Luft zum Schneiden ist. Wo die Masse hindrückt, ist nicht fein Urlaub machen. Immer stumpft die Überschwemmung mit Touristen beide ab, die, die in der Masse reisen, ganz genauso wie diejenigen, die sie bedienen soll, die Gastronomen, Hoteliers und Gewerbetreibenden. Das war auch früher schon so. Etwa bei Asterix und Obelix vor knapp 2000 Jahren. Sommers standen sie im Stau, weil alle Lutetier zur Sommerfrische ans Meer fuhren. »Ein Rasthaus! Komm wir essen einen Happen und suchen uns ein ruhiges Plätzchen!« »Gute Idee!«, meint Obelix. Später in der Römerstraßen-Raststätte dann: »Ich habe Wildschwein bestellt. Das hier ist Kalbfleisch.« »Wildschwein ist alle. Wenn es euch nicht passt, es gibt genügend Leute, die auf euren Platz warten und denen's passt.« Total plemplem, diese Lutetier!

Tja, man ist wirklich selber schuld, wenn man sich in Dinslaken im August in den Reisebus nach Lloret de Mar setzt oder den Billigflieger nach Torremolinos oder Maspalomas nimmt und sich am Ende wundert, dass das kein Entspannungsbad wird. Um zu wissen, wie man seinen Urlaub am besten genießen will, ist es immer hilfreich, sich die Genussgemeinschaft, in die man unweigerlich eintritt, vorher einfach mal probeweise vorzustellen. Wer auf dem Campingplatz von Allensbach am Bodensee hockt und sich über die Geranien züchtenden Dauercamper als Nachbarn aufregt, hätte das bei der Wahl seines Urlaubsziels schon vorher wissen können. Wer sich über das Pack am Proletenstrand ärgert, hätte sich vorher schlau machen können – und wem zigarrenbewehrte russische Oligarchen in St. Moritz die Luft vernebeln, der hätte bei aufmerksamem Studium seines Urlaubsziels selber darauf kommen können, dass so etwas dort blühen kann. Antizipation – das ist schon ein großer Teil der Urlaubskunst. Antizipieren, Vorausahnen und eventuell bei sozialer Lawinengefahr rechtzeitig ausweichen.

Es ist eine Binsenweisheit: Urlaubs-Oasen sind allein Orte, die touristisch noch nicht oder zumindest kaum erschlossen sind. Orte mit urwüchsiger Natur und liebenswürdigen Gastgebern. Also etwa Molwanien, die Inner-Slowakei und Zentralkasachstan. Aber man möchte eben auch mal nach Venedig, an die Côte d'Azur und an die iberischen Strände. Nicht weil es nur »in« ist, sondern weil diese Orte eben tatsächlich bis heute eine nicht zu leugnende Attraktivität haben, auch wenn gerade spanische Baubehörden alles dafür tun, dass das nicht mehr lange so bleibt. Meeresküsten etwa sind immer irgendwie attraktiv, zumal für 99 Prozent der Menschheit, die sie sonst das Jahr über nicht direkt vor der Haustür haben. Wenn man solche Orte als Oasen erleben möchte, dann bleibt nur eins: Man sollte antizyklisch zur Hauptsaison reisen, soweit einem dies möglich ist. Das Problem ist nur, dass auch das antizyklische Reisen der Individualisten längst den Mainstream erreicht hat. Alle wollen abseits der viel zitierten »ausgetretenen Touristenpfade« Urlaub machen. Viele Urlauber, etwa an der Côte d'Azur, sind längst ins Hinterland ausgewichen, in die Bergstädtchen und -dörfer. Aber das ist nicht lange gut gegangen, und auch diese Orte waren bald schon touristisch erfasst, als »Village plus beaux de France« gebrandmarkt oder als sonst irgendwie ausgewiesene Orte wertvollen Kulturerbes. »Es hilft auch gar nichts, wenn man die berühmten Naturschönheiten meidet und sich auf einsame, unentdeckte Gegenden verlegt«, meinte schon Sebastian Haffner. »So klug sind auch schon die anderen gewesen. Mindestens eine Million Menschen in Deutschland sucht die Einsamkeit. Was ist die Folge? In der Einsamkeit begegnen sich mindestens eine Million Menschen.« Aber da hat Haffner wohl nicht lange genug gesucht. Denn es gibt sie noch, die wenigen wundervollen Orte, wohin sich kaum einer verirrt.

Seeigel-Theorie

Die Verlagerung des Paradieses folgt immer bestimmten Gesetzmäßigkeiten, die ich in der »Seeigel-Theorie« zusammenfasse. Ein schöner Ort, lieblich romantisch, ein wenig zurückgeblieben, egal, ob im Bergell, im Katharerland Südwestfrankreichs, in Burgund, in der Toskana oder in Umbrien, er wird irgendwann »entdeckt«. Und zum »Geheimtipp« erklärt. Irgendwann kommen immer mehr, die in das Geheimnis eingeweiht sind. Und bald schon wird das Dorf, das Städtchen dem Tourismus übereignet. Denn die Einheimischen begreifen schnell, dass man mit Gästebetten und Essenkochen viel mehr verdienen kann als mit karger Feldarbeit oder dem Sammeln von Esskastanien. Die Struktur ändert sich. Irgendwann übernimmt der Tourismus die Herrschaft über das Örtchen – und mit ihm seltsamerweise immer auch eine eigentümliche Armee von Werktagsscheuen, Hippies, Boutiquenbesitzern, Seifenverkäufern oder kreativen Leuten, die hier an der alten Dorfhauptstraße ein gutes Geschäft wittern, jetzt, wo in der Hauptsaison schon Tausende durch die engen Gässchen des mittelalterlichen Ortskerns geschleust werden.

Vor allem Kunsthandwerker oder Kunsthändler bemächtigen sich ab einem klar zu umgrenzenden Moment des zivilisatorischen Zerfalls eines romantischen Ortes. Ganz ähnlich den Seeigeln, die sich ab einem bestimmten Grad der Wasserverschmutzung übermäßig ausbreiten – und alle Algen und andere Wasserpflanzen abgrasen, bis Wüsten unter Wasser entstehen. Sie und die Boutiquenbesitzer verkaufen ihre Produkte an die Touristen als Souvenirs. B-Kunst, als Kunst getarnter pseudokreativer Krempel, Ölgemälde, Aquarelle, Skulpturen, Kitsch. In dem Moment, in dem es in der alten Hauptstraße mehr Kunsthandwerk gibt als normale Infrastruktur, Läden, Kneipen, Bürgerhäuser, ist das Biotop endgültig sozio-ökologisch gekippt. Jetzt heißt es, den Ort zu meiden, denn er ist nicht mehr genießbar.

Oasen spürt auf, wer sich den Eigensinn bewahrt. Am besten Sie reisen zu Zeiten, in denen die Schwemme noch nicht eingesetzt hat. Sylt im November: eine Wonne. Florenz oder Pisa zu Tageszeiten, an denen die Oberstudienräte noch in den Federn liegen. Venedig morgens um sechs Uhr hat noch den Charme, nach dem Sie suchen, die Basilika von Vézelay genauso – aber wirklich in aller Frühe kurz nach Sonnenaufgang, lange bevor die ersten Busse rollen und sich die Reiseführer dem berühmten Narthex nähern, um den schönen Jesus mit ihren Laserpointern an der Nase zu kitzeln. Oder eben wenn die Busse weg sind, spät abends im entleerten Touristenörtchen, wenn das Dorf wieder ein bisschen authentisch wird. Dann kann man etwas nachspüren von einem einstigen Hauch einer längst verflogenen Schönheit.

Ändern oder Akzeptieren: Das Gelassenheitsgebet

Und wenn es Sie dennoch kalt erwischt? Im Hotel? Im Restaurant? In der Ferienwohnung? In Venedig oder in der Inner-Slowakei? Dann denken Sie einfach an das Gelassenheitsgebet. Ein amerikanischer Theologe namens Reinhold Niebuhr soll es mitten in schwerer Zeit im Zweiten Weltkrieg getextet haben. Es hängt heute eingerahmt in zwei von acht deutschen Toiletten. Es lautet: »Gott, gib mir die Gelassenheit, Dinge hinzunehmen, die ich nicht ändern kann, den Mut, Dinge zu ändern, die ich ändern kann, und die Weisheit, das eine vom anderen zu unterscheiden!«

Wo alles verloren ist, ist eine Reklamation nur vergeudete Energie. Und manchmal gilt es auch, ganze Urlaube abzubrechen, um seelisch heil zu bleiben. Entweder weil es einem partout nicht gelingt, sich mit seiner Bleibe anzufreunden, oder eben, wenn es im Urlaubsteam zu sehr knistert, wenn sich Mitreisende durch die Urlaubsmetamorphose als wahres Geschmeiß entpuppen – und einem zusetzen. Die verfrühte Abreise, der Abbruch ist immer ein Protest und als ein Mittel zur Wahrung der persönlichen Integrität manchmal unabdingbar. Dann hat auch das vorzeitige Ende eines Urlaubs wenn auch nichts sonderlich Beglückendes, so doch immerhin einen Sinn. Und sei es auch nur der, dass man gelernt hat, wie es nicht geht.

Auch bei einem verunglückten Restaurantbesuch ist der wirklich letzte Schritt, seelisch unversehrt zu bleiben, das Verlassen des Lokals. Stillen Sie mittels Brot und denjenigen wenigen essbaren Produkten, die vor Ihnen liegen, wenigstens den gröbsten Hunger, begleichen Sie die Rechnung und verlassen Sie unauffällig das Restaurant. Und dann ganz wichtig: innerlich schnell wegstecken. So was kommt vor. Machen Sie sich keine Vorwürfe, machen Sie ihr keine, wenn sie das Lokal ausgewählt hat. Machen Sie einen Stadtrundgang, setzen Sie sich in eine Bar, lassen Sie humorvoll den missratenen Abend Revue passieren.

Humor und Benefit Finding

Es gibt tatsächlich wenig Orte auf der Welt, die so reichhaltiges Material für Komödien liefern wie Hotels und Restaurants. Also regen Sie sich nicht auf! Nehmen Sie Ihrem Ärger durch Humor den Stachel. Hotels, Restaurants, Strände – auch ganz und gar schlechte und unerfreuliche sind Bühnen der Selbstdarstellung. Zu gucken gibt es da immer was, und das sollte man auch ausgiebig tun. Der Widerspruch zwischen Sein und Schein ist eine nie versiegende Quelle des Humors. Etwa das Restaurant, das schwer ambitioniert daherkommt, aber kein Spiegelei hinkriegt, oder die mit »avec tous le comfort« angepriesene Ferienwohnung, die sich bei näherer Inspektion als Rattenloch entpuppt, das hat immer was. Zugegebenermaßen manchmal auch erst später, wieder zu Hause, wenn man die heilsame Distanz gewonnen hat, die man nur zu gerne auch schon im Urlaub angesichts der ein oder anderen Unverschämtheit gehabt hätte.

Tatsächlich ist alles wiederum eine Frage der persönlichen Distanz, die man zu den Dingen einnimmt. Auch zu den gröbsten Widrigkeiten eines verunglückten Urlaubs. Selbst bei Salmonellen auf den Seychellen. Oder Kakerlaken in Lissabon: Ich erinnere mich an einen Morgen in einem Hotel in Lissabon unweit des Rossio-Platzes. Meine Frau schlummerte noch selig an meiner Seite, als ich erwachte. Es war schon hell. Ich blickte hinüber zum Fenster, ein weißer Vorhang flatterte im leichten Wind, der von draußen hereinwehte. Weiß gestrichen das Zimmer, Tischchen, Stühle, ein weißer Kleiderschrank. Eine weiße Decke. Alles weiß. Plötzlich sah ich, wie dort am unteren Ende der Bettdecke, die, wie in südlichen Ländern üblich, unter die Matratze gespannt war, etwa dort, wo meine Zehen waren, eine ausgewachsene Küchenschabe mit imposantem Körperwuchs und auf- und abwippenden Riesenfühlern von links nach rechts quer über die Decke zu marschieren begann, etwa so, wie jene Maikäfer, die Max und Moritz in Wilhelm Buschs Kindergeschichte dem armen Onkel Fritz aufs Federbett gesetzt hatten.

Natürlich ist das eklig. Aber was soll ich mich aufregen? In drei Wochen stehe ich im Mittelpunkt jeder Abendunterhaltung. Wichtiger als der Urlaub selbst, so zeige auch die Forschung, sei die Vorfreude und vor allem die Erinnerung. »Wir reisen, um uns erinnern zu können. Und in der Erinnerung werden selbst negative Erfahrungen verklärt, zu Abenteuern, Anekdoten und Herausforderungen umgedichtet und verschönt, die man erzählen und über die man vielleicht sogar lachen kann.«

Der Satz stammt von Heiko Ernst, dem Chefredakteur von *Psychologie heute*. Vertrauen Sie also auf den späteren Effekt, vielleicht ja auch dann schon, wenn Sie eigentlich noch nicht über ein indiskutables Essen, eine hygienische Katastrophe oder einen massiven Durchfall lachen können. Entscheidend ist, dass wir die großen Pannen leichtnehmen. »Überall da, wo die Schwere vom Menschen genommen ist, die Perspektive sich weitet, die Schranken zurückweichen, gewinnt er die Leichtigkeit des Abstandes zu seinesgleichen und den Dingen«, schreibt Helmuth Plessner über den Humor. Das gilt vor allem im Hotel und Restaurant. Das gilt vor allem im Urlaub. Humor ist eine Gegenreaktion unseres Wesens auf die Unbilden der Welt. Unser tätiger Verstand übernimmt dabei die entlastende Aufgabe, dieser scherzhaften Ausweichreaktion vor dem Leid durch einen schöpferischen Akt einen Begriff zu verleihen. Wem das gelingt, der kann über (fast) alles lachen, was einem in solch einem Urlaub zustoßen kann.

Wie jenes verliebte Paar im Parador von Mazagón, an der spanischen Atlantikküste gelegen. Eine Terrasse mit umwerfendem Meerblick am Spätnachmittag. Drei Tische waren besetzt, einer war frei. Die beiden schlenderten eingehakt auf den freien Tisch zu und wollten sich gerade hier niederlassen, als im allerletzten Moment eine kleine quirlige Dickmadame aus dem Inneren der Hotelhalle heraushechtete, sich auf einen Stuhl stürzte und sich damit gerade noch so den Tisch sicherte. Die zwei, die soeben im Begriff waren, sich zu setzen, waren basserstaunt und lachten hell auf. Hinzu kam, dass sie ein übellauniger Kellner unmittelbar nach diesem Vorfall gleich dreimal grob ignorierte, als sie ihn nur fragten, ob es hier noch andere Sitzmöglichkeiten gebe. Die beiden ließen sich die gute Laune nicht nehmen. Ich hörte, wie sie völlig unbeeindruckt von so viel Anfeindung zu ihm hinübermurmelte: »I guess, they didn't like us here!«, um dann zusammen mit ihm hochvergnügt das Feld zu räumen.

Seltene Selbsteinsicht

Und erfolgreiche Interventionen? Beschwerden mit gütlichem Ausgang? Sie sind sehr selten. Offen eingestandene Selbsteinsichten unter Gastronomen sind absolute Ausnahmefälle. Aber es gibt sie auch: vorbildliche Reaktionen seitens des Schadensverursachers im Gastro- oder Hotelbetrieb. Im nordbadischen Oberbruch gibt es seit vielen Jahren ein sehr schönes Lokal, die »Krone«. Ein böhmischer Küchenmeister führt es, man kann dort sehr gut speisen. Einmal aber – es ist schon eine Weile her – da war das Essen dann doch nicht so, wie wir das sonst gewohnt waren. Meine Frau und ich rätselten darüber. Und machten am Ende des Essens dem Personal gegenüber entsprechende Bemerkungen. Diese wurden in die Küche getragen. Plötzlich stand der Meister vor uns. Dann bekommt man es ja immer auch etwas mit der Angst zu tun. Weil man auf der einen Seite ja ehrlich die Frage »Hat's geschmeckt?« beantworten möchte, andererseits aber genau weiß, wie gefährlich gekränkte Eitelkeit sein kann.

Hier war das ganz anders. Der Koch sagte nur: »Was ist los?« Wir stammelten leise unsere Einwände herunter, kamen eigentlich aber nicht recht dazu, denn sogleich unterbrach er uns, während er seinen Stuhl verkehrt herum drehte, an den Tisch rückte und sich daraufsetzte. »Redden Sie nicht weiter!«, sagte er ohne übertriebene Freundlichkeit mit tschechischem Akzent. Dann blickte er uns tief in die Augen: »Äs warr beschissän, ja?« Na, ganz so würden wir das nicht formulieren, entgegneten wir amüsiert über diese drastische Form der Einsicht. Er wiederholte frustriert: »Saggän Sie äs nurr. Äs war beschissän!« »Nein«, meinten wir, »das ja nun nicht, nur …« Wir kamen nicht weiter. »Äs warr beschissän. Redden Sie nicht weiter! Äs warr beschissän.« Er sackte etwas in sich zusammen. »Was machän wirr jetzt?« Wir schauten uns ratlos und doch belustigt an. Er sagte: »Ich machä Ihnen einen Vorrschlack, das Dessert geht auf's Haus und Sie kennen sich ein Getränk aussuchen. Champagner?« Wir nickten uns und dann ihm zu. »Gutt!«, sagte er, »Schännen Abend!«

Bis auf wenige Ausnahmen alles nur Ausbeuter und Fallensteller? Sind die Anbieter so durchtrieben? Ist die Urlaubswelt tatsächlich so schlecht? Nein, man sieht, alles im Leben ist ambivalent, alles hat zwei Seiten. Situationen, die zu großem Verdruss in der wichtigsten Zeit des Jahres führen, selbst sie sind, genau besehen, manchmal gar nicht ganz so eindeutig einzuordnen, was die Schuldfrage anbelangt. Was, wenn zur Abwechslung mal nicht das Urlaubsparadies voller Mängel steckt, sondern eher mein Vermögen, zufrieden und ausgeglichen zu sein?

Was, wenn gar nicht das Hotel beanstandenswert ist, sondern eher ich selbst, weil ich mal wieder einen prall gefüllten Problemsack mit ins Urlaubsgepäck gesteckt habe anstatt ihn zu Hause zu lassen?

Motzen, Mäkeln, Meckern:
Vom Zügeln süßer Lüste

Am Gipfel des Weißhorns in Südtirol trafen meine Frau, mein Sohn und ich nach einem schönen Aufstieg einmal auf einen Herrn, der noch ganz außer Atem am Gipfelkreuz lehnte. Wir kamen bald ins Gespräch über die herrliche Aussicht, zum Rosengarten hinüber, zur Marmolata, zur ganzen Dolomitenkette. Wir plauderten über dies und das, auch über die Unterkunft. Seine sei »beschissen«, maulte er da auf einmal. Sein Gesicht, gerade noch ganz euphorisch vor lauter Bergesglück, verdüsterte sich. »Ja, warum denn das?«, wollte ich wissen. Es gebe nicht einmal ein zweites Ei zum Frühstück, war seine Antwort. Ich brachte sodann in Erfahrung, dass der Mann in einer Privatpension untergebracht war, Zimmer, Dusche, Bad. Gegen die Räumlichkeiten könne man nichts sagen, ließ er verlauten. Bergblick, Balkon. Plus Frühstück. Jeden Morgen würde die Hausherrin für ihn Pfannkuchen backen, Kuchen gebe es immer, ein reichhaltiges Frühstück, da könne man sich nicht beklagen – aber eben eine »Schweinerei«. Ja, was denn nun? »Kein zweites Ei«, meinte er lakonisch und mit wegwerfender Handbewegung. Am Ende fragte ich ihn, was er für die Übernachtung zahlen würde. 18 Euro, war die Antwort. Wie bitte? Sensationelle 18 Euro!

Es gibt unfassbar ungerechte Gäste, unausgeglichene Zeitgenossen, die unschuldige Serviererinnen oder Kellner rundmachen, vielleicht, weil sie das zur Energieabfuhr brauchen. Ich habe einmal in einer portugiesischen Pousada einen älteren amerikanischen Gast erlebt, dem eine sehr liebenswürdige Kellnerin aus der Jacke helfen wollte, bevor er sich setzte, und der diese höchst gereizt anzischte: »Leave me alone!« Oder eine griesgrämige Wandersfrau, die in einem Allgäuer Ausflugslokal unter großem Geschrei einen Kaffee zurückgehen ließ, weil ein winziges Rinnsal dünnen Milchschaums an der Tasse herunterlief. Mir fallen unsägliche Geizkragen ein, die von vornherein meinen, mit 25 Euro auf der Rechnung aus dem Sterne-Restaurant gehen zu können, nur eine Vorspeise bestellen, sich dann beschweren, dass die Portion zu klein war und deswegen gleich den Geschäftsführer auflaufen lassen – alles schon erlebt.

Ein früherer Hotelmanager des schon erwähnten Intercontinental-Hotels in Berchtesgaden, einem sehr schönen, sehr coolen Alpenhotel, klärte mich einmal über die Beschwerde-Spezialitäten der einzelnen Nationen auf. Er meinte, US-Amerikaner wären häufig mit der Raumtemperatur in ihren Gästezimmern unzufrieden, sie wünschten sich durchweg eher frostige 16 Grad Celsius, sommers wie winters, dann aber dazu gerne noch ein prasselndes Kaminfeuer – was in diesem Haus tatsächlich möglich ist, weil die Wärme eines gasgetriebenen Kamins, den es hier in jedem Zimmer gibt, von einer eingeschalteten Klimaanlage so heruntergedrosselt werden kann, dass sich auch Menschen aus Ohio wohlfühlen können. Er meinte, das Typische an Amerikanern sei, dass sie sich in aller Regel damit abfänden, wenn etwas geändert und ihren Wünschen entsprochen würde, egal was. Deutsche Beschwerdeführer geben anscheinend erst dann Ruhe, wenn ihnen der Geschäftsführer die Aufwartung mache – obrigkeitsgläubig wie wir nun mal sind – und alles nochmals erläutere. Und Deutsche pochten oft auf ihr Recht. Ihr gutes Recht. Sie bestehen auf dieser und jener Leistung, auf die sie wegen des Buchungsvertrages Anspruch hätten – und sind der festen Überzeugung, dass sie ihnen vorenthalten würden. Viele reisten mit der »Frankfurter Tabelle« im Gepäck. Das ist eine Liste mit Prozentsätzen, die erstattet werden, wenn einer wegen verschiedener Reisemängel vor Gericht zieht.

Es ist der eigenen Erholung nicht besonders förderlich, wenn man mit unverdauten seelischen Wackersteinen im Bauch seine freien Stunden genießen will. Wie ganz und gar ungesund, das verdeutlicht am besten eine Fabel. Hören wir mal rein.

Die Fabel vom Pommerschen Bären

Es war einmal ein großer Bär. Weil er aus Pommern stammte und dies allen Leuten erzählte, die er in seinem Leben traf, war er bald überall bekannt als der Pommersche Bär. An normalen Tagen streifte er durch die Wälder seiner Heimat, schlug Purzelbäume oder naschte vom süßen Honig. An diesem schönen Sommertag kam er mit seinem Cabrio-Zweisitzer und einem schlanken Mädchen, dessen Haare dünn und blond und sehr, sehr lang waren. Er kam hierher, weil er einen Bärenhunger hatte. Er war groß und stark und bestellte erst einmal zwei Campari Orange. Als Maurizio die Gläser am Tisch absetzte, hörte ich ihn nur in einem tiefen Bass brummen: »Was ist denn das da?« Eiswürfel sind heute oftmals keine Würfel mehr, sondern werden in runden Drops portionsweise in Plastikfolien hergestellt – auch in der Gastronomie. Ein kleines Stücken dieser Folie war in das Getränk des Bären geraten. Der Bär war ungehalten, ja er tobte und fletschte die Zähne. Er wolle zur Wiedergutmachung den besten Wein des Hauses. Den bekam er aber nicht, nur einen neuen makellosen Campari Orange. Salvatore aus Sizilien, Chef des Hauses, 160 Zentimeter Körperhöhe, gedrungen, drahtig, wurde alsbald an den Tisch beordert. Der Bär wiederholte brüllend die Aufforderung zur Genugtuung durch Herausgabe des besten Weines des Hauses. Das blonde Rotkäppchen zog sich hektisch die Lippen nach. Alle im Lokal beobachteten mittlerweile, was vor sich ging. Salvatore verneinte erneut und immer wieder das Anbegehren des Bären nach dem bestem Wein. Da ließ der endlich verlauten, alle seine Freunde würden ihn den Pommerschen Bären nennen! Also Obacht, Salvatore! Der Bär stellte sich auf die Hinterbeine. Grrrrrrooooaaaarrhh! Salvatore gelang es schließlich, das wilde Raubtier hinauszuführen.

Beide standen sich wenige Augenblicke später vor der Eingangstür der »Pizzeria im Elztäler Hof« gegenüber.

Die Blonde sekundierte in High Heels. Weitere zwei Minuten später sah ich den Pommerschen Bären von meinem Standort hinter dem Tresen aus mit der Faust zum Schlag ausholen. Salvatore wich aus und konterte, verpasste dem Bären zwei harte, schmerzhafte Leberhaken. Der Bär ging ächzend zu Boden. Jetzt konnte ich auch erkennen, dass er mehr fett als stark war. Er erhob sich wieder, besann sich, nahm dann aber seine Beine in die Hand und flüchtete, so schnell sie ihn trugen. Rotkäppchen stakste wie in Panik hinterher. Beide schwangen sich ins Cabrio, ohne die Türen zu öffnen. Salvatore rief keine netten Sachen mehr. Ich sah ihn eine volle große Papiermülltonne mit Klappdeckel ergreifen. Ich sah den kleinen Sizilianer, wie er deren Inhalt in das offene Cabrio schüttelte und schüttete – und ich sah, dass der Bär nicht schnell genug aus der engen Parklücke kam. Ich sah, dass es nicht nur Papier war, was er da ins Wageninnere füllte. Ich sah den Bären mit quietschenden Reifen das Weite suchen, noch am Horizont konnte man Pizzastücke, -kartons und andere Partikel erkennen, die am Rücken des Bären klebten oder vom Fahrtwind aufgewirbelt wurden. Ich war der Barkeeper damals, studentische Aushilfskraft. Ich hatte den Plastikfetzen im Campari-Glas zu verantworten, ein Bärendienst am Ende. Aber das interessierte an diesem Augustabend niemanden.

Rituelles Beschweren

Viel öfter, als man denkt, sind es nicht die bösen Buben aus Gastronomie und Hotellerie, die einen »neppen« – sondern man steht sich selber im Weg: Einer der Hauptgründe für Beschwerden unter uns Schwerenötern ist nicht der marode Zustand der Bettenburgen, in die wir uns periodisch einmieten, in Antalya, Hurghada, Agadir oder sonst irgendwo, sondern unsere eigene Unausgeglichenheit, die wir überall hin exportieren.

Wenn in uns erst mal die ganze Unzufriedenheit über einen im Grunde missratenen Urlaub aufsteigt, dann werden wir erfinderisch, dann kommt auch regelmäßig der Moment für die große Beschwerde: Zimmer werden beanstandet, Fruchtsaftbeschaffenheiten am Frühstücksbuffet, die Wasserqualität im Pool. »Rituelles Beschweren«, nennt das der *Spiegel*-Autor Thomas Tuma. Er spricht von manchen deutschen Beschwerdeführern als regelrechte Profis: Diese, zumal als Stammgäste, »kennen jede Schwachstelle und buchen sich schon in der billigsten Zimmerkategorie ein, weil sie darauf vertrauen, dass Ihnen als Entschädigung eine bessere angeboten wird.« Es gibt Leute, die in der Schinkenstraße auf Mallorca eingecheckt haben und sich ausgerechnet hier über Gegröle vor Ort beschweren. Ein Smartphone hat bald jeder, und so ist es kein Problem mehr, vor Ort Spuren zu sichern und Beweise aufzunehmen. Wir messen mittels eines Apps auf unserem Mobiltelefon die Dezibel-Stärke der Lärmbelästigung im Urlaubsort und dokumentieren per Foto-Handy das desaströse Buffet.

Rituelles Beschweren hat natürlich immer den Zweck, sich innerlich von ganz anderen Belastungen zu befreien. Beschwerdemanager namhafter Reiseveranstalter berichten immer wieder von Menschen, die sich allein deswegen ausführlich über eine zurückliegende Urlaubsreise beklagten, damit ihnen wenigstens irgendjemand einmal eine halbe Stunde Gehör schenke. Sie interpretieren viele Beschwerden lediglich als eine willkommene Möglichkeit für die Betroffenen, mal wieder kräftig Dampf abzulassen, der sich freilich ganz woanders angestaut hat als hier im Urlaubshotel. Tatsächlich entdecken viele Dauernörgler in den Ombudsleuten und Beschwerdemanager ihrer Reiseveranstalter eine Art Kurzzeit-Therapeut oder Telefonseelsorger und machen von diesen Institutionen leidlich Gebrauch.

Bei einem Urlaubsproblem, das auf den ersten Blick ein organisatorisches, äußerliches zu sein scheint, sollte dabei stets gelten: Immer zuerst rauskriegen, was wirklich drückt, bevor man nach dem Geschäftsführer kräht. Zu viel Beschwerdegesinnung verdirbt gänzlich den Urlaub. Wer stundenlang damit beschäftigt ist, seine Matratze auf Milbenbefall zu untersuchen, wer den Grünspan an der Hotel-Brause mit der Lupe ausfindig machen will, spart nicht das Unschöne, Störende seines Urlaubs aus, sondern züchtet es erst, lässt es geradezu wachsen, sich vermehren und verpasst damit tatsächlich selbstverschuldet die wahren Glücksmomente seiner Reise.

Online-Vermieter und andere Schlawiner

Das Julier Palace Hotel in Silvaplana im Engadin ist sicher kein besonderes Haus. Außergewöhnlich ist es aber doch, weil es ungewöhnlich ehrlich ist. Es liegt direkt an einer stark befahrenen Pass-Straße, und wer hier absteigt, darf nicht lärmempfindlich sein. Aber wie großmütig! Draußen am Eingang prangt ein großes Schild »Noisy 69 Franken, Nice 99 Franken, deLuxe 139 Franken«. Das nenne ich mal Ehrlichkeit. Sie ist jedoch selten in diesem Gewerbe. Dass so oft geschummelt wird, dazu verlockt vor allem das Internet. Die größte Illusionsmaschine aller Zeiten. Vor dem Urlaub klickt heute fast jeder Dutzende Online-Seiten an, zumal dann, wenn man sich in der Ferienregion nicht auskennt. Bei meinem ersten Montenegro-Urlaub kann ich unmöglich ein gutes Hotel kennen, also gibt man Reiseziel und »Hotel« in die Suchleiste ein und landet am Ende bei den Häusern, die schon mit einigen Bewertungssternen versehen sind. Ob das nun die Topadressen sind, ist nicht ausgemacht, aber sicher ist doch, so meint man, dass man auf diese Weise wenigstens dem ganz üblen Hinterhalt entgeht. Wenn dann noch die Fotos stimmen und das Ganze sympathisch rüberkommt, wird gebucht.

Gerade Ferienwohnungen und -häuser werden heutzutage fast ausnahmslos über Internet-Portale an den Urlauber gebracht. Aber die gute Wahl der richtigen Unterkunft auf diesem Wege ist eine Wissenschaft für sich, wenn nicht gar vollends unmöglich. Zum einen stehen oft nur die Häuser oben in der Liste, die einen guten Programmierer beauftragt haben, ihr Anwesen durch Einfügen von allerlei Backlinks auf anderen Websites als Erstes anzuzeigen, wenn man in der Suchmaschine »Ferienwohnung Südspanien« eingibt. Zum anderen sind unsere Kommunikationsdesigner heutzutage so ausgebufft, dass sie auch die Bruchbude in der Flughafeneinflugschneise durch digitale Bildbearbeitung zur Luxusvilla verzaubern können. Mittels Weitwinkelfotografie macht man jede Besenkammer zur Junior Suite, mit dem entsprechenden Deko-Schnickschnack auf der Website, jeder Menge Oliven, Steine, Grünzeugs, Keramik in warmen Tönen, Sonnenuntergänge oder dem unvermeidlichen hölzernen Bootsanlege-Steg, auf dem eine guterhaltene Vierzigjährige im Yogasitz sinniert, kann man auch das letzte Kabuff mit externem Dixi-Klo an der Nordtangente von Malaga als veritablen Wonnetempel verhökern.

Es ist eben mit den Bildern unserer Traumunterkünfte im Urlaub auch nicht anders als mit denen, die all jene Lebensbereiche durchdringen, in denen wir von Illusionen zehren. Selbst aus Frankenstein lässt sich ein vorzeigbarer Gentleman modellieren. Das wissen viele Frauen, die leidvolle Erfahrungen mit Online-Portalen zur Partnerschaftsvermittlung gesammelt haben. Von wirklichem Interesse ist bei Internet-Seiten viel mehr all das, was nicht gezeigt wird, was geflissentlich verschwiegen wird. Denn nichts geschieht ohne Wissen und Willen der Veranstalter. Je weniger Totalansichten eine Online-Diaschau durch das Traumschlösschen anbietet, umso beengter wird es später zugehen.

Auch auf die Sterne-Bewertungen kann man sich nicht

verlassen. Denn auch bei den nachträglichen Bewertungen durch Ex-Mieter wird gnadenlos beschissen. Man lässt vier oder fünf Verwandte, Bekannte, Spezln des Veranstalters »bezahlte« Best-Empfehlungen schreiben, und schon prangen da fünf Sterne für die letzte Hundehütte, inklusive Hundefutter im Restaurant. Ein Fachmann sagte mir, man ginge heute in der Branche davon aus, dass fast ein Drittel aller Online-Bewertungen gefälscht seien.

So nimmt es nicht Wunder, dass ein Appartement oder Ferienhaus laut Internet eigentlich immer bezaubernd ruhig liegt. Dröhnende Küstenstraßen, kreischenden Baulärm – das entdeckt man erst vor Ort. Ich habe mir inzwischen angewöhnt, vor der Buchung *Google Earth* zu konsultieren und mein Wunschobjekt erst einmal aus der Satellitenperspektive zu begutachten. Dann wird schnell deutlich, wo das schmucke Urlaubsnest tatsächlich liegt, ob an einer Sondermülldeponie, einem Truppenübungsplatz oder an der Mailänder Stadtautobahn. Das Problem ist, dass die Anbieter meist unbehelligt davonkommen. Jeder, der schon einmal eine Ferienwohnung im Urlaub angemietet hat, kennt das Dilemma. Nach 14 Stunden Autobahnfahrt inklusive Stau und zweimal Windelwechseln, ist man bald bereit, auch noch den letzten Wohncontainer zu beziehen. Man hat nach der Strapaze der Anreise erst einmal die Nase voll – und ergibt sich in sein Urlaubsschicksal.

Was lernt man daraus? Natürlich kann man seinen Blick und seine Fähigkeit schulen, an kleinen Zeichen schon im Vorfeld zu erkennen, ob da etwas faul ist. Aber es wird auch dem geübten Internet-Bucher nie ganz zuverlässig gelingen, raffinierten Blendern und Bluffern zu entkommen.

Man sollte den Voraus-Check aber auch aus einem anderen Grund nicht übertreiben. Das Studieren von Online-Bewertungsseiten führe dazu, dass den Unterkünften in unseren Ferien allgemein eine viel zu hohe Bedeutung zukomme. Dies schrieb Sascha Chaimowicz in einem schönen Essay in *Neon*, nachdem er ganz bewusst in dem am schlechtesten bewerteten Hotel der Welt eingecheckt hatte – das dann gar nicht so schlimm war: das »Kleopatra Alis« in Alanya an der türkischen Riviera. »Durch die Fixierung auf Mängel und Vorzüge eines Zimmers rücken Hotels in den Mittelpunkt des Urlaubs. Ein Hotel ist dann nicht mehr nur ein Bett in Strandnähe, sondern der wesentliche Grund sich wohlzufühlen – oder eben nicht. So erziehen uns die Bewertungsseiten dazu, Hotels immer wichtiger zu nehmen.« Daraus sollten wir lernen. Die meisten Menschen machen im Urlaub den großen Fehler, sich zu sehr über die Hässlichkeiten der realen Urlaubswelt aufzuregen, die sie sich in ihrer Fantasie noch als ein von allen Makeln bereinigtes Ideal ausgemalt haben. Selbst wenn die Klagen vollauf berechtigt sind, im Grunde geht es im Urlaub immer nur um das eigene Innere. Wer dem Ramsch und Schmuddel im Äußeren zu viel Raum gibt, versaut sich schnell den ganzen Urlaub.

Dem perfekten Urlaub einen wichtigen Schritt näher kommt, wer, zumal bei Badeurlauben am Meer und erst recht bei Großstadt-Trips, seine Unterkunft nicht allzu wichtig nimmt. Und falls man doch Wert auf die Logis legt, ist es ratsam, sich den ersten Tag im vorher gebuchten Standardhotel einzumieten und sich dann am nächsten Morgen frisch geduscht und gestärkt vor Ort nach etwas Hübschem umzuschauen. So wie man das auch früher gemacht hat, bevor es das verdammte Internet gab. Da fuhren wir schließlich auch noch zu fünft im VW-Käfer mit dem Straßenatlas auf dem Schoß durch Südfrankreich. Man hatte zwar ein fest umrissenes Reiseziel, aber oft wurde erst bei Einbruch der Dunkelheit ein Hotel gesucht, gefunden und da übernachtet, wo man gerade war. Am nächsten Morgen strich man die Segel, und es ging weiter. Reisen von alters her ging so. Selbst der alte Josef suchte der Überlieferung nach erst am Abend seines Anreisetags eine Herberge. Er hatte trotz hochschwangerer Gattin keineswegs lange vorher reserviert, weswegen er dann ja auch abgewiesen wurde. Heute hätte er online gebucht, vorher noch fünfzig Häuser miteinander vergleichen, aber am Ende aller Wahrscheinlichkeit auch nichts Besseres gefunden als den windschiefen Stall von Bethlehem.

Zwischenstopp in der Schweiz III

Der Hexer vom Walensee

Ein paar Monate vor Abgabe des Manuskriptes zu diesem Buch bin ich nochmals in einen Urlaub aufgebrochen, der so etwas wie die Nagelprobe für meine gewagten Thesen sein sollte, wie sie in diesem Werk versammelt sind. Wer so viel über den gelungenen Urlaub nachdenkt und schreibt, bei dem sollte es sich doch auch privat auszahlen, sollte man vermuten, oder nicht?

Ich wollte wieder einmal an die Côte d'Azur. In den Herbstferien, wenn wenig Touristen dort Urlaub machen, eine Woche lang. Mit meiner Mutter und meinem Sohn. Was fällt einem ein? Richtig, ein Ferienhaus zu mieten. Was tun, wenn man keines persönlich kennt? Man landet in der *Google*-Suchmaschine. Es sollte in der Nähe meines Lieblingsstrandes sein, dessen Lage ich nicht verrate. Irgendwo im Departement Var sollte das Häuschen liegen, mit Gärtchen, Freisitz, schönem Blick, Zikadenzirpen, Pinien- und Lavendelduft. So stellte ich mir das vor. Am Ende kam das Örtchen Le Lavandou heraus. Und das Anwesen von Herrn Heinz Biedermann, einem Schweizer. Einem geschäftstüchtigen darüberhinaus.

Herr Biedermann wohnt unweit des Walensees. Und

er kann hexen. Denn die Unterlagen waren ungewöhnlich schnell in meinem Briefkasten. Darüber lachte er am Telefon und meinte: »Wir Schweizer können eben hexen!« Ein sympathischer Mann, dachte ich. Und originell obendrein. Für sich ganz und gar eingenommen hatte mich schon, als er am Telefon beim ersten Anbahnungsgespräch zur Buchung auf den Selbstbräuner zu sprechen kam. Ich wurde von ihm angehalten, mich in der Ferienwohnung nicht nackt auf seine weißen Ledersofas zu setzen, wenn ich mich vorher mit Selbstbräuner eingecremt hätte. Wahrscheinlich befürchtete er, dass dann auch das schneeweiße Ledersofa von selber braun geworden wäre, ein Effekt, den er für nicht wünschenswert erachtete. Liebe Leser, ich muss zugeben, ich habe mich noch nie mit Selbstbräuner eingecremt. Ich weiß auch gar nicht, ob gegerbte und gefärbte Tierhäute, mit denen Glattledersofas bezogen sind, davon überhaupt braun werden können. Oder ob das nur eine gewagte Schweizer Fantasie ist. Unter gar keinen Umständen wäre ich auf die Idee gekommen, mich eingerieben mit Selbstbräuner auf ein weißes Glattleder-Sofa zu setzen. Und schon gar nicht hüllenlos. Aber gut, dass Herr Heinz Biedermann mich unentgeltlich darauf aufmerksam machte. Es war noch ein umfangreiches, juristisch bis in die letzten Verästelungen ausgetüffteltes Vertragswerk mit Kautionsbestimmungen, dazu allerlei Papierkram, Hausordnungen und Einverständniserklärungen zu absolvieren, bis die Buchung unter Dach und Fach war. Herr Biedermann war einer, der es genau nimmt. Er wies mich am Ende noch darauf hin, dass alles, was ich zu seiner Ferienwoh-

nung wissen müsste, in einem zehnseitigen »Beschrieb«
stünde, auch dass man nach 22 Uhr nicht mehr auf der
Terrasse »grillieren« dürfe. »Jubilieren dagegen nach Ab-
sprache?«, witzelte ich am Telefon, ohne dass er darauf
eingegangen wäre. Aber vielleicht hat ja gerade dieser
urschweizerische Pragmatismus mein großes Vertrauen
geweckt. Diese Korrektheit! Kein luftiger Italiano, kein
überdrehter Franzmann. Eben ein sachlicher Deutsch-
schweizer mit Substanz im Denken und Tun – so meine
Interpretation.

Wir erreichten das Anwesen von Herrn Biedermann
nach 1100 Kilometer nonstop. Ich mache nie große Pau-
sen bei der Anreise zu meinen Urlaubsorten. Autobahn-
raststätten sind fiese Orte, also lieber dran vorbeischwe-
ben. Ich entstieg meinem Auto in Les Aiguebelles gegen
17 Uhr an einem Tag im Oktober, der sich anfühlte wie
deutscher August. Mein Hinterteil war durch das Fahren
rechtwinklig verformt, die Achillessehne vom unaufhör-
lichen Drücken des Gaspedals verkürzt, mir brummte
der Schädel, meine Mitfahrer waren hundemüde. Der
Schlüssel war am vereinbarten Ort hinterlegt. Endlich
angekommen.

Eine in einen Hang hineinbetonierte terrassierte
Feriensiedlung aus den Sechzigerjahren umgibt mich.
Da muss unser Haus sein. Hausnummer 7. Eine Treppe
führt nach unten, das »Objekt« befindet sich ganz ver-
winkelt gebaut an einem Steilhang. Der Freisitz. Viermal
Monoblock-Stühle, weiß. Auf pieksigem Kies, ein Kugel-
grill steht da. Von hier aus muss das Panoramafoto für
die Internet-Seite aufgenommen worden sein. Ein Foto

ist wie ein Stummfilm. Jetzt erlebe ich 3-D-Kino. Von unten dröhnt Verkehrslärm herauf, eine stark befahrene Küstenstraße, vielleicht fünfzig, sechzig Meter Luftlinie entfernt.

Eine angelheisere Türe öffnet sich. Muff mit alten Brattfett-Essenzen quillt mir entgegen, eine lieblose, abgewohnte Stätte, Spritzverputz an den Wänden, überall augenscheinlich selbst gefertigte Kunst. Zwischen den ebenfalls gespritzten Acrylgemälden in Blau, Knall-Orange und Pink, prangen immer wieder Wandteller mit Heimatmotiven. Wandteller! Wer hängt sich heute noch Wandteller übers Sofa, wer außer kreativen Schweizern? Übers weiße Ledersofa. Da steht es. Ungebräunt. Umrahmt von Möbeln, die man hierher gebracht hat, anstatt sie auf den Sperrmüll zu werfen, Draht-Kleiderbügel wie von der Express-Reinigung im Schrank, Geschirr und Besteck, das man selbst in der Obdachlosenszene nicht anrühren würde. Später stoße ich zu meiner großen Freude auf Pfannenimitate im Küchenschrank, bei denen einem das abgelöste Teflon entgegenfliegt und das, was noch drin bleibt, sich dann nachher malerisch in der Tomatensauce kräuselt. Außerdem lassen sich gerade mal noch vier, wahrscheinlich abgezählte Einzelblatt Klopapier auf der Rolle vorfinden. Hier reüssiert nur, wer Origami beherrscht. (Meine Notfall-Klorolle im Auto, eigentlich von mir schon ausgemustert als Symbol für fehlgeleitetes Sicherheitsdenken, nach vielen sinnlosen Jahren im Kofferraum bekam sie noch einmal einen Sinn!)

Am zweiten Tag, gegen 7.45 Uhr werden wir von einem ohrenbetäubenden Lärm aus Heulen und Kreischen geweckt, direkt vor unserem Ferienhaus steht ein Garten-arbeiter in grüner Latzhose, freiem, ölverschmiertem Oberkörper und einem benzingetrieben Fräsgerät, mit dem er die Büsche ringsum stutzt. Ich begegne ihm nach einer schlaflosen Nacht »undone«, vulgo in Unterhose, bedeute ihm, dass er sofort aufhören solle. Wir hätten das Anwesen eine Woche lang gemietet, er solle nächste Woche wiederkommen. Das beeindruckt ihn nicht wei-ter, Thierry oder Alain, oder wie er heißt. Er erklärt mir, er nehme nur die Befehle seines Chefs entgegen – wirft seine Höllenmaschine wieder an und plärrt weiter. Aus dem Bombenhagel heraus rufe ich Biedermann Holidays an. Biedermann spricht mit dem Arbeiter, der auf dem weißen Ledersofa Platz genommen hat. Er bewirkt nichts, die Fräse wird bald erneut eingesetzt.

Ich glaube mittlerweile, Biedermann ist ein armes Schwein. Ein kleiner Schweizer mit schütterem Haar, ei-ner, der es sicher nicht leicht gehabt hat im Leben. Sonst müsste er nicht so aufwändig den Leuten das Geld aus den Taschen ziehen. Der arme Biedermann, ein Brand-stifter. Trotzdem habe ich ihm nur einen Stern bei der Bewertung von »fewo direkt« geschenkt und eine klei-ne böse Kritik reingeschrieben. Da diese Texte vor der Veröffentlichung im Portal immer zuerst an die Anbie-ter gehen, hatte Herr Biedermann Gelegenheit, Kon-takt zu mir aufzunehmen, bevor meine geringschätzige Beurteilung sein Traumhäuschen für weitere potenzielle Urlaubskandidaten hätte uninteressant machen können. Er hat von dieser Möglichkeit Gebrauch gemacht und tatsächlich versucht, mich am Telefon zu bestechen. Er sprach von einer »einvernehmlichen Lösung«, bot mir Geld an, wenn ich die Kritik zurückzöge. Das tat ich aber nicht. Was ihn sehr erboste. Tage später klickte ich seine Internet-Seite an. Aus reiner Neugier. Zuletzt gab es zwei Bewertungen hier. Eine mit maximaler Sternezahl, die er wohl selber reingestellt hatte, und meine. Jetzt waren hier zusätzlich drei 5-Sterne-Lobeshymnen auf sein Romantik-Schlösschen zu lesen, Texte, die Herr Biedermann offensichtlich mir nichts, dir nichts herbeigezaubert hatte. Der verflixte Hexer vom Walensee! Somit lag die durchschnittliche Bewertungsnote wieder nahe an der Bestmarke. Und andere unschuldige Ahnungslose werden schon bald wieder auf seinem weißen Ledersofa sitzen und ihm auf den Leim gehen … oder vielmehr auf den Selbstbräuner.

Oh, when the sun beats down
and burns the tar up on the roof,
and your shoes get so hot,
you wish your tired feet were fireproof,
under the boardwalk down by the sea, yeah,
on a blanket with my baby is where I'll be.
The Drifters

5. DICKE LUFT AUF TENERIFFA – REISETEAMS IM HÄRTETEST

Paar unter Palmen

Der schönste Urlaub meines Lebens war eine Flucht auf eine Trauminsel. Eine Flucht an den Strand, ans Meer. Hals über Kopf. Eine Flucht in den Urlaub, den ich zusammen mit meiner späteren Frau antrat, kurz nachdem wir mächtig in Liebe gefallen waren – wie man auf Englisch sagt. Wir waren damals beide Journalisten, hatten denselben Arbeitgeber, ja sogar denselben Chef, einen schweren Nöter, der einem das Arbeitsleben jeden Tag aufs Neue zu versalzen vermochte. Und wir hatten zwei Ex-Partner, die wir gerade verlassen hatten. Die beiden waren not amused, wie das eben so ist, wenn man verlassen wird. Eine Liebe mit großen Hindernissen. Also schmiedeten wir inmitten aller Turbulenzen an einem Abend beim Italiener einen Fluchtplan und entschieden uns, so bald wie möglich einfach abzuhauen, auszubüchsen, den Abgang zu machen. In einem x-beliebigen Reisebüro wurde anderntags das Ziel der Flucht hastig gebucht. Es war uns vollkommen gleichgültig, wohin es gehen sollte. Irgendwohin. Ja, schön warm sollte es da sein. Und mit Meer. Am Ende landeten wir auf den Kanaren, auf der Vulkaninsel Lanzarote.

Nie mehr in meinem Leben war ich so lebendig, so reiselustig und so neugierig. Nie mehr habe ich mit so offenen Sinnen das Schöne der Welt genossen – on a blanket with my baby down by the sea. Selbst die bloße Meeresluft am Strand von Lanzarote sog ich ein, als sei es ein kostbarer Duft und als sei das Atmen allein schon eine Erfrischung für meinen Körper. Das Meer, der Fisch, der Wind, das Wasser, der Schinken, der Käse, der Wein, das Brot – alles war ein Genuss.

Nun dürfte die Mehrheit meiner Leser in diesem Moment leider nicht verliebt sein – so sehr ich es Ihnen auch gönnen würde. Verliebtheitsphasen sind Ausnahmesituationen in unserem Leben, aber ich vermute zudem, dass Sie auch außerhalb solcher Phasen an einem halbwegs gelungenen Urlaub interessiert sein dürften.

Aber Gott sei Dank ist ja nicht allein lodernde Leidenschaft ein schönes Fundament für eine gelungene Urlaubsreise zu zweit, sondern auch die Liebe, die auf sie folgt. Wenn Sie sich derart gegenseitig zugetan sind, braucht Sie auch im 24. Ehejahr der Trip auf die Malediven nicht zu schrecken. Problematischer wird es erst dort, wo der Kitt zwischen zweien noch nie wirklich sehr stark war, oder wenn einmal, dann über die Jahre rissig, brüchig und bröselig geworden ist. Urlaub ist eine zwischenmenschliche Belastungsprobe, gerade für Paare, und wie gut oder schlecht der Kitt ist, zeigt nichts besser als eine ausgedehnte Urlaubsreise in ein unbekanntes Land.

Wenn man sich liebt, gelingt eigentlich jeder Urlaub. Es ist dann im Grunde genommen egal, wohin man verreist. Überhaupt, ob ein Urlaub gelingt oder misslingt, darüber entscheidet zu allererst unsere innere Gestimmtheit oder neudeutsch: ob wir gut oder schlecht drauf sind. Urlaub beginnt nicht nur im Kopf, sondern auch im Herzen, da, wo das Gemüt sitzt. Andersrum: wenn es im Urlaub kracht, wenn es Konflikte der grundsätzlichen Art gibt – und die gibt es sehr häufig – so ist das ein untrügliches Zeichen dafür, dass irgendwo in der Beziehung, die wir unterhalten, der Wurm drin ist. Wenn die warmen Gefühle am Verebben oder gar versickert sind, dann helfen auch die milden Winde nicht, nicht die sanften Wellen an exotischen Gestaden, nicht die volle Sonne. Wenn die Liebesstürme zum Stillstand gekommen sind, dann helfen auch die ganzen wiegenden Palmwedel nicht, das kristallklare Wasser, das Türkis der Lagune. Alles nur noch Staffage. Und da ist das Paradies gnadenlos. Denn erst hier unter Palmen oder Sternenhimmeln wird nicht nur das Glück, sondern auch das Unglück sichtbar, das zwei miteinander verbindet.

Ich habe so viele Pärchen gesehen, die sich in ihrem Luxusresort beim Abendessen schweigend gegenüberhockten. Paare, die Löcher in die Luft guckten, angefressen waren. Das vorgezogene Beziehungsende. Brotsuppe statt Honey Moon. Wenn auch unter Palmen. Und ich habe Abgänge der eindeutigen Art gesehen. »Ja, was hock ich denn hier mit einem kompletten Volltrottel rum. Da fällt mir doch bestimmt was Besseres ein!«, sprach die Schöne aus dem Norden und verließ spornstreichs den Tisch in Richtung Vergnügungsmeile. Viele reisen mit der Vorstellung vollendeter Harmonie ins Inselparadies und wussten noch gar nicht, wie viel unsäglicher Frust vor ihnen liegt. Urlaub im Paradies kann auch die Wüste offenbaren, die zwischen zweien liegt.

Knatsch on the Beach

Aber selbst wenn man sich gut versteht, braucht man sich nicht darüber wundern, wenn es zu Konflikten kommt. Im Urlaub kracht es aller Erfahrung nach oft. Auch mal unter Liebenden. Und wenn, dann meist richtig. Statt Entspannung gibt es Hochspannung unter den Mitreisenden, meist schon recht bald nach dem Aufbruch.

Kein Wunder, denn Urlaubszeit ist eine besondere Zeit. Jetzt herrscht auf einmal jede Menge Zeit für uns (und die Kinder) – und freie Zeit schafft es immer, uns über kurz oder lang mit uns selbst zu konfrontieren, mit uns selbst und mit unseren Mitmenschen. Sie macht, dass wir authentisch werden. Ein mit Arbeit und Routinen vollgestopfter Alltag nimmt uns das ganze Jahr über so viel Energie, dass wir den Aufwand, den ein richtiger Krach erfordert, entweder müdigkeits- oder zeithalber oder aus Mangel auf Erfolgsaussichten gerne sein lassen. Jetzt erst im Urlaub ist das ganz anders. Im Urlaub »verspielen« sich

Konflikte nicht mehr so ohne weiteres. Sie werden nicht mehr durch Schlupflöcher, Alltagsventile und eingeübte Ablenkungsmanöver vertagt oder verhindert – oder stellvertretend abreagiert. Im Urlaub brechen sie auf, weil jetzt endlich der Raum dafür da ist und man ihnen nicht mehr ausweichen kann.

Jetzt erst kann hochgespült werden, was monate-, manchmal jahrelang unter der Oberfläche unseres normalen Beziehungslebens rumorte. Es gelingt uns nun nicht mehr, unsere Verstimmungen, Animositäten, Neigungen und Abneigungen unter der Maske zivilisierten Wohlbetragens zu verbergen, weil es tatsächlich sehr anstrengend ist, unsere wahre Persönlichkeit über längere Zeit hinweg zu unterdrücken. Im Urlaub hocken wir, oft über viele Tage hinweg, eng aufeinander, sind gegenseitig aufeinander angewiesen, ganz ohne Ablenkung und Entkommen. Bald gelingt es uns nicht mehr, die Alltagsmaske vor unser Gesicht zu halten, und schon bald zeigen wir unser wahres Gesicht. Legen Rücksichten ab, wollen tun, was wir tun wollen. Und deshalb knallt's.

Aber es ist nicht nur die viele Zeit, die zum Streiten einlädt. Urlaub ist ein Ausnahmezustand in vielerlei Hinsicht. Wir sind aus unserer gewohnten Umgebung herausgerissen, das tägliche Leben zu organisieren ist in fast jeder Urlaubsform kraftraubender als man denkt, und der Zusammenhalt der Urlaubsteams wird ein ums andere Mal ganz unverhofft einer harten Belastungsprobe unterzogen. Erst recht, wenn es Pannen gibt. Ein Plattfuß am Grimselpass hat schon so mancher Beziehung gezeigt, wo sie wirklich steht.

Das Gute daran: Urlaub ist am Ende ein Katalysator. Dschungelcamps oder Segeltörns um die Welt – immer da, wo Menschen lange Zeit außerhalb ihrer vertrauten Umgebung in gedrängter Enge rund um die Uhr miteinander verbringen müssen, zeigen sie Seiten von sich, die vorher keiner kannte, oft nicht einmal sie selber. Beziehungen, die bisher gut und gegenseitig bereichernd waren, werden sich auszahlen, ja noch verstärken, was nie wirklich getragen hat, zerbricht dagegen oft. Zoff im Paradies gibt es meistens nicht nur über die altbekannten Themen, sondern typische Urlaubskonflikte umkreisen oft einen Kern, den man erst während der Auseinandersetzung herausbekommt, sozusagen Schicht für Schicht entschält. Sie entzünden sich meist an Kleinstvorfällen, die sich dann ins Grundsätzliche ausweiten. Aber gerade weil es über kurz oder lang ans Eingemachte geht, ist Krach im Urlaub gut – auch wenn ihn eigentlich keiner will. Er spült nach oben, was zwei bedrückt, vielleicht ohne dass sie es bisher wussten. Und er läutert.

Ich erinnere mich an lautstarke, heftige Konflikte mit meiner Frau, etwa auf dem International Airport von Washington D.C. vor dem Rückflug nach Deutschland nach vier Wochen USA. Ich weiß noch, wie ich einmal während eines knackigen Ehekrachs mitten in der Innenstadt von Aix en Provence an einer roten Ampel stehend einfach aus unserem Auto ausgestiegen und wie Michael Douglas in »Falling Down« weggelaufen bin, weil ich es nicht mehr ausgehalten habe. Bald hupte der ganze Boulevard, weil unser Auto sich nicht von der Stelle rührte. Aber ich erinnere mich auch an ganz und gar wundervolle Versöhnungen, an ein Aufeinanderzugehen, an innige Umarmungen und neu geschaffenes Vertrauen, an eine tiefe Liebe, die ich nach so manch heftigem Gewitter fühlte. Ohne all unsere intensiven Urlaubsreisen hätte ich das nicht erlebt.

Aber bei nicht wenigen bleibt die Versöhnung aus. Oder es gibt sie erst Wochen und Monate später. Viele Paare trennen sich im oder nach einem Urlaub. Wir haben uns damals nicht getrennt, sondern unsere Beziehung erst richtig begründet. Damals 1999 in Lanzarote. Dafür eignen sich Urlaube nämlich mindestens genauso gut. Andere hatten nicht so viel Glück. Zum Beispiel die drei, die damals beim Einchecken zum Rückflug vor uns in der Warteschlange standen. Drei Braungebrannte mit ihrem voll bepackten Trolley, die in dasselbe Flugzeug wollten wie wir. Moni, Sebastian und Kerstin. Wir hatten genug Zeit, ihre Namen auf den Kofferschildchen zu studieren. Alle so um die dreißig. Alle drei mit den Nerven völlig runter. Moni sah verheerend aus, die Augen verquollen, sie zitterte und schluchzte die ganze Zeit herzzerreißend in sich hinein. Sebastian war braun wie eine Lederhandtasche und doch bleicher als die Mondoberfläche. Strichmund – genau wie Kerstin, die unaufhörlich genervt wie trotzig hinauf zu den Eincheck-Bildschirmen guckte, als könne sie den Abflug nicht länger erwarten.

Wenn ich alle verfügbaren Informationen aus dem, was da vorging, korrekt rekonstruierte und das Indizienpuzzle in meinem internen Kriminallabor zusammensetzte, dann ergab sich damals folgendes Bild: Das Paar

Moni und Sebastian hatte die gemeinsame Freundin Kerstin in den Urlaub mitgenommen – und die Tage auf der Vulkaninsel zu dritt verbracht. Jetzt, am Ende des Urlaubs, waren nun aber plötzlich Kerstin und Sebastian ein Paar und die arme Moni nur noch ihre Reisebegleiterin. Denn die drei mussten nochmals zusammen in dieses verfluchte Flugzeug einsteigen, weil sie ihre Plätze nebeneinander gebucht hatten. Was für eine Qual! Moni, die sicher einigen Alkohol im Blut hatte, heulte, winselte, beschimpfte Sebastian mit allem, was ihr einfiel. Kerstin und Sebastian waren wie in einer Art Schockstarre und so sehr angespannt, dass sie sich nicht besonders zu schämen schienen, wenn ihre Privatsphäre in dieser Flughalle so öffentlich wurde wie im RTL-Nachmittagstalk.

Wir schauten betreten weg. Eine Mischung aus Mitleid und Fremdscham zog in uns auf. Auf einmal fing ich an ein Liedchen zu summen. Mir war die deutsche Version von »She loves you« von den Beatles eingefallen. »Du musst jetzt zu ihr geih'n, entschoudigg' Dig bei ihr. Ja, das wird sie versteih'n, und dann verzeiht sie Dir. Oh ja, sie liebt Dig, schöner kann es gar nig sein, oh ja, sie liebt Dig und da solltest Du Dig froi'n.« Tut er aber nicht, das Schwein. Natürlich tat mir Moni leid. Obwohl es mir durch den Kopf schoss, ich könnte mir auch nicht vorstellen, mit ihr zusammen zu sein. Aber mit Schluss machen hätte ich wenigstens gewartet, bis wir wieder in Frankfurt gelandet wären. Wenigstens diese Größe hätte ich gehabt.

Gute Nacht, Freunde!

Wenn es richtig ist, was die sogenannte Grant-Studie der Bostoner Harvard-University 2012 bewiesen haben möchte, dann sind für ein glückliches Menschenleben an allererster Stelle unsere Bindungen entscheidend, die Bindungen zum Lebenspartner, aber eben auch grundsätzlich die Qualität der Beziehungen zu unseren Mitmenschen im Sinne menschenliebender und einfühlsamer Verbindungen. Ja, dann also ab mit den Freunden in den Urlaub, oder nicht? Außerdem, Urlaub unter Freunden – das müsste doch eine vergleichsweise leichte Übung sein. Zumal die Verbindungen ja in Freundschaften doch etwas lockerer sind als unter Liebespaaren, somit deutlich weniger Sprengstoff auf solch einer Urlaubssause mitgeführt wird. Was spricht dagegen?

Mehr als man denkt. Nicht nur Ehepartner, sondern auch Freunde sind im Urlaub andere Menschen als zu Hause. Auf jeden Fall ist der Urlaub unter Freunden immer ein heikles Experiment. Schauen wir uns zunächst die Sonnenseite an. Ein Freund, ein wahrer Freund, das ist das Schönste, was es gibt auf der Welt, singen die Comedian Harmonists. Und für sehr viele Menschen scheint es tatsächlich das größte Urlaubsglück zu sein, nicht allein oder nur zu zweit, sondern mit anderen, den guten Freunden, die wertvollste Zeit des Jahres zu verbringen. Es gibt auch viele Geschichten von beglückenden Zusammenkünften, von langen Gesprächen, ob am knackenden Kaminfeuer in der kanadischen Waldhütte oder am Lago Maggiore unter dem Sternenhimmel beim dicken Merlot über Gott und die Welt, gemeinsam geteilte Erlebnisse der Vergangenheit oder allgemein Fragen der Zeit, ganz egal. Es ist schön, Freunde zu haben, und noch schöner solche, mit denen man sogar in den Urlaub fahren kann. Viele denken auch: zusammen ist schöner, geteilte Freude ist doppelte Freude, in Gruppen ist immer was los, die Chance, einen tolle Zeit zu erleben, ist viel höher, als wenn man nur in überschaubarer Mannstärke ausrückt. Außerdem: Gruppen sind ja immer auch Schutz- und Trutzbündnisse, zumal im gefährlichen Ausland, wo praktisch an jeder Ecke Räuberbanden und Trickbetrüger lauern können. Tatsächlich ist es ja so. Der Taschendieb im Labyrinth der Neapolitaner Altstadt lässt sich zu sechst sicher besser in einem Hinterhof stellen, als wenn man nur alleine oder paarweise seines Weges ginge.

Was also spricht dagegen, mit Hans-Jörg und Birgit, Günther und Barbara loszufahren? Mehr als man denkt. Eigentlich sind Andi und Floh, Biene und Peter ja ganz nett. Die Schlüsselfrage aber lautet: Werden sie es auch noch am 12. Tag an der Algarve sein? Freue ich mich auch noch am dritten Tag meines Urlaubs, wenn ich Ralf mit Fluppe im Mundwinkel frühmorgens ungeduscht am Kaffeetisch antreffe? Zaubert mir auch dann noch Gerlindes Eloquenz ein Lächeln ins Gesicht – oder geht mir ihre Geschwätzigkeit gewaltig auf den Senkel? Und abends, was, wenn ich einmal früher zu Bett will, Sybille und Tommy aber noch ein paar Stunden mit mir über die Finanzierungsprobleme beim Neubau ihres Reihenmittelhauses reden wollen? Nach dem Motto: »Gute Nacht, Freunde, was ich noch zu sagen hätte, dauert eine

Schachtel Zigaretten!« Was dann? Und wie ist es mit mir selbst? Bin ich selber länger als drei Tage am Stück für andere genießbar?

Wer tut mir im Urlaub gut?

Wir alle haben Freunde – und sollten dankbar dafür sein. Nur was das für Freunde sind, das wissen wir oft gar nicht so genau. Es gibt Freunde für den Ernst des Lebens und Freunde für den Spaß, seltener für beides zugleich. Es gibt Freunde für ein paar Stunden alle paar Tage mal und Freunde für ein paar Stunden maximal alle sechs Wochen.

In einen Urlaub fährt man besten nur mit den Freunden für den Ernst des Lebens. Die Spaßvögel lässt man besser zu Hause. Man fährt mit den Freunden, von denen man sicher ist, dass sie einem guttun. Grundsätzlich. Und nicht nur für ein Feierabendbier. Man sollte nie vergessen: Urlaubszeit, sie kann unglaublich schnell verfliegen, sie kann aber auch unheimlich zähflüssig verrinnen – und zwar gerade dann, wenn schlechte Schwingungen oder vollends dicke Luft am Urlaubsort herrschen. Freundschafts-Kombinationen sind also daraufhin zu prüfen, ob sie urlaubsfest sind. Wer tut mir gut? Viele Menschen haben darauf nicht einmal im normalen Leben die richtige Antwort. Warum dann bei der Auswahl des geeigneten Urlaubspersonals?

Und selbst wenn, woher weiß man denn im Voraus, ob eine Gruppe auch im Sardinienurlaub intern halbwegs harmoniert? Am besten aus Erfahrung. Wer zum Beispiel mein Kind betreut hat, als ich zwei Wochen in der Klinik war, wer mich tatkräftig unterstützt hat, als es mir schlecht ging, wer mich genau kennt und trotzdem zu mir hält, mit dem kann ich guten Gewissens einen Urlaub wagen. Vorsicht dagegen, wo nur eine Laune, eine stimmungsvolle Situation das spontane Angebot an die Tischnachbarn hervorbrachte. »Sag mal, wollen wir diesen Sommer drei Wochen zusammen ins Tessin fahren?« Der gängige Trugschluss ist zu meinen, was da einen Abend lang bei der Essenseinladung beim befreundeten Pärchen gut geht, müsse daher auch drei Wochen lang funktionieren. Das ist aber ganz und gar nicht so. Wie gesagt, Menschen pflegen sich teilweise in vollkommen andere Wesen zu verwandeln, wenn man sie länger als ein paar Stunden am Stück aufeinander loslässt. Fast immer kriechen irgendwann die Gespenster aus dem Hartschalenkoffer, meistens schon kurze Zeit nachdem man in die Sommerfrische aufgebrochen ist. Nahezu immer gibt es ein, zwei harte Bewährungsproben. Wenn etwa hinter Perpignan der Keilriemen reißt, dann kann die Belesenheit des mitreisenden Kunsterziehers genauso schlagartig ihren Liebreiz einbüßen wie der Kajal-Strich seiner Partnerin.

Vorsicht ist also die Mutter der Porzellankiste. Lassen Sie sich nicht überrumpeln. Urlaubsanfragen sind zwar immer ein Kompliment an die Freundschaft, und es ehrt einen, wenn man von Freunden in eine so enge Wahl genommen wird, dass diese gleich mit einem verreisen wollen. Dennoch gibt es gute Gründe, auf Zeit zu spielen und mindestens eine Nacht darüber zu schlafen, bevor man einschlägt.

Was bei der schwierigen Entscheidung immer hilft, ist zunächst einmal für sich die Antwort auf die Frage zu finden: Welche Funktion hat das Ausrücken in der Gruppe? Für den, der da zum Gruppenurlaub bittet, genauso wie für mich selbst. Soll ich nur deswegen mitfahren, weil das Reisen für ihn nur mit seiner Babsi allein das nackte Grausen wäre? Braucht da einer Ablenkung, zusätzliches Publikum gar? Es gibt viele, viel mehr, als man denkt, die zum Urlaub mit Freunden tendieren, allein weil sie dem Urlaub mit dem Partner entgehen wollen. Am Ende ist jenes sich Begeben unter das Dach einer Gruppe oft nur eine verkappte Flucht vor dem Partner, mit dem man es schon längst nicht mehr länger als 24 Stunden am Stück aushält. Wieder andere willigen beim Vorschlag, einen gemeinsamen Urlaub zu verbringen, auch nur deshalb ein, weil ihnen spontan kein gutes Alibi oder keine stimmige Ausrede einfällt – oder weil sie sich schlicht nicht trauen, den Freunden eine Absage zu erteilen.

Wer fährt dieses Jahr mit wem? An dieser Urlaubsfrage entscheidet sich ziemlich viel. Gerade was die Konstellation der einzelnen Freunde im sozialen Netzwerk betrifft. Wer fragt wen, und wer wird gefragt, und wer wird nicht gefragt? Wer rechnet damit, dass er gefragt wird, und wer ist enttäuscht, weil er nicht gefragt wird? Wer sagt ab, und wer fährt mit? Gemeinsame Urlaube sind nicht nur nach innen hin eindeutige Bekenntnisse zu unseren Freundschaften, sondern auch soziale Signale nach außen an den restlichen Freundeskreis, dass die, die da zusammen losfahren, auch sonst enger miteinander verbandelt sind. Ein Urlaubsangebot anzunehmen, genauso wie eines auszuschlagen, ist eine Entscheidung mit Schlüsselcharakter für das weitere Gedeihen einer Freundschaft, weil sie immer auch eine Antwort auf die Frage ist, wie fern oder nah wir uns sind – oder es zu anderen sein wollen.

Wenn Nähe nervt

Und dann ist man doch zusammen gestartet. Viele erleben jetzt ganz neue Seiten der alten Freundschaft. Und machen eine aufschlussreiche Entdeckung: So kannten sie ihre Pappenheimer gar nicht! Kein Wunder, denn über kurz oder lang treten uns auch die Freunde gerne in einer Art nahe, die man »auf die Pelle rücken« nennt, und nur die wenigsten besitzen ein ausgeprägtes empathisches Talent zum Einhalten von Distanz, ein Gespür, wann wie viel Nähe erwünscht ist und wann nicht. Das richtige Maß von Nähe und Distanz herauszufinden, es immer wieder neu auszutarieren, das ist ganz allgemein das A und O der Freundschaftskunst, erst recht, wenn es gemeinsam in den Urlaub geht.

Mit wem tut es uns gut, so viel gemeinsame Zeit zu verbringen? Interessanterweise wissen das sehr viele Menschen erst, nachdem sie einen gemeinsamen Urlaub verbracht haben, aber nicht unbedingt vorher. Fast immer ist es die ungewohnte Nähe zu Freunden über einen längeren Zeitraum hinweg, der zu Konflikten führt. Und nicht wenige machen die Erfahrung, man hat sich mit den Falschen eingelassen. Für den Urlaub wie für die restliche Lebenszeit gilt: es gibt tatsächlich sehr viele Beziehungen, die höchst schädlich für die Betroffenen sind, die sie aber dennoch immer wieder wie automatisch suchen und dann auch eingehen. Viele tendieren dazu, in bestimmte Verhaltensmuster zurückzufallen, auch wenn ihnen ihr Gefühl sagt, diese Beziehung ist nicht gut für Dich. Sie geraten immer wieder an Grenzverletzer oder emotionale Ausbeuter und merken gar nicht, dass sich diese nicht wirklich für einen interessieren, sie stattdessen ausnutzen und viel Energie von ihnen abziehen. Verbreitet wie unheilvoll sind auch solche Urlaubsbegleiter, die unbewusst hohe Erwartungen an die anderen richten, die rund um die Uhr unterhalten, die befragt werden wollen und vor allem von anderen einfordern, dass man ihnen und ihren endlosen Monologen am besten so lange Gehör schenkt, bis der nächste Morgen graut. Wer sich eher entzieht, um einen Bluterguss am Ohr zu vermeiden, löst oft Frustrationen aus, die sich bald als Aggressionen entladen und sich auch noch auf den richten, der sie vermeintlich ausgelöst hat, obwohl er gänzlich unschuldig ist.

Urlaub in feuchtfröhlicher Runde

Für manche solcher Freunde liegt der höchste aller Genüsse in genau solch einer lauen Sommernacht, in der die Zungen locker werden. In voller Mannschaftsstärke unter Palmen, Pinien oder Pflaumenbäumen beim Chianti oder Rosé zu sitzen und ausgelassen zu sein, das hat was. Es wird gewöhnlich viel getrunken in solchen Runden, und es scheint zunächst, als sei dies nur Ausdruck der Freude am geselligen Beisammensein. Vergessen wird allerdings, dass erhöhter Alkoholkonsum unter Freunden oft auch von etwas ganz anderem motiviert sein kann als von großer gegenseitiger Zuneigung. Das kennt man schon vom Grillfest. Wenn ich mir erst zwei Entspannungspils genehmigen muss, bevor ich Wolfis Vorträge über die Erderwärmung, Treibhausgase und das Ozonloch schadlos wegstecke oder mir Ollis Rechthaberei und die stockkonservativen Ansichten seiner Frau kein allzu großes Unbehagen mehr bereiten, dann ist davon auszugehen, dass sich das im Urlaub nur noch fortsetzt und potenziert.

Man achte daher einmal darauf, in welchen Konstellationen im Urlaub am meisten Alkohol konsumiert wird. Bei welchen Freunden erwacht man am nächsten Tag immer mit erheblichem Brummschädel? Oft meint man, es seien eben besonders lebenslustige Menschen, die zu feiern verstehen, also besonders gute Freunde, wenn dies der Fall ist. Oft ist aber das Gegenteil richtig. Bei bestimmten Leuten, die wir zu unseren Freunden rechnen würden, stehen wir tatsächlich eigenartigerweise immer unter irgendeiner Art von Stress und neigen dazu, uns deswegen umso schneller und heftiger die Kante zu geben als anderswo.

Gerade im Urlaub gibt es solch spezielle Kandidaten, bei denen man nach ein paar Tagen erst merkt, dass es immer bis um drei Uhr morgens geht, ja gehen muss –

und dass es einem übel genommen wird, wenn man sich den faden Diskussionen schon etwas früher entzieht. Und nicht selten geben wir der Harmonie halber sehr viel von unserer eigenen Persönlichkeit auf, nur um anderen, nur um der Gruppe gerecht zu werden, und bleiben hocken bis zum bitteren Ende. Das ist normales Gruppenverhalten, kann aber sehr anstrengend werden, je nachdem, wie hoch der Kraftakt ist, den da einer vollführen muss, um mit der Gruppe mitzuschwingen. Die theoretische Möglichkeit, »sich selbst treu zu bleiben«, ist auch unter Freunden nur selten zu realisieren.

Austern im Languedoc

Ich glaube heute, dass es die Austern waren, die eine Freundschaft besiegelten, die meine Frau und mich einmal mit Vera und Thomas verbunden hat. Wir verbrachten irgendwo im Languedoc einen gemeinsamen Urlaub, der ein paar Monate zuvor an einem Frühlingsabend in einer südbadischen Weinstube eingefädelt worden war.

Dabei hatten wir vorher noch alle Risiken und Eventualitäten ausführlich besprochen. Meine Frau und ich hatten ausdrücklich nur unter der Bedingung eingewilligt, dass es keine enttäuschten Erwartungen geben dürfe. Maximale Bewegungsfreiheit für alle sollte gewährleistet sein. Wir hatten konkrete Vorstellungen, wie diese zwei Wochen für uns aussehen sollte. Wir wollten uns in diesem Urlaub ein paar ausgewählte Provinzstädtchen ansehen, ein paar Kirchen, Zisterzienserklöster, gut essen gehen und die Tage mit unserem Sohn am Strand verbringen. Uns so erholen, wie uns das vorschwebte. »Ja, klar! Natürlich!«, war die Antwort. »Was denn sonst, was glaubt Ihr denn?«

Aber schon am zweiten Abend im Süden, beim gemeinsamen Essen auf einer Freiterrasse, umrankt von Oleander, erlitt die Stimmung im Team einen empfindlichen Dämpfer, als wir es wagten, kurz nach Mitternacht das angebotene Dessert in Form eines prall gefüllten Joints dankend abzulehnen und uns vom Abendtisch im Freien ins Bett verabschiedeten. Am dritten Tag kam es zu einer unerquicklichen Weinprobe in einem Chateau. Der Wein war grottenschlecht, doch Thomas fand ihn hervorragend und deckte sich mit vier Kartons ein. Wir kauften woanders ein, was auf Unverständnis stieß und mit Kopfschütteln quittiert wurde. Am vierten Tag verkündeten wir beim Frühstück, dass wir heute Abend zu Abwechslung einmal in einem Restaurant essen gehen wollten, auf welches wir uns schon lange gefreut hatten. Dieser Alleingang sollte uns am Ende übel ausgelegt werden.

Das Restaurant war nicht ganz billig, und spätestens jetzt war klar, dass wir in der Sicht der beiden anderen als unrettbar dekadent erschienen und uns wohl für etwas Besseres hielten. Obwohl ich mir heute sicher bin, dass sich Vera damals über nichts in der Welt so sehr gefreut hätte als über eine Einladung von Thomas, einmal ebenfalls hierher zum Diner mit ihm auszugehen, stimmte sie bald in die pseudo-ironischen, verächtlichen Kommentare ein, die ihr Partner nun ständig von sich gab.

Wir schalteten auf Durchzug, ließen sie einfach reden. Abends saßen wir schließlich in einem sehr charmanten Restaurant direkt am Fenster, nippten am Aperitif und freuten uns auf unser Essen. Aber gerade als die Austern aufgetragen wurden, fiel mein Blick nach draußen, und ich erkannte, dass Vera und Thomas wohl schon seit geraumer Zeit draußen auf der Straße direkt an unserem Fenster standen. Sie hielten Pizzakartons und Bierbüchsen in der Hand und machten sich einen großen Spaß daraus, uns zuzuschauen. Immer wieder unterbrachen sie ihr spöttisches Gelächter durch die eine oder andere abfällige Bemerkung und allerlei Kaspereien, bis ich mich endlich entschloss, das gekippte Fenster zu schließen und den Vorhang, der sich da im milden Abendwind bewegte, zuzuziehen. Wir wollten einfach nur ungestört essen.

Wir brachten die restlichen Tage noch in halbwegs erträglicher Atmosphäre über die Bühne. Aber als wir dann getrennt nach Hause fuhren, wussten meine Frau und ich genau, dass die Freundschaft aus war. Und so war es dann auch. Sie endete, weil da zwei nicht ertragen konnten, dass da zwei andere sehr glücklich miteinander waren und ihren Urlaub zu genießen verstanden. Ich glaube heute, diese Tage waren für Vera und Thomas ein Härtetest. Er führte ihnen vor Augen, dass sie selbst in keiner guten Beziehung lebten. Wir führten ihnen gewissermaßen vor, wie viel ihnen zum Glück fehlte. Aber gegen diese bittere Einsicht wehrten sie sich nach Kräften, und aus eigener innerer Schwäche heraus blieb ihnen nichts anderes übrig, als uns anzufeinden.

Gruppendynamische Grundprobleme am Urlaubsort

Du kümmerst Dich nicht um mich

Unter Freunden, die gemeinsam in den Urlaub fahren, gibt es immer einen, der meint, er käme zu kurz. Einer, der unheimlich viel Aufmerksamkeit braucht. Vor allem unter Zeitgenossen, die zu bestehenden, bereits arrangierten Freundesurlauben dazugeladen werden, beobachtet man immer wieder, wie sie nach drei Tagen höchst beleidigt den Anführer der Freundeshorde angehen – und sich heftig beklagen. Es gibt tatsächlich erwachsene Menschen, die davon ausgehen, dass der Freund, der einen da in den gemeinsamen Urlaub mitnimmt, sie auch rund um die Uhr unterhalten müsse.

Sozial-Tyrannen

Es nerven stets beide: der, der im Ferienhaus nie spült, und der andere, der selbsternannte »Sozialbeauftragte«, der andere im Vier-Augen-Gespräch darauf aufmerksam macht, dass sie sich doch bitte etwas mehr einbringen könnten, wenn es um das Tragen gemeinsamer Lasten geht. Obwohl ich ausnehmend gerne spüle, habe ich im Zweifel weitaus mehr Sympathie mit denen, die nie spülen. Denn jeder Mensch verfügt eigentlich über irgendeine Art sich sozial zu verhalten, zumal dann, wenn er oder sie von halbwegs zurechnungsfähigen Mitmenschen als Kandidat für ein gemeinsames Urlaubsvergnügen auserwählt wurde. Man beobachte dagegen einmal genauer, welche Typen es sind, die den »Sozialminister« dann geben, wenn sich Groll freilich ganz anderer Art aufgestaut hat. Ich durfte in meinem Leben zwei von ihnen erleben. Der eine hat dann folgerichtig katholische Religionspädagogik studiert, der andere, ein gleichsam apostolischer Gutmensch, führt heute ein politisch korrektes Büro für Solararchitektur an, beide ganz und gar anstrengende Gesellen. Obwohl die gute Tat bekanntlich schweigt, pflegen sich solche Supersozialen in einer Freundesrunde gerade dann besonders uneigennützig zu verhalten, wenn auch gesichert ist, dass es alle mitkriegen. Denn im Grunde wollen sie für ihren zur Schau gestellten Gemeinschaftsgeist eine Gegenleistung erzwingen in Form von Dank, Anerkennung und Wertschätzung durch andere. Ihre soziale Ader ist am Ende oft gerade das Gegenteil von selbstlos, sondern paradoxerweise durch und durch egoistisch motiviert.

Die Qual, Schar sein zu müssen

Weit mehr Freundschaftsgruppen, als man denkt, sind reine Publikumsgruppen. Publikum bis auf einen. Das ist der, der die Gruppe immer wieder zusammenführt und dann vor dieser seine Show abzieht. Solcherlei Einlader sind Menschen, die sich gerne reden hören, für sich unheimlich viel Raum benötigen und Gleichbehandlung als notorische Zurücksetzung empfinden. Sie fühlen sich nie ausreichend gewürdigt und neigen dazu, die Moralkeule zu zücken, wenn mal ein anderer länger als fünf Minuten im Mittelpunkt steht. Solche Typen wird es immer geben.

Was man tun kann, ist, seine Menschenkenntnis so zu schulen, dass man solchen Brüdern nicht in die Fänge gerät.

Meine Kinder sind nicht deine Kinder

Sobald ein Urlaub nicht nur mit Freunden geteilt wird, sondern zudem auch mit ihren Kindern, hebt die nächste Gefahr ihr freches Haupt – der Krieg der Knöpfe, der zum Krach unter den Eltern führt. Und der wieder zu Irritationen am Planschbecken: »Wie sprichst Du mit meinem Kind?« Wenn über Kreuz erzogen wird, kann es, zumal in bereits angespannten Lagen, gut sein, dass man sich gegenseitig verbittet, wie man mit den Kindern des jeweils anderen Paares umgeht. Konflikte gibt es auch regelmäßig in der Ferienanlage, wenn das eine Pärchen seine Kinder dem anderen zur Beaufsichtigung »abdrückt«, um mal »ganz für sich« einen Tag zu verbringen, die fällige Gegenleistung aber nicht erbringt, sondern so tut, als sei es für die andere Familie ein wahrer Segen, nicht nur die eigenen, sondern auch noch die Kinder des befreundeten Paares betreuen zu dürfen.

Ein Urlaub unter Freunden ist genau besehen meist eine Art Kompromiss, an den sich aber nur in seltenen Fällen alle Beteiligten halten. Freundschaftsurlaube kann nur der genießen, der die Regeln des menschlichen Schwarmverhaltens kennt, die Risiken vorausahnt und dennoch zur Überzeugung kommt, es lohne sich, gemeinsam aufzubrechen. Urlaub unter Freunden, das ist eigentlich eher etwas für Jugendliche – oder für alte Menschen. Menschen in den unsicheren Abschnitten des Lebens, wo sich der eine für den anderen als Hilfe, als Stütze empfindet. Jugendliche lieben es, in einer großen Gruppe, in einem Zeltlager, am Lagerfeuer gemeinsame Zeit zu erleben, fernab ihrer Eltern ein selbstbestimmtes Leben auszuprobieren und doch die Geborgenheit einer Gruppe zu spüren. Manche Alte wiederum fühlen sich durch die Gruppe sicherer in ihrer Gebrechlichkeit. Aber erwachsene Menschen im vollen Saft? In der Blüte ihrer Jahre? Warum gehen Sie nicht mit Ihren Partnern und Kindern auf Reisen? Es gibt doch nichts Schöneres auf der Welt!

Urlaub solo – Robinsonaden und andere Egotrips

Und wie ist es, wenn man die Freunde ziehen lässt und ganz alleine in den Urlaub fährt? Wie ist es auf der Trauminsel, wenn all die potenziellen Störenfriede weg sind? Dann müsste sich die perfekte Harmonie doch von selbst einstellen oder nicht? Es gibt viele, die es ausprobiert haben. Und hinterher sagten, irgendwie hatte ich mir das anders vorgestellt.

Robinson Crusoe war wohl einer der Ersten, der über lange Zeit einen zugegebenermaßen nicht ganz freiwilligen Sonderurlaub auf einer karibischen Insel verbrachte. Es gibt tausend Fassungen dieses weltberühmten Romans von Daniel Defoe, in denen Robinson als ein Mann beschrieben wird, der fernab der verderbten Zivilisation ein glückliches Leben führt. Und tatsächlich ist es gut

möglich, dass es heute diese Karibikinsel im Mündungs-
gebiet des Orinoco, auf der Robinson 28 Jahre bis zu seiner Rettung lebte, als Premium-Reiseziel im Reisebüro
zu buchen gibt – als veritables *paradise island*.

Wer jedoch das Original von 1719 liest, wird eines Besseren belehrt. Robinson ist unglücklich auf seiner Insel,
ja, er ist der unglücklichste Mensch auf diesem Planeten.
Seine Insel nennt er bald »Insel der Verzweiflung«, in
sein Tagebuch schreibt er: »Ich bin verloren!« Er fühlt
tiefe Verlassenheit. Das Erste was er tut, ist, sich zu
verschanzen, Sicherheit zu schaffen, wo es nur geht, an
Vorräten, aber auch physisch: Er mauert sich ein. Aber
es geht ihm innerlich nicht gut. Er fühlt sich bald selt-
sam erschüttert und entdeckt, zuvor durch und durch ein
Atheist, die Religion. Alpträume führen ihn zum lieben
Gott: Er betet.

Das Problem mit der einsamen Insel lernen regelmäßig
all jene kennen, die aus Motiven der Selbsterfahrung oder
sonst irgendwie journalistisch verwertbaren Zwecken
den Selbsttest auf der Südseeinsel machen. Alle Jahre
wieder liest man auf den Reiseseiten unserer Zeitungen
von solchen Selbstversuchen, es erscheinen sogar ganze
Romane darüber. Der Extrem-Sportler und Bergführer
Xavier Rosset hat ein solches Buch geschrieben. Er hielt
es 300 Tage auf Tofua aus, einer kargen Vulkaninsel, die
zum Pazifik-Königreich Tonga gehört. Rosset, ein Sinn-
sucher und Eremit, lernte aber nicht, seine Insel wie eine
Heimat zu lieben. 300 Tage Fische fangen, Kokosnüsse
knacken, auf- und abgehen, Selbstgespräche führen. Er
verliert bald seine Motivation, driftet dahin, tiefe Lange-

weile breitet sich aus. Am Ende ist es eine Art Gefangenschaft, jeden Tag ritzt er eine Kerbe in eine Palme, um das Gefühl für die Zeit, die vergeht, zu behalten. »Es war eine tolle Erfahrung«, sagte er dennoch am Ende, »aber ich werde so etwas nicht noch einmal tun.«

Der Reisejournalist Marc Bielefeld hat es ebenfalls ausprobiert. Keine 300 Tage, sondern gerade mal eine überschaubare Woche auf einer Dschungelinsel vor der australischen Küste. Hinchinbrook-Island vor Queensland. Eine Woche ohne jeden Kontakt zur Zivilisation. Der Verlauf ganz ähnlich – nur wie im Zeitraffer. Zuerst wie üblich die Erkundung, dann Rückkehr zum Ausgangspunkt. Die erste Nacht im Zelt. Am vierten Tag rauscht die Laune so langsam in den Keller. Die Stiche der Sandflöhe jucken, der Wunsch, sich von Kopf bis Fuß zu waschen wird größer, die Sehnsucht nach einem kühlen Bier, einem Steak und einem richtigen Bett auch. Bielefeld schrieb in einer Reportage in der *Süddeutschen Zeitung*: »So ein paar Tage im Paradies haben etwas Seltsames an sich. Erst bezirzen sie einen, dann verkleinern sie einen, und anschließend erinnern sie den Menschen daran, dass er ein Mensch ist.« Am fünften Tag bekommt er im Zelt von einer Ratte Besuch. Der Sonnenbrand schmerzt, unerträgliche Hitze setzt ihm zu, der Sand so heiß, dass er sich die Füße verbrennt – aber er darf nicht ins Wasser springen, weil es dort gefährliche Seeschlangen gibt. Paradies ohne Erlösung. Insel-Blues. Marc Bielefeld ist froh, als er endlich wieder fortkommt von hier.

Selbst solche Journalisten wollten es wissen, wie sich die einsame Insel anfühlt, die sonst eher von der gut klimatisierten Schreibstube aus ihre Leserschaft bedienen. Niklas Maak zum Beispiel. Sein Experiment fand auf den Seychellen statt. Ein eigenartiges Inselreich. Knallende Sonne gibt es da und wieder bissige Sandflöhe. Man kann lesen, dass Touristen ab und zu durch herunterstürzende Kokosnüsse ums Leben kommen. Außerdem gibt es eine eigene Form eines von Schüttelfrost begleiteten grässlichen Fiebers und sehr hohe Luftfeuchtigkeit. »Wer die Seychellen mag, wird sich auch in der Hölle wohlfühlen«, schrieb einst weitblickend die Schriftstellerin Savitri Devi. Journalist Maak hat sich auf einer der vielen kleinen Koralleninseln der Seychellen aussetzen lassen – für die übliche Selbstversuchs-Woche. Allerdings, wie sich herausstellte, war er gar nicht ganz allein dort, sondern traf bald auf einen dicken Amerikaner. Wieder begrüßten den Ankommenden zunächst türkisfarbenes Wasser, Palmen, Puderzuckerstrände. Und keinerlei Zivilisation. Erst in einer Woche wird ihn das Schiff, das ihn hierher gebracht hat, wieder abholen kommen. Als er an Land geht, ruft ihm der Kapitän hinterher: »Just relax!« »Man bekommt den Verdacht«, schrieb Maak später in einem Reisebericht in der *FAZ*, »genau dieser Satz war das Letzte, was man Napoleon von Bord des Schiffes nachrief, das ihn nach Sankt Helena gebracht hatte.« Nicht ganz daneben dürfte er mit dieser Einschätzung liegen. Ab 7.30 Uhr glüht die Äquatorsonne unbarmherzig, es ist windstill, er findet keine Ruhe, sein Buch zu lesen. Stattdessen benutzt er ein bereitgestelltes kleines Golf-Wägelchen und rattert damit auf dem einzigen asphaltierten Weg der Insel auf und ab, um die Zeit totzuschlagen. »Weil einem sehr langweilig ist, versucht man, mit dem Golfwagen rückwärts zu wenden wie Detektiv Rockford und kippt den Golfwagen dabei leider um.« Er vergleicht sein Los mit dem Robinsons, vergisst aber, dass Robinson nicht mal ein Golfwägelchen zum Rumbrettern hatte, und schließt mit der Einsicht: »Ein Aufenthalt auf den gottverlassenen Inseln mitten im Meer war früher kein Grund, sein Erspartes auf den Kopf zu hauen, sondern eine Strafe, vor der man zitterte, und das hatte seinen Grund.«

Und noch einer hat es schon vor hundert Jahren wissen wollen: August Engelhardt. Ist schon eine Ecke her. Anfang des 20. Jahrhunderts ließ er sich auf der Insel Kabakon in Deutsch-Neuguinea nieder. Engelhardt war so etwas wie ein Pionier der Hippie-Bewegung. Ein Lebensreformer und Aussteiger aus dem Wilhelminischen Deutschland. Viele Jahre lang lebte er allein und nackt auf seiner Insel frei nach einem eigenem Lebensentwurf: eine Mischung aus Freikörperkultur, Vegetarismus und Weltabgewandtheit. Er schreibt ein Büchlein über den »Kokovorismus« – eine Ernährungsideologie, die im vorwiegenden Verzehr von Kokosnüssen ihr Heil sah und ihren Anhängern, den sogenannten »Früchtlern«, versprach, durch den fleißigen Verzehr der Großnüsse allmählich in ein gottähnliches Stadium einzutreten. Aber auch er scheiterte – ja, er ging elend zugrunde. Die letzten, die ihn auf seinem Eiland besucht hatten, schilderten ihn als abgerissen, unausgeglichen, ja geisteskrank. Sicher ist, dass er nicht in wirklicher innerer Balance gestorben ist.

»Liegt man nachts wach, so ist das gar kein Wachsein, sondern zähes, verzehrendes Schleichen an Ort und Stelle. Man merkt dann, wie ungemütlich es mit nichts als mit sich selber ist«, hat Ernst Bloch in seinem Parabel-Band »Spuren« geschrieben. Die Frage ist, kann man dieser »Ungemütlichkeit mit sich selbst« entrinnen, sich dennoch selbst genügen? Ja, ist es sogar möglich, diese Situation glückvoll zu erleben? Wo im Urlaub sind die glücklichen inneren Landschaften des Alleinseins? Gibt es ein inneres Aufblühen für den Solisten auf der Insel – oder führt doch immer alles zwangsweise in jene »Monotonie in der Südsee, Melancholie bei 30 Grad«, von der Annette Humpe, Leadsängerin der einstigen Neue-Deutsche-Welle-Band »Ideal« gesungen hat?

Fluch der Karibik:
Splendid Isolation oder doch nur mutterseelenallein?

Wahrscheinlich hat es August Engelhardt einfach etwas übertrieben. Jahrelang allein, selbst auf dem schönsten Eiland und mit einem Kokosnuss-Vorrat, der bis an den jüngsten Tag gereicht hätte, dafür ist der Mensch einfach nicht geschaffen. Aber für ein paar Wochen allein die Welt durchstreifen?

Früher konnte ich nicht verstehen, dass jemand allein in den Urlaub fährt. Nicht mal für ein Wochenende. Ich dachte, einer, der allein in den Urlaub fährt, fährt deswegen allein, weil er niemanden findet, der mit ihm verreisen möchte. Dass sich Menschen freiwillig allein auf Reisen machen, das Alleinsein einer Urlaubsreise in Begleitung vorziehen, wäre mir nie in den Sinn gekommen. Damals schien mir die Kunst, allein mit sich selbst zu sein, nur wie eine Art sportliche Leistung, die durch Training steigerbar ist. Allein einen Urlaub zu verbringen, erschien mir wie eine selbst auferlegte Übung, bei der man einen fortwährenden Mangel aushalten müsse. Etwa so, wie wenn man in der Badewanne für eine möglichst lange Zeitspanne die Luft unter Wasser anhält. Dass es eine Form des Alleinseins gibt, in der man keine Not fühlt, sondern sich vollauf genügt, erschien mir so unsinnig wie unmöglich. Dann habe ich es selbst ausprobiert. Ich bin auf den Jakobsweg gegangen. Vor über zehn Jahren war das zum ersten Mal. Ein paar Jahre bevor der Pilgerpfad vom großen Trampeln der Vibransohlen-Lemminge widerhallte, bevor er als eine Art Outdoor-Event entdeckt wurde. Der Weg, auch in Spanien, war noch eine weitgehend verwaiste Strecke, wo man recht unbehelligt seine Tageskilometer zurücklegen konnte. Seither bin ich über 1000 Kilometer zu Fuß durch Frankreich und Spanien gezogen.

Ich hatte anfangs ziemlich Respekt vor der selbst gestellten Aufgabe, kaufte mir 15 Wanderkarten, was, wenn ich mich verlaufen würde? Ich habe nie eine Wanderkarte gebraucht. Und doch, die ersten paar Tage waren sehr hart. Ich haderte mit mir, verdammte schon bald meinen Entschluss, aufgebrochen zu sein, ging in die Knie vor den Hunderten von Kilometern, die noch vor mir lagen – und fragte mich immer wieder: Warum tust du das? Aber das legte sich, und ich durchschritt die wunderschöne Landschaft bald in enthusiastischer Stimmung. Spätestens während eines kalten Nieselregens im Zentralmassiv vier Tage nach meinem Aufbruch war ich bei mir. Die Schönheit einer Zeit, die man allein verbringt, ich habe sie tatsächlich erlebt. Aber ich musste dazu durch eine Phase des Abschiednehmens, durch Entbehrung, vielleicht durch einen Entzug.

Als ich zurück war, wusste ich, dass es einer der größten Menschheitsirrtümer ist, zu meinen, dass nur jenes Teilen erlebter Freude die Vermehrung der eigenen bedeutet. Es gibt eine Form des glückvollen In-der-Welt-Seins, die keinen braucht, dem man sie erzählt. Immer vorausgesetzt, man ist nicht einsam, wenn man allein ist. Ich durchlief nicht nur den Jakobsweg, sondern einen inneren Prozess. Am Anfang war ich mutterseelenallein, am Ende guter Dinge und bestens sortiert, frei nach Georges Moustaki: »Je ne suis jamais seul avec ma solitude.«

Ich habe erlebt, dass eine solche Fußwanderung ganz einzigartige Glücksmomente bereithält, die tatsächlich wie Offenbarungen wirken. Tatsächlich, der Geist erholt sich bei dieser ungewöhnlichen Art, seine Urlaubszeit zu verbringen. Oft gehört und abgedroschen, aber wahr: Auf dem Jakobsweg ist der Weg das Ziel. Man geht, um zu gehen. Eine verrückte Situation: Man hat den ganzen lieben langen Tag nichts anderes zu tun, als geradeaus zu gehen. Aber die leere, vollkommen unverplante Zeit sorgt dafür, dass dieses Gehen etwas ganz und gar Wundersames mit einem macht. Und eigentlich ist man auch gar nie wirklich allein, denn immer bekommt man beim Alleinsein Besuch, wie Robert Walser einmal geschrieben hat, »von alten Gespenstern und neuen, von Menschen, die einem vor langer Zeit begegnet sind, von Gefühlen, schönen wie beängstigenden, traurigen wie euphorischen.«

Nach ein paar Tagesetappen hatte ich es begriffen: Der Jakobsweg ist im Grunde ein Erwandern des eigenen Inneren, ein Wandeln gleichzeitig durch äußere und innere Landschaften, durch äußere und innere Stimmungen, durch heitere wie melancholische Zustände, die sich wie das Wetter über die eigene Seele legen, mal düster bedrängend, mal aufklarend und luftig befreiend. Beim Wandern kommen die Gedanken ins Rollen. Ganz wie von selber, es ist kein angestrengtes Reflektieren. Wo man sich absichtsvoll so viel Leere aussetzt, fliegen einem bald ganz absichtslos Gedanken und Erkenntnisse zu – gute wie schlechte, erfreuliche wie trübe, aber immer irgendwie hilfreiche. Diese Art sich fortzubewegen, ist ohne konkretes Interesse, sie hat kein Ziel, das über sich selbst hinausginge. Kein sportliches, kein moralisches und ein kunstgeschichtliches erst recht nicht. Wer hier unterwegs ist, verlässt alle Gewohnheiten seines alltäglichen Lebens, bricht für eine gewisse Zeit alle Brücken zu den alten Sicherheiten ab – und setzt sich diesem Weg mit all seinen Überraschungen aus. Er erlebt sich bald ängstlich und schwach, bald stark und unabhängig, bald frohgemut und zuversichtlich, aber stets auf eine wundersame Art völlig neu.

Allein und zu Fuß unterwegs, nur ein fernes Etappenziel vor Augen, mit sonst nichts als einem Rucksack auf dem Rücken und vielen Stunden vollkommen unverplanter, ungefüllter Zeit, sich einlassen auf den Takt des eigenen Gehens, in einem Rhythmus, der uns heute langsam erscheint, zwischendurch zu verweilen, wo es einem gefällt – das ist der Jakobsweg. Und ich bemerkte an mir bald eine Verwandlung: Mehr und mehr verschwanden die bedrückenden rückwärts genauso wie die sorgenvollen nach vorne gerichteten Gedanken, ich wurde offener, freier und empfänglicher für alles, was von außen auf mich einströmte – jeden Tag ein bisschen mehr.

Unterwegs habe ich immer wieder ganz erstaunliche Leute getroffen. Zwei Physiker aus einem französischen Atomkraftwerk, die die Schnauze voll hatten, nicht mehr länger in der Reaktoranlage arbeiten wollten und einfach losgezogen sind. Eine Frau, die gar nicht nach Santiago unterwegs war, sondern nach Nice. Sie erzählte mir, Nice höre sich für niederländische Ohren etwa so an wie »nix« oder »nichts« – und beim Studium einer Karte von Europa hätte sie nicht recht gewusst, wohin, und sei folgerichtig nach »Nichts« aufgebrochen. Von Amsterdam aus. Einfach so. Von heute auf morgen.

Der Jakobsweg ist eine eigenartige Strecke. Man überholt andere Fußgänger und wird von ihnen überholt. Man begegnet aber praktisch nie einem Menschen, der einem entgegenkommt. Denn, klar, fast alle wandern dem einen fernen Ziel Santiago entgegen. Einmal jedoch habe ich in einem Wäldchen bei Conques, im Departement Aveyron, an einem Sonntagmorgen im April einen getroffen, der mir entgegenkam. Ich wollte ihm schon zurufen, dass er in die falsche Richtung unterwegs sei.

Wir kamen ins Gespräch. Er meinte bald, er sei auf dem Nachhauseweg. Der Mann war schon vor Monaten von Metz in Lothringen nach Santiago aufgebrochen und nun auf dem Rückweg! Ein paar Etappenkilometer habe ich einen Brasilianer aus São Paulo begleitet. Wir wanderten schweigend über eine Anhöhe im Armanac. Ich eröffnete ihm nach einer Weile, dass ich nicht recht verstünde, warum er von so weit hierherkäme. Ob man denn nicht auch in Brasilien pilgern könne? Er lachte. Dann bat er mich um meine Einschätzung. Wie weit er wohl kommen würde, fragte er mich, wenn er vom Zentrum São Paulos mit Rucksack und Wanderstab zu Fuß losziehen würde. Ich verstand nicht auf Anhieb, was er meinte. Er half mir auf die Sprünge. Wenn er großes Glück habe, ein paar Kilometer weit. Spätestens in den Außenbezirken der Stadt würden sie ihn sicher bis auf die Unterhose ausrauben. Es sei auch nicht ganz sicher, ob er dabei mit dem Leben davonkäme. Und eine leicht durchgeknallte Australierin habe ich getroffen, an der Garonne auf einem alten Banndamm am Ufer, wo sie eine Rast einlegte. Sie hatte alle Brücken zu der Welt abgebrochen, von der sie gekommen war. Sie zog einen selbst gebastelten Karren hinter sich her und erklärte mir, sie sei jetzt seit zwei Jahren unterwegs. Sie machte einen rundum zufriedenen Eindruck und schien in sich zu ruhen. Ich habe ihr nicht von August Engelhardt erzählt. Vermute aber, dass sie bereits den Raum einer sanften Vorstufe zur Gottähnlichkeit betreten hatte.

Zwischenstopp in der Schweiz IV

Nicht minime Grüße aus Graubünden

Neulich habe ich Post aus der Schweiz erhalten. Das
kommt nicht oft vor. Ich war etwas aufgeregt. Schon als
ich den Brief aus dem Briefkasten gefischt habe. Erst-
klassiges Bütten-Papier, großformatiger Umschlag mit
Prägestempel. Wow! Ich identifizierte sofort heraldisch
korrekt den schwarzen Steinbock auf dem Wappen des
Absenders als das Wahrzeichen des Kantons Graubünden.
Mit flinken Fingern öffnete ich den großen, edlen eid-
genössischen Umschlag noch auf der Treppe nach oben
zu meiner Wohnungstür. Eine Einladung zu einer Lesung witternd, einer Podiumsdiskussion zu den Themen
meiner Bücher, schwirrte es mir durch den Kopf, sicher
ein ordentliches Honorar, nebst Übernachtung in einem
schönen Hotel. Das ist doch mal eine gute Nachricht.
    Die Sendung war von der Kantonspolizei Chur. Keine
Einladung zum Dichtertreffen, sondern der Anfang eines
mehrmonatigen Schriftverkehrs, nach dessen Abschluss
ich 1040,- Euro ärmer war. Ich wurde einer Geschwin-
digkeitsübertretung von 26 km/h bezichtigt – und zwar
beim Durchfahren des großen Sankt-Bernhard-Tunnels.
Und das kostete am Ende tatsächlich über tausend Euro.

Der Unheilstag war im letzten Oktober. Ich bin an diesem Tag mit meinem Sohn vom Engadin aus, wo wir drei herrliche Tage erleben durften, nach Südfrankreich unterwegs gewesen, wo wir den Rest der Herbstferien verbringen wollten. Ich hatte ganz offenbar das am Tunnel angebrachte Hinweisschild von achtzig Stundenkilometern Geschwindigkeitsbegrenzung übersehen und war davon ausgegangen, dass hundert erlaubt seien. Sie waren es aber nicht.

Die restlichen Übertretungskilometer ergaben sich wohl aus einem anderen, etwas kuriosen Sachverhalt: Damit es ihm bei der langen Autofahrt in den Süden nicht langweilig wird, hat sich mein Sohn bei Fahrten in der Bergwelt angewöhnt, immer dann, wenn es in ein Tunnel hineingeht, die Luft anzuhalten – und erst wenn wir auf der anderen Seite herausfahren, wieder frische Luft einzuatmen. Dieses Spiel hatte er auch an diesem Tag gemacht. Als wir in den Bernhardtunnel hineinfuhren, wollte er einen neuen Rekord aufstellen, weil ich ihm zuvor gesagt hatte: »Pass auf, Jakob, jetzt kommt der berühmte, fast acht Kilometer lange Bernhardtunnel!« Er nahm sich vor, mindestens drei Kilometer lang auszuhalten. Im Tunnel bin ich dann wohl unbewusst etwas schneller gefahren, um ihm möglichst viel Tunnelstrecke pro Luftanhalte-Zeit zu gönnen. Und da blitzte es auch schon.

Die Schweiz galt einmal als Hort der Freiheit, liebe Leser. Die Schweizer waren eine der ersten Nationen, die sich von der Knute der Diktatur befreiten. Angefangen hat die Freiheitsbewegung mit dem guten Tell, der sich bekanntlich weigerte, sich vor dem Hut des Landvogts

Gessler zu verbeugen. Ausgerechnet dieser Staat aber beugt heute das Recht. Verbeamtete Banditen pressen den Durchreisenden das letzte Ersparte ab. Gauner, Halunken, üble Hunde. Ich griff sogleich zum Telefonhörer. »Ja, verehrter Herr Hecht«, sagte der Staatsbeamte, »wir wollen, dass sich die Menschen in unserem Land an die Verkehrsregeln halten!« Das kannte ich irgendwoher. »Ja, aber doch nicht gleich über 1000 Euro Strafe!« »Nun, ja«, quäkte der Eidgenosse nicht ohne Schadenfreude in den Hörer, der Schaden sei schließlich nicht »minim«. Wie bitte? Nicht »minim«, soso. Außerdem müsse ich mit einer »Vernehmlassung« rechnen. Ja, von mir aus. Haben doch nicht mehr alle. Was würde passieren, wenn ich nicht zahle, frage ich ihn. »Dann werden Sie arrestiert, wenn Sie das nächste Mal in der Schweiz in eine Verkehrskontrolle kommen!«, flötet er triumphierend. Drei Jahre lang könne mir das passieren. Ob ich mich denn auch direkt ins Gefängnis nach Chur begeben könne (ohne über Los zu gehen), um der Geldstrafe zu entgehen, will ich wissen. »Das können Sie«, sagt der Mann am anderen Ende der Telefonleitung. Fünf Tage Haft entspräche dem nicht »minimen« Betrag. Aber das käme nur bei mittellosen Verkehrsteilnehmern in Frage. Schade, denke ich. Ich wäre eingerückt und hätte danach einen Report für Amnesty International verfasst. »Adieu!«, sagte der Bündner Beamte noch.

Ich wollte ein freier Bürger auf den freien Straßen Europas bleiben. Und habe am Ende gezahlt. Über 1000 Euro. Weil der Schaden offenbar doch maximer war, als ich das wahrhaben wollte.

Nach dem Sturme fahren wir
sicher durch die Wellen!
Altes Schifferlied

Alles Unheil kommt von einer einzigen Ursache,
dass die Menschen nicht in Ruhe in ihrer Kammer sitzen können.
Blaise Pascal

6. Die inneren Stürme im Paradies – Melancholie in der Südsee

Jetzt entspann' Dich halt mal!

Raus aus der Alltagswelt. Endlich am Strand der Traum-insel. Nach vier Stunden Flug sind wir gestern gelandet. Wundervoll. Dann die Überfahrt ins Hotel. Eine wirk-lich ganz entzückende, stimmungsvolle Anlage. Das Abendessen sehr ordentlich. Und ein bisschen Strandluft geschnuppert haben wir auch schon. Wir waren hunde-müde, eine bleierne Müdigkeit machte, dass ich zur Ab-wechslung mal ausnehmend gut schlief. Heute Morgen haben wir gut gefrühstückt, unsere Sachen gepackt und sind jetzt endlich am Papagayo Strand. Mit unserem rot-gelb-grün-blauen Sonnenschirm. Wir sitzen auf großen Badetüchern. Um uns in größeren Abständen freundliche Leute. Mein Sohn fängt an, im Sand zu buddeln, meine Frau liest, und auch ich bin jetzt endlich da, wo ich mich haben will. Endlich.

Aber irgendwas stört mich. Seit einer halben Stunde schon. Auf- und Abtigern am Strand. Zu heiß. Die Sonne brennt gnadenlos vom Himmel. Und blendet mich. Ich bin durstig. Mit Entspannen ist vorerst nichts. Jedenfalls für mich. Ich hocke in der Sonne und glotze vor mich hin. Das Wasser ist mir zu kalt, der Wind zu frisch, die Sonneneinstrahlung zu intensiv. Ich bin müde. Moby Dick. Mein Urlaubsbuch, auf das ich mich so gefreut hatte, interessiert mich jetzt überhaupt nicht mehr. Hierher wollte ich doch! Aber ich habe überhaupt nichts davon. »Jetzt entspann' Dich halt mal!«, sagt Gabriele.

Gaaaaanz ruhig. Geht's Ihnen auch so? Wenn einer zu mir sagt: »Ganz ruhig!«, dann werde ich erst richtig unruhig, weil es mich ärgert, dass da einer sagt, ich solle mich beruhigen, und weil ich denke, dass ich bereits ruhig bin. Noch schlimmer: »Du, mach Dir keinen Stress!«, »Mach Dir keinen Kopf!« Jemanden zu weniger Stress aufzufordern, setzt voraus, dass der Betroffene unter Stress steht. Oder dass man ihn für einen hält, der sich normalerweise Stress macht. Erst der Satz, man solle sich keinen Stress machen, nervt so, dass es stresst, wodurch er dann doch wieder angebracht ist. Zumindest bei mir.

Oder Lockerheit: Jemanden zu mehr Lockerheit aufzufordern, der bereits locker ist oder wenigstens annimmt, er sei es gerade, kann dazu führen, dass sich der Betroffene über diese Aufforderung so ärgert, dass er plötzlich höchst unlocker wird und mit Anspannung und Abwehr reagiert. Das ist so wie im Gottesdienst, wenn der Pfarrer einen dazu bringen will, jetzt doch ein wenig aus sich rauszugehen, wenn er einen ansingt: »Eingeladen zum

Fest des Glaubens!« Bei dem Lied schwöre ich mir im Inneren immer, die Einladung auszuschlagen. Auch wenn der Priester vorne noch so gospelhaft mitwippt. Locker geht am wenigsten, wenn es einer verordnet. Richtig locker wird man nur von selber. Nicht durch Überrumpeln, nicht durch Überredung. Sonst bleibt die alte Anspannung.

Ich werde aber nicht locker. Auch nicht von selber. Auch nicht am nächsten, noch sehr frühen Morgen. Ich erwache wie gerädert im ungewohnten Bett, der Gang zum Spiegel: Ich sehe aus wie ein Grottenmolch. Dazu eine Frisur wie Urban Priol, Gesichtsfurchen wie Klaus Kinski. Ein ganz und gar schrecklicher Zustand: Ich bin erschöpft von dieser Nacht und doch wie unter Strom, ich bin auf hohem Energieniveau, angespannt, dabei hundemüde und vollkommen schlapp. Ich bin mir sicher, anderen geht es manchmal ganz ähnlich. Kein Wunder. Jahrhundertelang sind wir darauf trainiert worden, Gas zugeben, Disziplin an den Tag zu legen, Leistung zu bringen, um unsere Ziele zu erreichen, um erfolgreich zu sein. Jetzt geht es auf einmal darum, wieder zu lernen, wie man runterschaltet. Entspannungstraining. Das Ziel ist, locker zu werden. Gaaaaanz locker. Schon im nächsten Urlaub. Aber wie geht das eigentlich?

Im Wellness-Stress: Die Urlaubsgesellschaft

Wir leben in einer Epoche, in der die Menschen verlernt haben, sich zwischendurch einmal wieder rundum wohlzufühlen. Wir wissen nicht mehr, wie man das Leben genießt. Aber wenn etwas fehlt, wird bekanntlich das Geschäft belebt, und so hat unsere marktwirtschaftlich organisierte Gesellschaft längst auf die gestiegene Nachfrage reagiert. Wer heute durch deutsche Mittelgebirge fährt, ob durch das Allgäu, den Thüringer Wald oder die Eifel, dem wird eines ganz sicher begegnen: Wellness. Wellness in »Tempeln« und »Oasen«, auf »Inseln« und in »Paradiesen«. Wellness schreitet in ganz Europa voran, wie einst die Feuersbrunst der Reformation, und hat längst die hintersten Winkel der Provinz erreicht, wo in den Tourismus-Prospekten mittlerweile selbst die Ferienwohnung »mit fließend Warmwasser« als »Wellness-Event« angepriesen wird.

Ein immer größer werdendes Angebot professioneller Entspannungshilfe steht uns mittlerweile zur Verfügung. Böse Zungen sprechen seit den 90er-Jahren gar von einem regelrechten Wellness-Wahn. Aber hinter all dem modischen Firlefanz, hinter dem großen neo-buddhistischen Wellness-Gong-Geschepper verbirgt sich tatsächlich eine große Not, eine echte Bedürftigkeit nach tiefer Entspannung. Mit dem mangelnden Know-how des eigenen Wohlfühlens ist es anscheinend so wie mit vielen anderen Bereichen der Lebensart früherer Tage: Essen, Trinken, Bauen, Einrichten oder Reisen. So wenig wie heute noch einer weiß, wie man ein gutes Brot backt oder eine Tischdecke stärkt, so wenig wissen wir, was uns selbst nachhaltig gut tut. Was früher zum großen Teil Volkswissen war, ist heute zum Expertenwissen geworden. Deswegen suchen wir mittlerweile nicht nur Spezialisten auf, wenn es um eine Zahnwurzelbehandlung geht, sondern schon dann, wenn wir einfach nur entspannen wollen. Tausend Experten zeigen uns, wie es geht. Überall sehen wir die Bilder von schönen Frauen mit Frottee-Turbanen, die lasziv in Schokolade baden – und wollen auch in die Wanne.

Weil uns die eigene Entspannung nach so vielen Enttäuschungen unerreichbar erscheint, sind wir bereit zu investieren. Wir wollen nur noch die Top-Oase, die kuscheligste Packung, die beste Weichspülung. Was uns guttut, erfordert offenbar hohen Aufwand. Und so produzier die Suche nach dem wahren Wohlgefühl einen neuen Stress: Wellness-Stress. Den scheint es allerdings schon seit Längerem zu geben. »Nirgendwo strapaziert sich der Mensch mehr als bei der Jagd nach Erholung«, schrieb der englische Reiseschriftsteller Laurence Sterne schon 1768 in seinem Werk »A sentimental Journey through France and Italy«.

Genervt, gereizt, erschöpft

Vinzenz Erath war ebenfalls Schriftsteller. Allerdings einer, den nicht allzu viele kennen dürften. So eine Art Heimatschriftsteller, der in dem Buch »Größer als des Menschen Herz« halb autobiografisch aus seiner Kindheit und Jugend im Schwarzwald vor etwa hundert Jahren geschrieben hat. Man könnte als Beispiel auch Oskar Maria Grafs »Das Leben meiner Mutter« nennen. Oder »Herbstmilch« von Anna Wimschneider. Erath beschreibt in seinem Roman in wunderschönen Bildern das entbehrungsreiche Leben auf dem Dorf, geprägt von Landwirtschaft, knochenharter Arbeit und ziemlich wenig Wellness. Sechs-Tage-Woche, Vater, Mutter, dreizehn Kinder auf dem Hof. Er erzählt von einer Generation, die bis zum Umfallen geschuftet hat. Und Urlaub? Gab es nicht.

Später gab es Kuren, Müttergenesungswerk, »Kraft durch Freude« – zur Erholung an die Ostsee. Urlaub, das war früher etwas für geschundene Arbeiter, die ihre Gesundheit wiederherstellen sollten, damit sie sie hernach am Hochhofen beim Stahlkochen für Flick, Thyssen und Krupp wieder aufs Spiel setzen konnten. Heute muss der Durchschnittsdeutsche in der Regel nicht mehr so rankloppen. Unsere Körper zeigen in der Regel auch keine Schwielen oder äußerlichen Verschleißerscheinungen mehr. Aber wir sind trotzdem ausgelaugt und abgeschlagen. Denn auch unsere Zeit zermürbt uns. Aber was ist der Unterschied zu früheren Zeiten? Wir arbeiten nicht mehr bis zum Umfallen, sondern bis uns die Nerven flattern. Und wir leiden eher unter mentaler als unter körperlicher Erschöpfung. Zu viel Multitasking, zu viel Vernetzung, zu viel Mobbing.

Wir alle. Und nicht nur die Berufshektiker mit zwei Smartphones und drei Blackberries, die in irgendwelchen Werbeclips neurotisch herumflippen und meistens drei Dinge gleichzeitig tun. Oft sieht man eine heillos überarbeitete, attraktive Managerin in Hornbrille, Pumps und Kostümchen, die vor sechs Weltzeituhren schwerwiegende Entscheidungen fällt, das Mobiltelefon zwischen Ohr und Schulter geklemmt, gleichzeitig an einer Tasse Kaf-

fee nippend und nebenher auch noch ihre E-Mails bear-
beitend – am Rande eines Nervenzusammenbruchs. Oder
Börsenmakler beim Business Meeting, die sich beeilen,
ein paar Orders durchzugeben, um die Nachmittagsmaschine nach London noch zu erreichen. Aber was
glauben Sie, wie viele Manager es bei uns gibt? Ich tip-
pe weniger als 0,01 Prozent aller Arbeitnehmer. Wann
haben Sie zuletzt die Nachmittagsmaschine genommen?
Ich ehrlich gesagt noch gar nie eine. Sie wohl auch nicht,
oder? Nein, ich meine also eher uns, Leute wie Sie und
mich. Leute, die im Büro oder sonst irgendwo vor sich
hinwursteln, vielleicht ein, zwei Kinder versorgen müssen
und sich nebenher noch ein bisschen selbst verwirklichen
wollen. Wir sind die Genervten, wir sind die Erschöpften
dieser Zeit. Wir alle sind ermüdet, runter mit den Nerven, reif für die Insel. Weshalb Urlaub für uns alle ein so
großes Thema ist – und nicht nur für ein paar Spitzenver-
diener oder Hochleistungsgenießer.

Durchdrehen im Hamsterrad:
Das Problem mit der Beschleunigung

»Beschleunigung« ist eines der Modeworte unserer Zeit.
Nicht, dass wir modernen Workaholics heute keine Zeit
mehr hätten, weil wir immer mehr arbeiten und auf immer mehr Hochzeiten gleichzeitig tanzen müssten, ist die
Erkenntnis. Nein, es geht vielmehr um die Beobachtung,
dass die Zeit in unserer subjektiven Wahrnehmung angeblich immer schneller vorüberginge. Sie überfordere

und erschöpfe uns am Ende, weil wir mit ihr nicht mehr Schritt halten könnten. Die Zeit habe sich »beschleunigt«, weshalb man heute wieder dringend »entschleunigen« müsse, um sich zu erholen. Das ist das Credo vieler Soziologen, Psychologen und Philosophen.

Aber ist es vielleicht nicht eher so, dass Menschen ihr eigenes Leben schon immer als beschleunigt erlebt haben, und zwar umso eher dann, wenn sie langsam, aber sicher ins fortgeschrittene Alter kommen? Mit einem Menschenleben – auch mit dem eines Beschleunigungs-Wissenschaftlers – ist es ja so wie bei einer Klorolle. Beide spulen sich zum Ende hin schneller ab. Anfangs entrollen sie sich noch, ohne dass man groß wahrnähme, wie sich die Gesamtmenge verringert. Im Laufe der Zeit aber nimmt die Abrollgeschwindigkeit merklich zu. So etwa ab dem 40. Lebensjahr entwickeln sich Lebenszeit wie Restpapier bei gleichbleibender Zugkraft bald wie toll geworden und fressen den verbleibenden Vorrat viel schneller auf als noch in den Abschnitten zuvor, rollen bei vollkommen gleicher Ablauf- beziehungsweise Abziehgeschwindigkeit nun wie ein steil abfallendes Gelände hinunter, bis zumindest bei der Rolle der blanke Karton zum Vorschein kommt und sie am Ende mit einem hohlen Geräusch um die Holzspindel rumpelt. Es ist das biografische Empfinden, was uns die Zeit schneller vergehend vorkommen lässt, nicht so sehr der digitale Turbo-Kapitalismus.

Aber selbst wenn unsere Science-Fiction-Soziologen recht hätten: das Problem, das aus unserem Umgang mit der Zeit resultiert, ist bei Weitem nicht die angeblich zunehmende Geschwindigkeit. Worunter die Menschheit des 21. Jahrhunderts leidet, ist eher die zunehmende Verstopfung unserer Lebenswelt mit allerlei vollkommen unwichtigem Schrott, mit sozialem und ökonomischem, schriftlichem und mündlichem, optischem und akustischem Müll, der selbst in unsere letzten Freiräume eindringt und von uns nicht mehr bewältigt wird. Es ist nicht die Geschwindigkeit das Problem, in der heute eine E-Mail um die Welt geht, sondern ihre Überflüssigkeit. Es ist nicht die Rasanz das Dilemma, sondern unsere Angst, etwas zu verpassen. Internet, Mobilfunk, das ganze tägliche Kommunikations-Brimborium, die Überall-Erreichbarkeit, letztlich die strukturelle Unentrinnbarkeit: All das verbraucht und vergeudet unsere wertvolle Zeit und beschädigt auch noch die letzten freien Zeitreservate, die uns geblieben sind. Kommunikationsmedien übermitteln nicht allein schneller Nachrichten und Informationen, sondern weil es sie gibt, wird auch immer mehr Nachrichten- und Informationsmüll verblasen. Ständig erreichbar, ständig von irgendetwas benachrichtigt, informiert und behelligt, kommen wir nicht mehr zur Leere. Es ist die chronische Vollgestopftheit, die dazu geführt hat, dass uns mächtig der Schädel brummt und wir die Nerven verlieren.

Das alles wäre ja nicht so schlimm, wenn wir wüssten, wie wir uns beizeiten von der Dröhnung befreien könnten. Nur, da hakt es gewaltig. Wir haben verlernt, Arbeit Arbeit sein zu lassen und Schnaps Schnaps. Die Zeit ist nicht beschleunigt, zumindest nicht in einer beängstigenden Art und Weise. Das Problem ist vielmehr, wir fühlen sie nicht mehr.

Gestörte Balance von Arbeit und Freizeit

Die ganze Misere hat ein wahrlich erschreckendes Ausmaß angenommen. Denn unsere Gesellschaft organisiert das Verhältnis von Arbeit und Freizeit mittlerweile in einer höchst ungesunden Art und Weise. Wir sind nämlich nie wirklich »out of office«.

Unsere alles durchdringende Effizienzorientierung hat uns inzwischen so weit gebracht, dass wir unsere mobilen Kommunikationsmedien in der Freizeit nicht nur für Telefonate mit Freunden, Bekannten oder Tante Sabine nutzen, sondern auch, um nebenher noch dies und das wegzuarbeiten. So ist Arbeit längst in die Freizeit eingedrungen. Außerdem ist Arbeit in unserer Gesellschaft längst mehr als nur das gängige Mittel, für seinen Lebensunterhalt zu sorgen, nicht mehr wie einst in erster Linie Plackerei und unangenehme Pflichterfüllung. Neue Qualitäten wie Selbstverwirklichung, Arbeit als Teil unserer Identität, unseres Selbstwertgefühls und Prestigeempfindens haben sich in einem Maß den Zwängen der schlichten Lebensreproduktion beigesellt, das uns nicht mehr bekommt. Arbeit und Freizeit durchdringen sich längst und fusionieren zu einer durchgängigen Nonstop-Lebensweise. Am Ende gibt es keine Arbeit mehr und keinen Urlaub, sondern fast nur noch: Arbeitsurlaube und Urlaubsarbeit.

Das hat verheerende Auswirkungen vor allem auf den Urlaub. Als eine Zeitspanne, die ausschließlich der »nutzlosen« Zeit vorbehalten war, ist er eine Erscheinung, die der Vergangenheit angehört. Früher noch, etwa in den

Reflexionen des alten Kant, ist die Ruhe der Ausgleich von der Arbeit, die Phasen selbst sind klar getrennt, der Rhythmus vorgegeben, der Takt genauso. Heute gibt es keinen traditionell vorgegebenen Takt und keinen äußeren Rhythmus mehr, alles ist zugleich möglich – und zu jedem Zeitpunkt. Also stehen wir vor einer anspruchsvollen Aufgabe. Es ist jetzt unsere persönliche Angelegenheit, jene »gekonnte Rhythmisierung von Aktivität und Geschehenlassen« selbst herzustellen, wie Manfred Koch in einem Essay »Über die Faulheit« geschrieben hat. Aber daran scheitern wir fast alle.

Das zeigt sich vor allem im Urlaub. Wir sagen, wir wollen »abschalten« – tun es aber nicht. Abschalten hieße, all das, was gestern noch so wichtig war, hinter sich zu lassen, es sein zu lassen: nicht mehr am letzten Job-Projekt, am letzten Beziehungsproblem weiterbauen, auch nicht im Geist weiterplanen, weitertexten. Aber viele, sehr viele schaffen es nicht mehr, sich nicht nur äußerlich, sondern auch innerlich einmal wirklich auszuklinken. Auch wenn sie schließlich an ihrem Traumstrand hocken.

Stress als Prestigefaktor

Es ist aber noch vertrackter. Viele jammern, wollen aber dem Hamsterrad in Wirklichkeit gar nicht entkommen! Diese Weigerung abzuschalten kann man vorzugsweise bei jenen beobachten, die, aus welchem Grund auch immer, über jede Menge Tagesfreizeit verfügen. Was tun sie? Sie steigern sich tatsächlich in eine Art virtuellen Stress hinein, so lange, bis auch sie in einer ganz ähnlichen Art erschöpft sind, wie die Bankmanager und anderen Symbolfiguren unserer Burnout-Gesellschaft. Man simuliert Betriebsamkeit, denn demonstrative Hektik ist heute ein Statussymbol geworden, teilzuhaben am allgemeinen Stress genauso. Also führen auch viele »Zwangsentschleunigte« – wie man Arbeitslose mittlerweile nennt – ein Leben, in dem möglichst oft das Handy klingelt, aus welchen Gründen auch immer. Burnout ist, wie Claus Leggewie einmal geschrieben hat, eine *angesehene* Volkskrankheit geworden. Deswegen sind bald beide gestresst: die Überarbeiteten und die Nicht-Arbeitenden unserer Gesellschaft. Die, die einen 14-Stunden Tag haben, genauso wie jene, bei denen den ganzen Tag über RTL 2 läuft, sie beide kennen am Ende einen ganz ähnlichen psychischen Erschöpfungszustand.

Wer genauer hinsieht, erkennt sehr schnell, dass es sich bei einem Großteil des Beschleunigungsgejammers, ja bei einem Großteil des ganzen Stressgestöhnes um pure Imagebotschaften handelt. Denn klar, nur wer wichtig ist, hat Stress. Gebe ich vor, Stress zu haben, will ich oft nur der Umgebung mitteilen, dass ich wichtig bin. »Im Druck zu sein« oder »wahnsinnig viel zu tun zu haben«, ist immer auch eine Form von Angeberei. Wer so redet, will immer auch signalisieren, dass sein Leben auf eine Resonanz stößt, dass er durch sein Tun viele Reaktionen unter seinen Mitmenschen auslöst, dass die Welt nicht nur passiv vor ihm liegt, sondern etwas von ihm fordert, weil er offenbar die Qualitäten hat, die sie braucht.

Ganz schlimm wird es, wenn auch noch gut bezahlte Zeitgenossen in beneidenswerten Positionen über ein Zuviel an Aufmerksamkeit klagen, das ihnen zuteil wird. Ein schönes Beispiel dafür war 2010 das Opfer-Buch »Ohne Netz. Mein halbes Jahr offline« des Journalisten Alex Rühle, der mit einem als heldenhaft inszenierten Selbstversuch sechs Monate auf Internet und E-Mails verzichtete und nur unter schwersten Entbehrungen überlebte. Die Qualen müssen groß gewesen sein, denn Rühle erhielt eigenen Angaben zufolge vor seiner Auszeit zwischen 200 und 300 E-Mails am Tag. Ich erinnere mich an einen Fernsehbericht über das Buch von der Frankfurter Buchmesse. Der Mann saß da in Designerklamotten wie nach einem Drogenentzug und berichtete von der harten Zeit offline. Ein normaler Berufstätiger erhält in Deutschland übrigens im Durchschnitt elf E-Mails am Tag, das kann man so recherchieren. Bei immer noch recht vielen plingt des Öfteren auch mal unten rechts »keine neuen Nachrichten« auf, wenn sie den E-Mail-Briefkasten checken. Die Wahrheit ist: Keiner braucht Dich. Auch Alex Rühle braucht keiner. Du bist völlig unwichtig. Dein Leben kennt keinen Höhepunkt, es ist nicht die »Flut der E-Mails«, vor der Du fliehen willst, sondern vor dem Schatten der eigenen Bedeutungslosigkeit.

Aber damit kommen wir zu einem ganz und gar neuralgischen Punkt: Es ist die große Not der eigenen Bedeutungslosigkeit, der wir pausenlos zu entkommen versuchen, und sei es dadurch, dass wir die eigene Wichtigkeit bloß simulieren. Und die Strategien, die wir dafür wählen, stressen uns erst richtig. Wir meinen, dranbleiben zu müssen am Projekt unserer Aura-Maximierung, Unersetzlichkeit, Unsterblichkeit. Dranbleiben – auch im Urlaub. Wir wollen wahrgenommen werden von einer Welt, die uns mit Gleichgültigkeit begegnet, selbst zum Preis eines manifesten Nervenleidens.

Grübelspirale und Sorgenkarussell

Aber jetzt nehmen wir mal an, wir sind tatsächlich nicht nur erschöpft und schwer gestresst, sondern auch willig, aus dem Hamsterrad auszusteigen. Dann merken wir schnell, dass es nicht damit getan ist, all unsere Kommunikationsmedien abzuschalten, den Stecker zu ziehen oder die Akkus rauszunehmen. Denn wenn es nicht die Arbeit oder der Zwang zur Selbstoptimierung ist, die uns in Atem halten, dann sind es andere Gedanken, die jetzt nach oben ploppen und uns unaufhörlich auf Trab halten.

Im Urlaub nachts wach zu liegen ist ein häufiges Motiv in Romanen und Filmen. Jetzt wälzt man. Hin und her. Den Körper in den Kissen, dann innerlich den ganzen unerledigten Arbeitschutt, und wenn der halbwegs weggeräumt ist, öffnen sich noch viele tiefere Schichten und bereiten dem Geist ein oft unerschöpfliches Betätigungsfeld. Bald naht der Moment, wo wir über das eigene Leben nachsinnen. Grübeln in der stets nach unten führenden Grübelspirale, Kreisen um unsere Lebensthemen, Stochern in den ewigen Nebeln unserer Existenz, Herumwühlen in den schwärzesten unserer Gedanken. Es ist dann so wie bei einem Computer in Ruhestellung, bei dem die Meldung erscheint: »Der Rechner führt im Hintergrund verschiedene Aufgaben aus. Das kann einige Zeit in Anspruch nehmen.« So ist das mit unserem Gehirn im Urlaub. Selbst wenn wir die oberflächlichen Beschäftigungen aufgeben, nudelt und rattert es weiter. Und das nicht zu knapp. Meist sogar in einer bestimmten Reihenfolge: Wenn wir tatsächlich erfolgreich das Durchchecken all jener Gedanken eingestellt haben sollten, die sich irgendwie um das Themengebiet »Arbeit und Finanzen« drehen, dann arbeiten sich mit zuverlässiger Regelmäßigkeit Sorgen um das Wohlergehen von Familienangehörigen oder die eigene Gesundheit nach oben. Jetzt meldet sich auch bald das auffällige Melanom an der Schulter wieder, und uns ist ganz bange vor der nächsten Krebs-Vorsorgeuntersuchung. Haben wir das durch, geht es einen Schritt tiefer zu gänzlich leidvollen Themen. Was lief früher falsch und was könnte demnächst wieder falsch laufen? Mit großem und gleichzeitig völlig sinnlosem Eifer steigen wir ein in die unveränderbare Vergangenheit unseres Lebens und in eine Zukunft, die uns ihre wahre Gestalt sowieso nie offenbaren wird, die wir aber nichtsdestotrotz schon heute mal in die richtigen Bahnen zwingen wollen.

Vergangenheit und Zukunft singen dann wieder ihr endloses Klagelied. Ich kann die Melodie übrigens schon leise mitsummen. Ich bin in der Lage, stundenlang Verletzungen aus frühen Tagen aufzuwärmen, sie wieder und wieder durchzuhecheln, gerne auch nachträgliche Rachepläne entwerfen für Menschen, die mir etwas angetan haben, auch wenn es vor gefühlten Hunderten von Lichtjahren war. Diese Gedanken kommen vorzugsweise im Urlaub gegen 3.27 Uhr morgens und halten an, bis sich die subtropische Sonne hinter den fernen Bergrücken zeigt. Wenn es einem wider Erwarten vorher doch noch gelingt einzuschlafen, dann ist noch lange nicht Ruhe im Karton. Jetzt werden Grundfragen existenzieller Art im Unterbewusstsein durchgeknetet. »Im Schlafe und Traume machen wir das ganze Pensum früheren Menschentums durch«, lautet ein bekanntes Nietzsche-Wort. Ja, jetzt ist die Zeit reif für allerhand Albträume, Verlustangst-Szenarien, Todesängste, die in Panikattacken münden, Schock-Aufwachen mit aufgerissenen Augen, Herzrasen und trockenem Mund – und der Griff an die eigene Kehle, die wider Erwarten (noch) nicht durchgeschnitten ist.

Wenigstens habe ich mittlerweile ein paar Selbstüberlistungsübungen entwickelt, die gegen die schlimmsten Heimsuchungen helfen. Stellen Sie sich vor, Sie haben ein missliebiges Dokument, um das ihre Gedanken und Gefühle immer wieder kreisen, eine Absage auf eine Bewerbung, ein gemeiner Abschiedsbrief oder Ähnliches. Stellen Sie sich vor, wie Sie das Schriftstück langsam und achtsam in tausend Fetzen zerreißen und die Schnipsel mit großem Schwung zum Fenster hinauswerfen, sodass sie wie Schneeflocken zu Boden schweben. Stellen Sie sich vor, wie ein Schwarm Tauben auf dem Platz vor dem Fenster landet, die Schnipsel allesamt aufpickt und mit ihnen in die Unendlichkeit des Himmels davonfliegt. Stellen Sie sich vor, wie die Schnipsel bald zusammen mit Milliarden von echten Schneeflocken zum Meer niedersinken und vom grenzenlosen Ozean geschluckt werden. Am Ende sehen Sie nur noch das große, heitere blaue Meer.

Oder stellen Sie sich einen Menschen vor, der Ihnen etwas Böses angetan hat, der Sie gekränkt hat, den Sie hassen. Stellen Sie sich dann vor, Sie stünden am Ufer eines Stromes. Sie führten ihren wehrlosen Widersacher auf ein Floß. Sie geben dem Floß einen leichten Schubs, sehen ihm nach, wie es vom Strom erfasst und weggetrieben wird. Der Bösewicht, der Ihnen so viel Übles zugefügt hat, möchte zurück zu Ihnen ans Ufer, um Sie weiter zu ärgern. Aber das Floß trägt ihn flussabwärts fort, er kann schreien und herumfuchteln, so viel er will. Winken Sie ihrem Feind dann mit einem weißen Taschentuch freundlich hinterher. Lassen Sie sein Floß ziehen ins große weite Meer, das dort am Horizont liegt. Am Schluss der Denkübung lassen Sie die betreffende Person an einem Eiland stranden. Lassen Sie sie dort ein karges Leben wie August Engelhardt führen, und gönnen Sie ihr am Tag nicht mehr als eine halbe Kokosnuss und einen Liter Süßwasser. Wenn sie mehr will, muss sie Sie fragen. Dieser Mensch wird Sie bald in Ruhe lassen.

Langeweile auf hohem Stressniveau:
Wenn freie Zeit zur Qual wird

Auf dem Weg zum »Perfect Day« steht der Erholungssuchende aber schon vor dem nächsten Problem. Was, wenn es uns wider Erwarten gelingen sollte, das viel zitierte Hamsterrad tatsächlich anzuhalten, ja mehr noch, auch die störenden aufgewirbelten Gedankenwolken ziehen zu lassen? Ein traumhafter Zustand? Nicht unbedingt. Denn dann kommt oft schon das nächste Urlaubsungeheuer aus dem Käfig: die Langeweile.

Wenn Prominente, gerne zu Weihnachten, in der Zeitschrift *Gala* oder *Bunte* gefragt werden, was ihr sehnlichster Wunsch für das nächste Jahr wäre, dann antworten sie fast immer: »Endlich mal Zeit nur für mich zu haben!« oder »Zeit für mich und für meine Familie.« Das ist meistens gelogen und Teil der erwähnten Vielbeschäftigtkeits-Angeberei. Es ist gerade für Promis im Sinkflug ihrer Popularität sehr imageförderlich, vorzuschützen, keine Zeit zu haben. Wer so tut, als ob sie oder er rund um die Uhr begehrt und von anderen, mehrheitlich Fans, beansprucht und belagert würde, etwa von Reportern, die einen um einen O-Ton bitten, so jemand macht sich oft nur auf eine gut kalkulierte Weise rar. (Ich bin da übrigens Experte. Wenn bei mir alle paar Wochen mal ein Veranstalter anruft, der mich zu einer Podiumsdiskussion, einer Lesung oder einer Fernseh- oder Radiosendung einladen will, rede ich immer ganz gehetzt am Telefon, erkläre, dass ich »unter Druck« sei und heute noch zwei Termine hätte, führe am Ende aus, dass das »eng« werden wird, obwohl ich höchst scharf auf die Anfrage bin. Die Wahrheit ist, dass in der besagten Woche, in der der Termin der Anfrage liegt, am Montag die TÜV-Hauptuntersuchung für meinem alten Kombi ansteht, am Dienstag bei uns gelber Sack ist und am Freitag der Klempner kommt, um den Spülkasten auf dem Klo zu reparieren. Aber ich vertraue aus guter Erfahrung auf den Effekt, sich mit vorgeschützter Zeitnot exklusiver zu machen.) Die andere Lüge ist, dass sich viele Prominente gar nicht mehr Zeit wünschen, obwohl sie es behaupten. Ich wette, dass 95 Prozent aller Prominenten gar nicht recht wissen, was sie denn mit sich den lieben langen Tag anfangen sollten, wenn er ihnen vollständig zur Verfügung stünde. Was macht denn so ein Pilawa, wenn er mal einen ganzen Tag frei hat? Nintendo DS? Oder Mettwurst unterm Apfelbaum essen? Auch Politiker. Was treibt so ein Westerwelle oder Pofalla, wenn er mal frei hat? Ablage? Kontoauszüge durchforsten? Eine Radtour? Nein. Denen ist stinklangweilig. Wie anderen auch. Wir alle haben Probleme damit, »endlich mal Zeit für uns zu haben«. Denn wenn wir sie dann haben, wenn es uns tatsächlich gelingt abzuschalten, dann droht das Nichts. Oder wie der Urlaubsphilosoph Martin Heidegger geistesgegenwärtig gefragt hat: »Ist es am Ende so mit uns, dass eine tiefe Langeweile in den Abgründen des Daseins wie ein schweigender Nebel hin und herzieht?« Ja, so ist es.

Es ist ganz und gar nicht selbstverständlich, dass es ein Vergnügen sein muss, unendlich viel Zeit zu haben. Freie, vor allem auch unstrukturierte Zeit kann psychisch ungemein belasten. Arbeitslose haben beispielsweise sehr viel Zeit, empfinden diese aber nicht als sonderlich beglückend. In einer berühmten Pionierarbeit der Sozialforschung haben Marie Jahoda und Paul Lazarsfeld schon in den 30er-Jahren über »Die Arbeitslosen von Marienthal« geschrieben und ermittelt, wie depressiv, antriebslos und unglücklich es machen kann, über Monate, ja Jahre hinweg ohne Arbeit, aber mit enorm viel Tagesfreizeit zu sein.

Das ist im Urlaub nicht anders. Gerade die heiß ersehnte Urlaubszeit verwandelt sich im Moment ihrer Realisierung nicht selten in eine nicht enden wollende Phase höchster Langeweile. Man kennt es doch: man weiß nichts mit sich anzufangen, geht auf der Terrasse auf und ab, blickt in die Ferne. Der große Enthusiasmus des Aufbruchs ist einer plötzlichen Antriebslosigkeit gewichen. Es geht auf einmal darum, die Urlaubszeit irgendwie rumzukriegen. Auf einmal wird die Zeit, von der man jetzt so viel hat, unangenehm. Man wartet sehnsüchtig auf den Moment, in dem diese Zeit wertvoll wird und einem endlich schenkt, was man sich ursprünglich ausgemalt hat: ein gutes Urlaubsgefühl. Dieses Warten in der Langeweile hat Tolstoi offenbar gekannt. Er formulierte den schönen Satz: »Langeweile ist das Begehren nach Begehren.« Wir wollen unbedingt, dass wir etwas unbedingt wollen. Wir werden jedoch verdrießlich an dem Umstand, dass sich dieses »Unbedingt haben oder tun wollen« nicht einstellt.

Langeweile ist furchtbar. Deswegen versuchen wir so panisch vor ihr zu fliehen, in Arbeit oder Fremdreize. Es gibt ja auch jede Menge moderne Verscheuchungswaffen gegen diese ungeliebte Freizeitbegleiterin. Ständig Knopf im Ohr, andauerndes fahriges Fingerwischen über das Touchscreen des Smartphones. Andere, die schon geahnt haben, dass es auch dieses Jahr wieder langweilig werden könnte, haben vorgesorgt. Sie haben einen Action-Trip oder einen Rund-um-die-Uhr-Bespaßungsurlaub im Club gebucht. Auch die Bildungsreise »Sieben Kathedralen in fünf Tagen« kann den Zweck erfüllen, einen vollgestopften Terminplan zu garantieren, bei dem wir nie länger als für eine Pinkelpause mit uns allein sind. Wir brauchen unsere Langeweile nicht mehr aushalten. Das scheint für viele ein Segen zu sein. Aber nur auf den ersten Blick. Denn die Ablenkungsstrategien, die Zeitvertreibungsmöglichkeiten nutzen bald ihren Effekt ab. Und plötzlich leistet uns dieser ungebetene Urlaubsgast noch viel aufdringlicher Gesellschaft, als uns lieb ist.

Sich der Langeweile auszusetzen, das wollen nur die Allerwenigsten. Obwohl sich genau das lohnen würde. Denn verdrießlich stimmende Langeweile ist zunächst die Vorstufe zu einer neutralen Leere und jene wiederum ein Stadium, auf das alsbald erfüllte Muße folgt. Hinter der Ödnis der Langeweile erwartet uns tatsächlich irgendwann der Zustand, den wir so lange gesucht haben. Langeweile auszuhalten heißt aber erst einmal, geduldig zu sein und bereit, sich mit sich und seinen Gefühlen zu konfrontieren. Das ist nicht einfach, zumal Langeweile das Gefühl ist, sich selbst nicht zu genügen. Sie geht stets Hand in Hand mit einem anderen ungeliebten Gast: der Einsamkeit. Aber durch dieses Abgeschiedensein von aller Zerstreuung und Kurzweil bietet sich dann doch eine seltene Aussicht. Langeweile ist eine Zeitspanne des Suchens – und über kurz oder lang stößt man auf etwas Unbekanntes, das einen wirklich inspiriert. Die Reizempfänglichkeit für unsere Außenwelt wird so weit sensibilisiert, dass wir sie plötzlich neugierig betrachten. Hermann Hesse schrieb einmal, wer stundenlang in Ruhe verharren könne, dessen Aufmerksamkeit beschäftige sich bald mit scheinbar geringen Gegenständen:

»Gesetze des Mückenflugs, Rhythmik der Sonnenstäubchen, Melodik der Lichtwellen.« Es geht im Umgang mit der Langeweile aber nicht nur darum, vielleicht noch den schwächsten Außenreizen etwas abzugewinnen oder auf den großen Kreativitätsschub zu warten. Es geht vor allem immer darum, sie in ein Zeiterleben zu überführen, das zwar arm an Reizen und Abwechslung ist, aber deswegen nicht als Mangel empfunden wird, sondern erfüllt ist von tiefer Ruhe und Zufriedenheit.

Das Kreuz mit der Stille

Unsere Welt ist unheimlich unruhig, geräuschvoll und voller Getöse. Eine nicht enden wollende Kakophonie durchschallt unsere Tage. Kein Wunder, dass sich laut einer Allensbacher Umfrage aus dem Jahr 2009 die meisten Deutschen auf die Frage, was sie am eigenen Charakter bemängelten und gerne ändern würden, wünschten, »viel ruhiger« zu sein. Hektik und Unruhe sind laut einer Umfrage des *Forsa*-Instituts die Hauptauslöser für Stress, fragt man deutsche Normalbürger. Was alle suchen, ist die Stille und den wohltuenden Balsam für die Seele, den sie spendet. Und deshalb fahren wir ja in den Urlaub.

In der Stille angekommen, treten wir hinaus auf die Terrasse unseres Feriendomizils, recken und strecken unsere Arme behaglich in den kanarischen Nachthimmel, winken dem Großen Bären und Kassiopeia zu, lächeln befreit in den Ozean. Endlich Stille! Was wir mit innerem Behagen vernehmen wollen, ist allenfalls einlullender Sirenengesang, herübergerweht vom warmen Scirocco, weiches äolisches Harfenspiel, dazu Lyrik in Vollendung. Und siehe da, es geht gar nicht lange und unser Wunsch wird Wirklichkeit: »Ich hab dieses Gefühl, ja, das wird heut'n Riesending, das ist die Party des Jahres, ja, das sagt mir mein Instinkt!« Wir hören es aus nächster Umgebung und befürchten sogleich, der Sänger von »Manni und den Frauenärzten« könnte recht behalten, zumindest was die Lautstärke angeht. »Hey, das geht ab, wir feiern die ganze Nacht!« Was tun, wenn man ausgerechnet das Appartement gebucht hat, das direkt neben der Unterkunft einer kleinkriminellen Jungmännergruppe liegt, deren Spezialität das Absingen von Atzenmusik ist? »Hebt die Hände in die Luft und macht die ganze Nacht Krach, damit jeder Partymuffel geht, weil er abkackt! Kackst Du ab, hast Du verkackt, denn die Party geht erst los, wenn die Bässe richtig pumpen, bis in jeden Hinterhof!« Drei Stunden täglich, ubm, ubm, ubm. Proletarier aller Länder, die sich vereinigt haben, um jeden Abend Party zu machen. Schon im normalen Leben macht Lärm Stress, Lärm ausgerechnet im Urlaub, ausgerechnet dann, wenn wir meinen, erfolgreich dem Gedröhn der Alltagswelt entflohen zu sein – das ist kaum auszuhalten. Wo man so viel investiert hat, um an einem paradiesischen Ort anzukommen, ja, wo alles dafür getan wird, der Lautstärke zu entkommen, da wird die Störung doppelt so schlimm erlebt.

Sieglinde Geisel hat ein schönes Buch über den Lärm geschrieben. Es trägt den Titel: »Nur im Weltall ist es wirklich still«. Sie hält es mit John Cage, der einmal gesagt haben soll: »Wenn ein Lärm Sie stört, hören Sie ihm zu.« Sich nicht mehr wehren, sondern einverstanden sein, eine Entscheidung treffen, das Außen nach innen zu lassen. Sich anfreunden mit dem Lärm, dort, wo man ihm nicht entkommt, das ist vielleicht die schwierigste Übung im Urlaub, denn dies vermag nur, wer in sich eine große innere Ruhe trägt.

Einer soll gesagt haben, wirkliche Ruhe gibt es nur im Grab. Und auch John Cage meinte einmal von der absoluten Stille, sie sei im Grunde unmöglich. Wo wir nichts mehr von außen vernehmen, hören wir das Pochen unseres Herzens, das Fluten unseres Blutes in den Gefäßen. Aber wäre das nicht wenigstens ein kleiner Fortschritt? Das denkt zumindest derjenige, der in der Einflugschneise des Frankfurter Flughafens wohnt und bei Ostwind vom Fluglärm Pickel kriegt.

Dem Lärm um sich herum entfliehen, das wollen alle. Aber kaum einer kommt in der Stille an. Was aber, wenn es uns gelingt? Sind wir wenigstens dann bereit für das ultimative Urlaubsglück?

Außen Stille, innen Geschrei

Das Problem mit der Stille ist im Kern dasselbe wie jenes mit der freien Zeit. Sie baut sich in der Alltagshektik als Wunschtraum vor uns auf, entzieht sich aber nur zu oft als Erholungsspender, just wenn wir meinen, sie endlich gefunden zu haben. Wenn um uns herum tatsächlich einmal Stille herrschen sollte, »die große Stille« gar – wie in der Grand Chartreuse, dem Mutterkloster der Kartäuser in den französischen Alpen, über das Philip Gröning 2005 einen so wunderschönen Dokumentarfilm gedreht hat –, selbst wenn es endlich lautlos wird da draußen, dann bedeutet das leider noch lange nicht, dass sich nun auch unser Geist beruhigt. Stattdessen werden wir gerade in der weitgehenden Reizlosigkeit oft genug von ganz unerwarteten Turbulenzen bestürmt. Manchmal sehr heftig sogar, als ob unser Geist gerade die Stille ausnutzen würde, um sich jetzt lautstark bemerkbar zu machen. Es ist tatsächlich die wohl am meisten verbreitete Urlaubskrankheit unserer Zeit: Wenn der äußere Stress aufhört, fängt oft der innere an. »Dass wir Stille nicht aushalten, merken wir erst, wenn sich diese Sehnsucht erfüllt. Verstummen die Geräusche von außen, nehmen wir den Lärm wahr, der in unserem Inneren tobt«, schreibt Sieglinde Geisel.

Viele Menschen werden gerade im Urlaub von Nervosität übermannt, sie sind gereizt, übellaunig, getrieben von unbekannten inneren Kräften, die sie nicht zur Ruhe kommen lassen. Sie schlafen schlecht. »I can't seem to face up to the facts, I'm tense and nervous and I can't relax, I can't sleep, 'cause my bed's on fire, don't touch me, I'm a real live wire«, wie es in dem Song »Psychokiller« von den Talking Heads heißt. Das flaumigste Kissen, das weichste Bett, eine vollkommen lautlose Nacht im Hochgebirge oder der weite schweigende Strand – sie werden bald zum Ort höchster innerer Unruhe. Ich kenne auch solche Ruhesuchende, die schon zehn Minuten nach der Ankunft am Paradiesstrand statt zu genießen den Impuls verspüren, sich erstmal einmal nützlich zu machen, ihm nachgeben und bald damit anfangen, irgendwelche herumliegenden Abfälle einzusammeln, ohne auch nur einmal tief durchzuatmen und einen Blick in die Tiefe des Ozeans geworfen zu haben. Aber es ist nicht nur ein Phänomen eines rastlosen Geistes, der sich nicht besänftigen lassen will, sondern auch des Körpers: Statt sich im Urlaub zu erholen, werden viele im Urlaub krank. *Leisure Sickness*, die Freizeitkrankheit, nennt man das. Der gestresste Leib fängt ausgerechnet dann an zu zappeln, wenn wir ihm Ruhe gönnen. Erschöpfungszustände bei gleichzeitiger innerer Unruhe und beschleunigter Herzfrequenz, erhöhtem Blutdruck und Kopfschmerzen.

Die Erklärung ist einfach: Da die Balance von Erholungs- und Arbeitsphasen ohnehin längst dahin ist, werden bei vielen unaufhörlich Stresshormone ausgeschüttet, obwohl unser Körper diese normalerweise nur dann aktiviert, wenn er sich auf Flucht oder Kampf einstellt. Gleichzeitig fallen im Urlaub jene treuen Gehilfen weg, die uns im Alltag unsere grundsätzliche Angst nicht spüren lassen: die Routinen. Die Alltagswelt mit all ihren Routinen hat ja nicht nur den Zweck, unser tägliches Leben so effizient wie möglich zu organisieren, Routinen sind immer auch ein System des permanenten Schmerz-Managements: ein Verhüllen, Überdecken, Schützen vor all dem Unangenehmen, Verunsichernden und uns Ängstigenden. Jetzt im Urlaub fallen diese Schutzmechanismen weg.

Zur Ruhe zu kommen ist ein innerer Prozess, der am Ende mit dem Nachlassen des Lärms in der Außenwelt nicht allzu viel zu tun hat. Das hat schon der große Aphorismenschreiber La Rochefoucauld erkannt und geschrieben: »Wenn man die Ruhe nicht in sich selbst findet, ist es umsonst, sie anderswo zu suchen.« Seine innere Ruhe zu finden ist aber die Voraussetzung, den Traum vom perfekten Urlaub wenigstens ansatzweise realisieren zu können. Denn erst wer in sich ruht, erlebt einen entspannenden Urlaub. Oder um es mit einem chinesischen Sprichwort zu sagen: »Nur in einem ruhigen Teich spiegelt sich das Licht der Sterne.«

Die Kunst, still zu sitzen

Was viele heute brauchen, um wirklich runterzukommen, ist nicht nur äußere Stille, sondern eine Anleitung für die innere Beruhigung. Bewusstes Alleinsein, das lehrt die Erfahrung, folgt Phasen, die man verkürzt auch bei einer Meditationsstunde durchmachen kann. Am Anfang gähnt einen die ewige Leere an, das Nichts ist kaum auszuhalten. Dann fallen einem die Gedanken im harten Takt der Assoziationen an, bedrängen einen seelisch, stürzen einen manchmal in ein unglaubliches Gefühlschaos. Unverarbeitete Gefühle kommen die Treppen aus dem Keller hochgekrochen. Gedanken, die man nicht los wird, die immer wieder ins Bewusstsein drängen. Aber dann erst, wenn man sie zulässt, wenn sie sich eine Weile einnisten dürfen, wenn sie, obwohl höchst anstrengende Besucher, wohlgelitten sind, erst dann gehen sie allmählich von selber wieder, ziehen ab, ohne einen zu martern. Dann erst tritt man in das Stadium ein, das erholt.

Robert Walser schreibt in einem Textfragment von der Erfahrung, als er sich über eine lange Spanne hinweg allein in ein Zimmer zurückgezogen hatte. »Von Zeit zu Zeit sprang die Türe auf und ein übermütiger Tänzer tanzte unter wunderlichen, drolligen Bewegungen zu mir herein. Auch besuchten mich bisweilen Reue, Wehmut und Trauer. Schön wie Königssöhne waren die Abende, und den Sternen anvertraute ich, was ich fühlte und dachte.« »Die Stille und die Sonderbarkeiten taten es mir an«, schreibt er, »und ich fühlte mich unwiderstehlich von der Macht des Düsteren und Einsilbigen angezogen. Das Nichts riss mich mit seinem wunderbaren Gehalt hin. Die Beschäftigungslosigkeit beschäftigte mich in höchstem Grad, und ich trank in vollen Zügen den melancholischen Reiz der Leere.«

Die Stille, nach der wir uns sehnen, ist vor allem Leere. Anstatt sie zu fürchten, sollte man sie schätzen lernen. Wer vor seiner inneren Leere nicht länger flieht, sondern wer ihr zur Abwechslung einmal entgegenläuft, wer sie in sich sucht und nicht nur aushält, sondern wer sich mit ihr anfreundet, wird sie irgendwann bereichernd erleben – und seine Furcht vor ihr verlieren. Menschen, die meditieren, wissen, dass man auch lernen kann, beunruhigende Gedanken einfach abfließen zu lassen, bis man sich wahrhaft aufgehoben fühlt in einem hellen, warmen Raum, in dem man bald nur noch jenes »stille, sanfte Sausen« fühlt, von dem schon das Alte Testament weiß, dass es sich nach den großen Erdbeben und Unwettern am Ende doch so wohltuend über alles legt.

Überleben im Kleopatra-Bad

Lange bevor ich zum ersten Mal meditiert habe, habe ich noch auf anderen Wegen Ruhe und Entspannung gesucht. Ich habe das getan, was viele tun, nämlich mich in die Hände einer Wellness-Expertin begeben. Mit leichtem innerem Beben erinnere ich mich noch heute an meinen ersten Besuch eines Wellness-Raumes in einem kleinen Allgäuer Hotel, in dem ich mit Frau und Sohn ein paar Tage Winterurlaub machte. Zur Begrüßung gab es für alle einen Kennenlern-Gutschein. Wahlweise 30 Minuten Rückenmassage oder ein »Kleopatra-Bad«. Ich informierte mich, was das sei, und buchte gleich noch vor dem ersten Abendessen einmal Kleopatra. Im Spa-Bereich wurde ich von der Wellness-Expertin Ulla begrüßt und nach einer kurzen Einweisung in einen kleinen Raum geführt, in dem eine große Badewanne stand. Das Wasser wurde eingelassen, allerlei Badeessenzen hineingegeben, und dann durfte ich mich hineinsetzen. Am Ende wurde über die gesamte Wasseroberfläche eine dicke Plastikplane gezogen, die aus einem beigefarbenen Material bestand, das man von Röntgenuntersuchungen kennt, wenn man damit sein Geschlecht bedecken muss, um keine gesundheitlichen Risiken hinsichtlich der weiteren Fortpflanzungsfähigkeit in Kauf zu nehmen. Nur noch mein Kopf ragte also aus der Wanne heraus, die Dame startete an der Außenwand der Wanne wie bei einer Waschmaschine ein Programm, Whirlpool-Düsen begannen mich zu besprudeln – und als dann noch Panflöten über mich einströmten, stand einem gelungen Wellness-Event nichts mehr im Wege. Die junge Frau lächelte noch schelmisch, als wolle sie mich tatsächlich aus dem Serail entführen, knipste das Licht aus, sodass nur noch das geheimnisvolle Schimmern eines angeleuchteten Amethysten den Raum schwach illuminierte. Ich war beeindruckt.

Es gurgelte und blubberte, und mir war ganz wohlig warm. Ach, wie schön ist die Welt! Nach fünfzehn Minuten wurde es mir allerdings allmählich zu heiß. Nach zwanzig ganz entschieden. Aber Fräulein Ulla kam nicht. Ich harrte aus. Nach 25 Minuten bekam ich leichte Panikattacken. Nach dreißig Minuten schwerere, aber Ulla kam immer noch nicht, und auch nicht nach 35 Minuten. Ich versuchte, die Röntgendecke eigenhändig abzuheben, aber es war unmöglich, sie war mittels eines Reißverschlusses fest mit dem Beckenrand verbunden, und den Schiebegriff selbst konnte ich im Amethystenlicht für mich unerreichbar ganz unten am Fußende erkennen. Weitere Zeit verstrich, mein Herz begann zu rasen. »Gaaaaanz ruhig!«, sprach ich zu mir. Und dann begann ich um Hilfe zu rufen. Immer lauter und hektischer.

Ulla erschien erst nach weiteren fünf Minuten. Sie war »eine rauchen« – und hatte mich vergessen. »Sorry!«, kicherte sie noch verlegen. Ich entstieg dem Bad mit knallrotem Kopf und aufgequollenem Leib. Innerlich leicht bis mittelschwer traumatisiert. Ein bisschen Wellness und Wohlgefühl wollte später nur recht verhalten und dann erst nach dem zweiten Hefeweizen aufkommen. Heute muss man sich, das war meine Erkenntnis, um alles selber kümmern, sogar um die eigene Wellness. Also habe ich irgendwann damit angefangen.

Zwischenstopp in der Schweiz V

Das Waldhaus in Sils-Maria:
Eine Liebeserklärung

Die Zukunft versöhnt uns mit der Gegenwart. Nirgends so sehr wie beim Reisen und Urlauben trifft dieser Satz zu. Noch so viele unerquickliche Erlebnisse und Frustrationen können uns nicht davon abhalten, immer wieder aufzubrechen, um unseren Traumurlaub wahrzumachen. Sogar in die Schweiz.

Ich liebe große, alte Hotels. Flagschiffe, Platzhirsche, Schlösser. Das Danieli in Venedig, das Old Cataract im ägyptischen Assuan oder eben unschlagbar: das Waldhaus, ein Belle-Epoque-Hotel, das hoch über dem Silser See im Oberengadin thront. Das Waldhaus ist nicht irgendein x-beliebiges Grand Hotel für Leute, die nicht wissen, wohin mit ihrem Geld. Nein, das Waldhaus ist ein Rückzugsort, der mich wie kein anderer erquickt und erfreut. Dabei ist es eine durch und durch schweizerische Festung. Die liebenswürdigste Festung, die ich kenne, eine Trutzburg der Unversehrtheit, ein Ort, der einen gegen die Welt in Schutz nimmt – und gegen das Leben, wo es einem zu arg zusetzt. So gesehen ist es wie das Oberengadin selbst. Ein Ort des feinen Asyls.

Für mich fängt das jährliche Waldhaus-Erlebnis immer erst an, wenn der Julierpass erreicht ist, wenn die harten Prüfungen der Reise abgelegt sind, wenn die uniformierten Wegelagerer abgeschüttelt und überwunden sind, wenn ich diesen Pass erreicht habe, der mir das Paradies öffnet. 2.365 Meter über dem Meeresspiegel. Dort angekommen springen mein Sohn und ich immer aus dem Auto und atmen erstmal die kalte nasse Nebelluft ein. Denn bei klarem Wetter sind wir seltsamerweise noch nie über diesen Pass gefahren. Der Nebel und der Pass – beides sind wie letzte Über- oder Durchgänge, so wie bei Neil Young, nur anders herum: Out of Black and into the Blue. Into the bright Blue der Engadiner Gletscherseen. In die klare kalte Luft, die schon dem großen Friedrich Nietzsche den Kopf frei gemacht hat. Wer am Zerberus vorbei ist – und schließlich am letzten Kantonalbeamten, der betritt an der höchsten Stelle des Julierpasses das Land des ewigen Lebens.

Wenige Minuten später wird einem alles abgenommen. Der Koffer, der Autoschlüssel, die Last der Tage, die hinter einem liegen. Man wird sanft ins Innere des Gebäudes geschubst und ist Gast in vortrefflicher Weise. Karl, der Concierge ist da, ich freue mich ihn zu sehen, der einzige Mensch auf der Welt, für den ich – neben meinem Sohn versteht sich – den Begriff reserviert halte: ein feiner Kerl. Einchecken, Zimmer beziehen, und dann ist es schon Zeit fürs Abendmenu.

Das Waldhaus ist ein ganz und gar seltener Ort stiller Feierlichkeit. Tatsächlich flüstern viele der Leute im großen Salon wie in einer Gemäldegalerie, die Damen gehen auf den Läufern statt auf dem Parkett, um mit ihren Absätzen keine klackernden Geräusche zu machen. Ein Haus mit großer Sitte. Nicht »high brow«, überspreizt und abgehoben, sondern voller Rücksichtnahme. Alles ist geprägt vom gegenseitigen Bemühen, die kostbare Atmosphäre, die hier herrscht, nicht zu verletzen, ja sie noch zu steigern, auf jeden Fall sie zu bewahren und an den nächsten Ankömmling weiterzugeben, wenn man wieder nach Hause fahren muss. Das Waldhaus ist selbst so etwas wie eine ältere Dame, die ein bisschen in die Jahre gekommen ist und die es manchmal im Kreuz zwickt. Ehrwürdig, ein bisschen altmodisch oder neudeutsch: retro, vielleicht auch etwas unfreiwillig, egal, dabei zurückhaltend, stilvoll und immer charmant. Ich brauche manchmal die Gesellschaft von genau solchen älteren Damen, um mich richtig wohlfühlen zu können. Ich kenne keine, die mich besser beherbergt und bewirtet als jene am Silser See.

Das Waldhaus ist der ruhigste, der beruhigteste und endlich der mich beruhigendste Urlaubsort der Welt, und der liegt mitten in der Schweiz. Die Schweiz, ich liebe sie. Ich werde immer wieder hinfahren, auch wenn die Festungen der Ruhe und Gelassenheit, die ich dort finde, schwer einzunehmen sind, weil sie umstellt sind von Zöllnern, Gendarmen und anderen Banditen. Wie anderswo eben auch. Aber wie schon einmal gesagt, vielleicht muss das ja auch so sein. Man muss erst durch Entbehrung und Not, um in das wahre Wohlgefühl hineinzugleiten. Sonst würde es ja auch keinen Spaß machen.

Immer wenn ich merke, dass ich grämliche Falten
um den Mund bekomme, immer wenn müder,
nieselnder November meine Seele erfüllt ...
dann halte ich es für allerhöchste Zeit,
zur See zu gehen, und zwar sofort.
Herman Melville

7. WIE NEUGEBOREN – WAS UNS IM URLAUB WIRKLICH ERFRISCHT

Relaxen ohne Radar

Ich stehe in erhöhter Position auf einer Düne am Atlantik an der Costa de la Luz unweit von Tarifa. Ich lasse meinen Blick in die Ferne schweifen, blicke von ganz links nach ganz recht. Was für ein köstlicher Tag, der mich umschmeichelt! Keiner ist hier am schönsten Strand von Andalusien. Alles nur für mich, nur für uns. Der Wind weht leise, ich nehme am Horizont, dort hinten, wo das Meer den Himmel berührt, die Erdkrümmung wahr. Eine Möwe ruft mir ihren Morgengruß zu. Ich versuche, die Schönheit dieses Ortes aufzunehmen, öffne meine Sinne, spüre mit meinen Fußsohlen den Sand, auf dem ich stehe, den lauen, linden Wind, atme tief ein, rieche das Meer. Ein unschlagbares Panorama. Bei der dritten 180-Grad-Kopfdrehung bleibt mein Blick allerdings hängen: an einem neongelben Etwas, das sich da unten in der Brandung bewegt. Ich versuche es zu ignorieren. Es gelingt mir nicht, ich muss wieder hinsehen. Ich zwinge mich, weit hinaus ins Meer zu blicken, auf die sich ewig kräuselnde Oberfläche, höre das stille ewige Rauschen. Doch da, wieder werde ich wie magisch angezogen von diesem gelben Ding.

Ich laufe bald die hundert Meter hinab, vom trockenen Sand zum feuchten, dahin, wo die Wellen ausfluten. Es ist keine Boje. Es ist ein hässlicher Kunststoffkanister von der Größe eines Kühlschrankes, der da in der Brandung kugelt. Ich gebe ihm einen Tritt, damit er sich wendet. Zum Vorschein kommt tatsächlich einer jener Totenkopf-Aufkleber, wie ich sie aus den ???-Büchern meines Sohnes kenne. Das ist sicher ein Giftbehälter, den so ein Schwein draußen auf hoher See von seinem liberianischen Tanker geworfen hat. Das ist ja ekelhaft! Ich weiß, dass der Inhalt dieses Kanisters längst ausgelaufen ist, aber auch, dass sein Gift so homöopathisch gering mit dem Meerwasser vermischt ist, dass keinerlei Gefahr mehr von dem Ding ausgeht, aber es stört mich. Den ganzen Tag, immer wieder, beschäftigt es mich. Es ist wie etwas immerzu Störendes, das umso mehr in mein Befinden rückt, je mehr ich versuche, mich zu entspannen. Ich komme nicht wirklich weg davon.

Seit ich das Buch von François Lelord und Christophe André »Der ganz normale Wahnsinn. Vom Umgang mit schwierigen Menschen« gelesen habe, weiß ich nicht nur, dass ich selber ein schwieriger Mensch bin, sondern auch, welcher Art meine Schwierigkeit ist. Ich vermute, ich zähle zu den ängstlichen Persönlichkeiten. Diese Persönlichkeiten, so führen die Autoren aus, machten sich zu häufig und zu intensiv »Sorgen angesichts der Gefahren, die das tägliche Leben für einen selbst und für die Angehörigen bringen kann«. Sie sind oft übermäßig physisch angespannt und lenken ihr Augenmerk ständig auf Risiken. Sie spähen alles aus, »was schiefgehen könnte, um selbst Situationen mit geringfügigem Risiko beherrschen zu können«. Solche Leute verfügten über einen eingebauten Radar. Wenn sie an einem unbekannten Ort sind, schalten sie ihn automatisch ein, scannen alles ab, machen alles aus, was Zwischenfälle oder Katastrophen auslösen könnte. Früher zumindest war das so. Heute schreibe ich Bücher, wie man richtig Urlaub macht.

Heute weiß ich auch, dass es nicht der Giftkanister ist, der mich an diesem Tag am Atlantik gestört hat. Warum mich dieses Ding nicht losgelassen hat, oder vielmehr ich mich daran so festgehalten habe, hatte mit etwas anderem zu tun als mit einer realen Bedrohung. Der Giftkanister war ein Stellvertreter für alle meine inneren Bedrängungen, die in mein Leben ragten. Jeder, dem es im Urlaub nicht gelingt, diese zu Hause – oder wenigstens im Ferienhaus – zu lassen, der wird zwangsweise auf irgendwelche kontaminierten Gegenstände stoßen. Und wenn nicht auf diese, ich wette, dass er oder sie immer irgendetwas am Strand, im Hochgebirge oder in der Lüneburger Heide findet, was ihn schaudern lässt oder ihm sonst irgendwie die Laune an diesem wundervollen Ort verdirbt. Ratten zum Beispiel, Scherben – wenn nicht gleich ein abgeschnittenes Ohr, wie in »Blue Velvet«, dem Film von David Lynch.

Entspannen – das ist am Anfang erstmal nichts anderes, als alles um sich herum auszublenden. Alles. Auch all das in sich drinnen, was da genauso wie ein Giftkanister von unseren inneren Wellen an den Strand unserer Seele gespült wird. Gelegentlich die Augen zu verschließen vor dem Hässlichen und Schlechten dieser Welt, gerade in den wertvollen freien Stunden seine Aufmerksamkeit dem Schönen zu widmen, das ist eine Lebenskunst.

Weggucken, Wegducken

Kennen Sie den *Alpecin*-Mann aus der Werbung? Der Mann, der in einem Labor im weißen Chemikermantel stehend erklärt, wie das Produkt gegen Haarausfall wirkt? Er berührt mit einem Touchpen die Oberfläche eines Bildschirms, der eine Sinuskurve anzeigt, und verlängert diese, wie wenn er eine Spaghettinudel auseinanderziehen würde. Die Bögen der Nudellinie werden flacher, und das alles soll anzeigen, dass sich auch der männliche Kopfhaarverlust durch die Anwendung dieses Mittels ziemlich weit nach hinten rausschieben lässt. Der Mann spricht schwäbisch und blickt alsbald mit einem durchdringenden Killerblick in die Kamera. Immer wenn dieser Mann seinen Kopf in die Kamera drehte, musste ich früher beim gemeinsamen Fernsehen meinem Sohn die Augen zuhalten, damit er so etwas Böses nicht sehen musste und womöglich schlecht träumte. Als Erwachsener hat man später in der Regel niemandem mehr, der einem im richtigen Moment die Augen zuhält. Das muss man selber tun, um halbwegs unbeschadet durchs Leben zu kommen. Ich habe schon dazugelernt. Etwa, wenn ich allmorgendlich *Spiegel online* im Internet anklicke, um mich auf den neuesten Nachrichtenstand zu bringen. Wenn bei den Kolumnisten Jakob Augstein oder Sybille Berg Dienst hat, schau ich mir hin und wieder an, was sie geschrieben haben. Sehe ich aber das Gesicht dieses rechtsextremen Finsterlings Jan Fleischhauer, den ich ehrlich gesagt für gefährlich und schädlich für die deutsche Volksseele halte, scrolle ich einfach weiter, als ob nichts geschehen wäre. Es gelingt mir so, diese Art Giftkanister zu ignorieren – und die gute Stimmung beizubehalten, mit der ich in den Tag gestartet bin.

Vollends zur Tugend wird die »Kunst wegzugucken« im Restaurant am Urlaubsort. Wer sie dort nicht beherrscht, ist eigentlich verloren. Ich will Ihnen ein Beispiel geben. Sie kennen das ja sicher. Man sitzt gut sortiert mit leichtem Hunger in Cadiz, La Rochelle oder Biarritz und wartet auf sein bestelltes Essen. Dürfte so langsam aber auch mal kommen. Das Auge durchmisst den Restaurantraum bis zu den Schwingtüren. Ist mein Teller diesmal dabei? Schwingtüren werden im Restaurant in aller Regel für die Abtrennung von Küche und Gastraum gewählt. Das hat einen guten Grund. Man kann sie mit dem Fuß aufstoßen, wenn man beim Servieren keine Hand frei hat, und die Türen schließen sich von selber wieder. Für den Gast hat die Schwingtür aber noch eine andere Bedeutung. Strukturalistisch gesehen könnte man sagen, sie ist so etwas wie die Grenze zwischen Himmel und Hölle, Gut und Böse, Krieg und Frieden. Der Himmel, das Gute – ein kleines

Stück davon wird auf dem Teller herausgetragen, das uns dann wie eine Festtagsgabe feierlich kredenzt wird. Natürlich ist es oft auch gerade umgekehrt, die Küche ist die Hölle und der Tisch, an dem man sitzt, der einzig halbwegs saubere Ort im ganzen Saustall – aber wenigstens in der Theorie ist es so. Die Schwingtür gibt den Blick in die Küche frei und doch nicht, eben immer wieder mal. Damit wahrt sie ein Geheimnis. Und dieses Geheimnis gehört zu jedem Restaurantbesuch, denn es geht hier ja nicht allein ums Essen, sondern um einen Genuss, und zum Genuss wiederum gehört ganz wesentlich die Überraschung. Deswegen rate ich, lieber nicht zu viel Mühe darauf zu verwenden, einen Blick hinein zu erhaschen.

Aber statt wirklich auszublenden, habe ich einmal in einem Pariser Feinschmeckerlokal einen folgenschweren Fehler begangen. Die Schwingtür gab für ein paar Zehntelsekunden den Blick auf einen Bediensteten frei, der mit einem Geschirrhandtuch zwei nasse Bresse-Hühner trocken tupfte, an sich keine beklagenswerte Tatsache. Was aber macht man, wenn man beim übernächsten Türschwinger mitansehen muss, wie ein zweiter Mann mit exakt demselben auffällig gemusterten Hühnerfett-Handtuch das Rotweinglas poliert, das kurze Zeit später feierlich vor einem platziert wird? Die Lösung: künftig einfach nicht mehr hinschauen. Die beneidenswerte Fähigkeit, eine wirklich gute Zeit zu erleben, hat vor allem der, der es versteht, nicht oder nicht genau hinzusehen. Die Kunst des Ausblendens ist elementar für jeden, der sich dem schönen Leben verschrieben hat oder auch nur einen gelungenen Urlaub verbringen möchte.

Open Cooking

In der zeitgenössischen Gastronomie dagegen deuten alle vernehmbaren Zeichen eher in die entgegengesetzte Richtung. Dort geht es seit geraumer Zeit eher zu wie in der Birthler-Behörde: Transparenz ist angesagt. Man kocht nicht mehr hinter Mauern, sondern hinter Glas. Nicht damit die Gäste die Küchenschaben besser sehen können – sondern um zu demonstrieren, dass es hier hygienisch einwandfrei, ja ganz und gar ehrlich und gekonnt zugeht. Wir haben nichts zu verbergen. Das scheint nicht immer so gewesen zu sein. Anders versteht man nicht recht, warum man die Flucht nach vorne angetreten hat. Gilt es einen alten, womöglich berechtigten Verdacht auszuräumen, bevor er sich wieder regen könnte – und: Schmeckt es tatsächlich besser, wenn ich zuschauen darf?

Glasnost im Küchenbereich: Seither sehen wir vom Gastraum aus durch große Glasflächen, wie Küchenhelfer über dampfenden Gartöpfen schwitzen, ja, wir sind fast mitten drin: In der Eventküche bei *Hyatt* trennt gar nichts mehr – außer ein paar Metern Luftlinie, sonst hat es selbst der Thai-Imbiss begriffen: Perestroika als Konzept. Ich weiß aber nicht, ob die Rechnung aufgeht. Eigentlich will ich es gar nicht so genau wissen, jedenfalls bei einer Großzahl der gastronomischen Betriebe, die ich schon aufgesucht habe.

Ein Nachmittag in einem Wiener Kaffeehaus – der perfekte Stundenurlaub anlässlich eines Wien-Kurztrips. Eines meiner Lieblings-Kaffeehäuser liegt ganz in der

Nähe der Hofburg. Hier drinnen saßen dereinst schon Hugo von Hofmannsthal, Thomas Bernhard und andere kongeniale Geistesgrößen, folgerichtig finde auch ich mich ein, zur Rast auf einer meiner Touren durch eine faszinierende Stadt. Meistens nehme ich dasselbe: einen Topfenstrudel und einen großen Milchkaffee.

Auch an diesem Tag bestelle ich diese Kombination bei einem richtigen Wiener Kellner, einem vielleicht 55-jährigen, etwas schnoddrigen Herrn mit grauem, zurückgekämmtem speckigem Haar in schwarzer Hose und weißem Servierjackett mit Fliege. So einer, wie man ihn in Wien erwartet und nicht enttäuscht wird. Ich versenke mich in meine Zeitung. Schon bald beobachte ich voller Vorfreude, wie mein Strudel vom Thekenpersonal bereitgestellt wird und zusammen mit dem Kaffee dampfend auf dem Tresen wartet. Nur noch Sekunden, bis er serviert werden soll. Aber mein Kellner ist noch nicht zu sehen.

Zufällig fällt mein Blick nun auf eine wohl genauso rein zufällig offene Tür im hinteren Teil des Cafés, und für ein paar Augenblicke gibt sie den Blick auf das sich dort unmittelbar anschließende Herren-WC frei. Direkt am Standurinal in vorderster Position mache ich aus der Entfernung meinen Kellner aus, wie er da leise pfeifend steht, gerade sein Geschäft verrichtet hat und jetzt sorgfältig mit den Fingern der rechten Hand die letzten Tropfen abschüttelt, etwas in die Knie geht, verstaut, das Hosentürl verschließt und geschäftig zurück in den Gastraum eilt. Ohne weitere Handreinigung ergreift er mein Gedeck, befördert Strudelteller und Kaffeeschale durch das Lokal und platziert beides vor mir auf dem Tisch. Und noch während er den Strudel über meinem Kopf von oben herab serviert, nehme ich mit leisem inneren Erschaudern den Daumen seiner rechten Hand wahr, wie er nageltief in der Vanillesauce meines Strudels getaucht ist. Er stellt ab, nickt höflich, wischt sich den Daumen an seiner mitgeführten Kellnerserviette ab und entfernt sich. »Wünsche wohl zu speisen!«

Zukunft braucht Herkunft, meint Philosoph Odo Marquard. Da hat er wohl recht. Aber Herkunft ist kein Wert an sich. Sie zu kennen kann bisweilen auch verstören. Besser man verzichtet ab und an auf den genauen Herkunftsnachweis der Dinge dieser Welt, um sich so den Genuss an ihnen erhalten zu können. In seinen freien Tagen fährt man besser, wenn man die eigene investigative Art ab-, sich Scheuklappen zulegt und versucht, die Welt durch einen selbst gebastelten Wellness-Tunnel wahrzunehmen. Das haben übrigens vor uns schon ganz andere getan. Alle großen Landschaftsmaler zum Beispiel.

Ich bin ein großer Verehrer vor allem der niederländischen Landschaftsmalerei, von der ein paar schöne Bildnisse im Kunsthistorischen Museum unweit meines Kaffeehauses hängen. Ich liebe die weiten, unverwechselbaren Himmel von Jan van Goyen oder Jacob von Ruisdael, die Wälder von Meindert Hobbema oder die Panoramalandschaften von Philips Koninck. All diese Bilder sind für mich wie Fenster in fantastische Welten. Herauspräparierte Stimmungspotenzen, vollkommene Augenblicke – mit sofortigem innerem Entspannungseffekt. Gemäldegalerien sind für mich Erholungsorte. Das Museo del Prado in Madrid, die National Gallery in London oder der Louvre in Paris: für mich Orte vollendeter Wellness. Bei der Beschäftigung mit diesen Gemälden habe ich irgendwann einmal begriffen, dass es nicht allein die technische Versiertheit der Maler ist, die das Schöne schafft, und auch nicht allein ihre Fähigkeit, eine bestimmte Stimmung in der Natur zu erkennen, einzufangen, wiederzugeben oder diese gar erst in sie hineinzulegen. Nein, es hat sehr viel mit dem rechten Ausschnitt zu tun, den einer wählt. Bilderrahmen sind wie Fenster, durch die man in die schöne Welt hinausschaut. Es sind dies anfangs, in der Phase, in der ein Bildnis entsteht, immer quasi bewegliche Fenster, die der Maler, der vor einer Landschaft steht, so lange in der Horizontalen wie in der Vertikalen verschiebt, bis er den perfekten Ausschnitt erreicht, um ihn dann auf die Leinwand zu bannen. Es wäre also theoretisch durchaus möglich, dass keine zwanzig Meter rechts von Jan van Goyens Dünenlandschaft ein Atomkraftwerk oder eine Giftmüllanlage steht, die er wohlweislich dem Betrachter vorenthält.

Schönheit in der Kunst, zumal in der Landschaftsmalerei, entsteht durch das ideale Platzieren eines Rahmens um ein Objekt, oder andersrum ausgedrückt, durch das optimale Ausblenden all dessen, was die Schönheit verhindert. Genauso ist es in einem gelungenen Urlaub. Die Welt ist nicht perfekt, aber durch die Auswahl der schönen Orte und durch die Weigerung wahrzunehmen, was sie ästhetisch beeinträchtigt, kann man für sich tatsächlich das Schönste, was sie zu bieten haben, heraus-präparieren und es genießen.

Genießen: Wie geht das überhaupt?

Es gibt ein Gedicht von Friedrich Rückert mit dem Titel »Es ging ein Mann im Syrerland«. Darin wird ein armer Mann in der Wüste von einem toll gewordenen Kamel verfolgt. Er rennt um sein Leben, doch das Tier ist ihm auf den Fersen – und sperrt schon das Maul auf, bereit ihn zu verschlingen. Komisch, ein Kamel würde doch nie einen Menschen fressen wollen. Egal, der Dichter hat sich das so ausgedacht. Ist sein gutes Recht. Im al-lerletzten Moment, bevor es zuschnappen kann, gelingt dem Mann ein rettender Sprung, nein, nicht in das Zelt eines Dokumentarfilmers, der dort Selbsterfahrungs-Ex-erzitien abhält, sondern in einen tiefen Brunnen, der da plötzlich irgendwo mitten in der Wüste steht.

Mit einer Hand schafft er es gerade noch, sich im freien Fall an einem Beerenstrauch festzuklammern, der aus den Ritzen des gemauerten Brunnenschachtes he-raus zum Licht nach oben wächst. Während er in dieser misslichen Lage hängt und zappelt, bemerkt er über sich den Kopf des Kamels, wie er sich zu ihm herunterbeugt, ihn aber mit seinem grässlichen aufgesperrten Maul nicht erreichen kann. Doch, oh weh! Unter ihm im Wasser am Grund des Brunnenschachtes hockt ein nicht minder schrecklicher Geselle, ein Drachen gar, der nur drauf wartet, dass der Mann herunterstürzt, um ihn ebenfalls mit Haut und Haaren zu verspeisen. Sein panischer Blick fällt auf den Beerenstrauch. Er bemerkt, dass zwei Mäuse drauf und dran sind, die Wurzeln abzuknabbern. Sie durchwühlen bereits die Erde, die schon kräftig aus dem spröden Mauerwerk herausrieselt, und es sieht nicht gut aus für den armen Mann. Der Dichter fragt: Was soll er tun? Und löst das Rätsel selbst: Beeren essen soll er. Möglichst viele, denn seine Stunden sind gezählt.

Auch unsere Tage sind gezählt, und wenn nicht schon vollends die unseres Lebens, dann doch die unseres diesjährigen Sommerurlaubs. Also Beeren essen. Möglichst schmackhafte. Aber da geht es schon los. Was sind denn die Beeren im Urlaub – und wo findet man sie? Das ist gar nicht so einfach zu beantworten. Der Palliativ-Mediziner Gian Domenico Borasio hat in seinem Buch »Über das Sterben« geschrieben, man täte immer gut daran, sein eigenes Leben vom Ende her zu sehen. So könne man am besten herausfinden, wie man es führen sollte. Was möchte ich erlebt haben am Ende meiner Tage, wenn ich im Sterben liege und zurückblicke auf meine Lebenszeit, worauf käme es mir an? Ganz so ist es mit dem Urlaub. Man stelle sich vor, was man erlebt haben möchte, wenn der Urlaub zu Ende ist und man wieder nach Hause fährt. Dann weiß man, was man unternehmen sollte.

Gegenwärtigkeit und Achtsamkeit

In der Kleinstadt am Schwarzwaldrand, aus der ich stamme, gab es in meiner Jugend eine üble Absteige, darin mehrere stadtbekannte Alkoholiker. Einer von ihnen stammte irgendwoher aus dem Osten, jedenfalls hatte er einen slawischen Akzent. Sein Running Gag war es, sich ein Viertel Rotwein zu bestellen, das Glas in Empfang zu nehmen, die Umstehenden direkt anzusprechen: »Man muss Viertele genießen!« Um dann den Inhalt des Henkelglases auf ex zu trinken. »Aaaaaaah!«

Ihren Urlaub genießen, das ist, was alle wollen. Was aber wahrer Genuss ist, darüber gibt es viele Vorstellungen. »Sangria in the Park« trinken mit Lou Reed an einem »Perfect Day« – oder aus randvollen Eimern in Malle am Ballermann. Party pur auf der Ibiza-Foamparty mit der größten Schaumkanone Deutschlands und danach mit dem Partyboat den River runterschippern, dazu Abhotten zu wummernden Ground Beats, oder das Pergolesi-Konzert in der romanischen Basilika am Ufer gegenüber – beides wird von Menschen frequentiert, die damit den Begriff »Genuss« verbinden. Die Frage aber bleibt: wie geht es eigentlich, wenn nicht gleich das Leben, so doch wenigstens seinen wohlverdienten Urlaub zu genießen?

Von Gandhi wird berichtet, er sei über der Lektüre der Bibel eingeschlafen. Und als Franz Liszt 1853 seine H-Moll-Klaviersonate im engeren Freundeskreis zum Besten gab, soll es dem anwesenden Johannes Brahms nicht anders gegangen sein. Er ratzte glatt weg, schon bald als die ersten Töne erklungen waren. Der Sinn für das Schöne, er ist immer in uns, und doch sind unsere Empfangsorgane manchmal auf Tauchstation. Je nach Befinden sind unsere Sinne bereit – oder eben nicht. Ganz egal, wie wundervoll die Außenreize auch sein mögen. Wer abwesend ist oder in dichten inneren Nebeln wandert, der ist nicht empfänglich für die Wunder von Natur und Kultur oder für die Menschen um ihn herum. Kein Wunder, dass all die innerlich Abwesenden und Dauergenervten im Urlaub keine wertvollen Momente erleben. Auch wessen Gemüt verdüstert ist mit Leid und Gram, dessen Empfindsamkeit dem schönen Leben gegenüber ist eingeschränkt. Man muss für die schönen Dinge im Leben aufgelegt und wach sein. Dazu gehört, für sich einen Weg zu finden, jene stählernen Türen beiseitezuschieben, die beizeiten unsere Sinne vom Genuss der Welt abschotten, wie jene schweren Tore mit oder ohne Drehkreuz, von denen es so viele in alten James-Bond-Filmen gibt. Die Frage ist nur, wie bekommt man die Stahltür auf, wie knackt man den Zahlencode, um seine inneren Räume zu öffnen?

Im Leerwerden liegt das Geheimnis begraben. Geduldig und ohne Eile warten, bis sich die inneren Stahltüren wie von selbst zur Seite bewegen – oder sich gar in Luft auflösen. Leere bedeutet immer auch klare Luft. Eine Klarheit des Geistes, die sich einstellt, wenn man die aufgewühlten Gedanken so lange wirbeln lässt, bis das Gestöber in der inneren Schneekugel aufhört und sich die tausend flirrenden Flocken endlich sanft niederlegen, so dass die Luft wieder klar und durchsichtig wird und der Freiraum entsteht, den jeder Genuss braucht.

Ein anderes Hindernis, das dem Genießen im Weg steht, ist ein abhanden gekommenes Gefühl für Präsenz. Wir leben in einer Gesellschaft, die uns von klein auf darauf trainiert, vor allem planvoll und vorausschauend zu leben. Der Erfolg in der Arbeit hängt von unserer Fähigkeit ab, die Zukunft möglichst effizient durchzuorganisieren. Genauso ist es längst auch in der Alltagwelt und im Privaten. »Im Urlaub scheitern wir dann reihenweise an dem Versuch, in den Gegenwartsmodus umzuschalten. Es sind Automatismen«, sagt der Zeitforscher Marc Wittmann in einem Interview, »die wir in uns haben und die uns dann immer wieder wegführen aus dem momentanen Erlebnis. Gegenwärtig zu sein muss gelernt sein, das ist wie das Lernen einer Fremdsprache.« In einem anderen Interview hat Wolfgang Abel das Dilemma auf den Punkt gebracht: »Ich beobachte immer wieder diese Kampfradfahrer, die ihre Leistung einfach nur nach Höhenmetern bemessen. Sie fahren durch die schönste Landschaft an den allerbesten Aussichtspunkten vorbei. Einfach so, weil wahrscheinlich noch weitere fünfhundert Höhenmeter warten. Und dann gibt es wenige Leute, die in sich die Fähigkeit bewahrt haben, am richtigen Ort etwas langsamer zu machen, innezuhalten. Und auf eine Art und Weise geradeaus zu schauen, die man heute fast vergessen hat.«

Um die schöne Landschaft wieder erleben zu können, gilt es, den Kampfradfahrer in uns zu überwinden. Wir müssen raus aus unserem Leistungstunnel und aus den Parallelwelten im Kopf, um dorthin zu kommen, wo wir nur die eine Welt da draußen wahrnehmen. Wir müssen aufhören, Selbstgespräche zu führen, mit uns und anderen hadernd, oder wie man sagt: »dissoziiert« zu sein von dem, was um uns ist. Es geht um die Kunst, wieder aus dem Weg zu räumen, was wir an eigenen Schranken zwischen uns und die Welt gestellt haben. Es geht darum, wieder das Original der Welt zu erfahren und nicht ein von Gedanken und Bewertungen verändertes und getrübtes Bild. Vielen Kampfradfahrern ist gar nicht bewusst, wie sehr sie die äußere Wirklichkeit durch ihre Gedanken filtern und so verhindern, dass das Original bis zu ihren Sinnen vordringt. Wo der Kopf hingegen frei ist, gelingt es wahrzunehmen, was auf einen einströmt. Und zwar jetzt, in diesem Augenblick. Genießen bedeutet vor allem die Fähigkeit wahrzunehmen, was jetzt ist. Das meint Gegenwärtigkeit – oder auch das Vermögen, achtsam zu sein.

Genuss braucht Durststrecken

Eine andere Art, in jene innere Leere zu kommen, die jedem Genießen vorausgeht, ist es, sich in Phasen von Entbehrung zu begeben. Auch selbst verordnete Entbehrung schafft den nötigen Raum. Zum Genießen gehört der Verzicht. Wie der Hunger zum guten Essen.

»La Vie en Rose« – das ist nicht nur ein Chanson von Edith Piaf, sondern ein Zustand, von dem viele träumen. Aber wer jeden Tag in Rosa lebt, den nervt die Farbe dieses Lebens bald. Anders ist es, wenn man aus dem kalten Nieselregen eines grauen Schreckenstags nach kleinen und größeren Strapazen wieder ins Rosa des Lebens zurückkehrt. »La Vie en Rose« – so heißt übrigens auch ein kleines, süßes Restaurant in Eauze, der winzigen Hauptstadt des Armagnac, das ich mein Leben lang nie vergessen werde. Viele Kilometer hatte ich an diesem trüben Tag auf dem Jakobsweg zurückgelegt. Ein Tag, an dem ich besonders schlecht gelaunt war. Seit fünf Tagen hatte es ununterbrochen Bindfäden geregnet. Ich hatte keine richtigen Outdoor-Klamotten, meine Oberschenkel waren täglich aufs Neue schon nach wenigen Kilometern Wanderschaft durchnässt, weil das Wasser von meiner gut imprägnierten Regenjacke nach unten lief und dort sofort vom Jeansstoff meiner Hose aufgesogen wurde. Es war kalt und furchtbar, ich war traurig, unlocker, machte keine gute Phase durch. Keiner Menschenseele begegnete ich auf den ersten fünfzehn Kilometern dieser Etappe. Nie werde ich vergessen, wie ich an diesem unwirtlichen Apriltag, an dem die Luft noch nach Schnee roch, durch Wiesen mit Scharen von Zuchtgänsen watete und dann schließlich in ein kleines Wäldchen eintrat. Ich hing vielen düsteren Gedanken nach, so dass ich erst recht spät begriff, dass nicht allzu weit entfernt von mir, auf der Kuppe einer kleinen Anhöhe, mitten auf dem Weg eine riesige Dogge stand. Frei laufende Hunde! Davon können Jakobspilger ein Lied singen. Ich umfasste meinen Wanderstock fester, bekam aber schlotternde Knie. Ein wahrer Höllenhund baute sich vor mir auf, eine Kreatur, die mir heute noch vorkommt wie einer jener steinernen Ungetüme, die in Paris von Notre Dame das Regenwasser von den Glockentürmen herunterspeien. Hier also entschied sich meine Unternehmung. Das abgehärmte Tier tänzelte auf der Stelle, vielleicht zwanzig Meter trennten uns nur noch. Ich wusste, wenn ich jetzt kehrt machen würde, wäre alles aus. Der Traum vom Erlebnis Jakobsweg, meine Haltung dem Leben gegenüber, der Optimismus, den ich hier finden und ihn in mein Leben nach Hause mitnehmen wollte, alles. Ich hatte Angst. Aber dann wurde ich wütend, sehr wütend. Ich schritt wild entschlossen auf das Tier zu, begann einer Eingebung folgend, plötzlich laut und böse die französische Nationalhymne zu schmettern. Der Hund erstarrte, glotzte blöd – und vielleicht drei, vier Meter, bevor wir aufeinander trafen, jaulte er, sprang auf, floh Hals über Kopf ins Unterholz und gab den Weg frei.

Ich war klatschnass, als ich meinen Zielort Eauze erreichte. Nichts wie in den »Gîte coummnal«, die Sachen auszuziehen. Mich fröstelte am ganzen Leib, mir war innerlich kalt. Ich fühlte Fieber und Krankheit aufziehen – und da, mitten in höchster Not sah ich »La Vie en Rose«. Wie aus dem Nichts stand dieses wunderhübsche kleine Restaurant vor mir. Durch ein großes Fenster sah ich: Madame war am Eindecken; Monsieur war in der Küche zugange. Ich reservierte einen Tisch, ging Duschen und saß schon eine halbe Stunde später als einziger Gast in einem geschmackvoll eingerichteten Stübchen direkt am Kamin, wo ein großes Stück Eichenholz glimmte. Es gab ein hervorragendes »Menu du Jour«. Nicht oft in meinem Leben habe ich so selig geschmaust. Die beste Gänseleber meines Lebens mit einem fantastischen Apfel-Honig-Chutney, ein Frisée-Salat mit einer Vinaigrette, dazu wunderbares Weißbrot mit Butter. Danach gab es Ente und zum Dessert eine Crème brulée mit Himbeeren und verschiedenen Sorbets. Vollendeter Genuss braucht Durststrecken, die ihm vorausgehen. Erst der Mangel, die Kälte oder auch ein garstiges Ungeheuer, das sich einem in den Weg stellt, lassen uns den wahren Genuss erleben.

Eintauchen für Anfänger:
Putzen, Spülen, Schamponieren

Voller Entbehrung, innerlich leer und bereit für die volle Packung Urlaubsentspannung. Jetzt bin ich hier. Denke an »La Vie en Rose«. Jetzt könnte es eigentlich losgehen mit dem großen Urlaubsgenuss, auf den ich mich so gefreut habe. Wieder einmal im Süden. Aber die Hitze macht rammdösig, es ist kaum auszuhalten vor Verdruss. Ich tigere wieder durch die Ferienwohnung, bin neidisch auf meine Frau, die ganz und gar gebannt ist von ihrer Urlaubslektüre, auf Anfrage nur Unverständliches zurückgrummelt, sprich: nicht ansprechbar ist, weil ihr genau das gelungen ist, was ich selbst nicht schaffe: in eine andere Welt einzutauchen. Was soll ich bloß machen? Da habe ich einen unschlagbaren Einfall. Kennen Sie den Asterix-Band, in dem die Gallier sich entschließen, an den Olympischen Spielen teilzunehmen? Erinnern Sie sich an Musculus, den römischen Athleten, der nach der Nachricht von der gallischen Teilnahme an den Wettkämpfen in eine tiefe Depression verfällt, weil er genau weiß, dass er gegen die mit Zaubertrank gedopten Gallier nicht auch nur den Hauch einer Chance hat? Was tut Musculus? Schnappt sich einen Besen und fängt an, den Boden zu fegen. Kehren, wischen, sauber machen –

scheint also zu helfen, gegen ganz tiefen Frust, aber auch normale Urlaubsverstimmung.

»Plötzlich überkommt es meine Mutter, am späten Nachmittag, vor allem während der trockenen Jahreszeit. Da lässt sie das Haus von oben bis unten auswaschen, um es zu reinigen, sagt sie, zu desinfizieren, zu überholen«, schreibt Marguerite Duras in ihrem wunderbaren autobiografischen Roman »Der Liebhaber«. Die Mutter seift den Boden mit Marseiller Seife ein, bis alles glänzt und duftet nach einem »Geruch der Reinheit, der Ehrbarkeit, dem Geruch sauberer Wäsche, dem vom Weiß, dem Geruch unserer Mutter, der unendlichen Makellosigkeit unserer Mutter«. Mit erstaunlichem psychischem Erfolg: Denn »die Mutter kann manchmal sehr, sehr glücklich sein. Die Zeit des Vergessens, in der das Haus gewaschen wird, reicht aus für das Glück der Mutter.« Ich weiß, Putzen ist nicht besonders cool. Putzen ist als spießig verpönt – und ganz schwere Fälle von Reinigungswut und Putzfimmel landen tatsächlich in der Psychiatrie. Aber Putzen oder auch Spülen sind alles andere als nur pathologisch. Große Buddhisten wie Thich Nhat Hanh haben darüber geschrieben, wie sie achtsam und in völliger Bewusstheit den Abwasch machen und dadurch eine große innere Festigkeit erreichen. Etwas voller Behutsamkeit und Sorgfalt zu reinigen, reinige auch unser Inneres, mache ruhig und zufrieden. Wichtig ist dabei, tatsächlich nichts anderes zu tun und zu denken, sondern nur abzuwaschen, wenn man abwäscht. Das ist die Kunst. Ich höre sehr auf die Buddhisten. Und zähle tatsächlich zu den Leuten, denen es nach dem Spülen etwa besser geht.

Auch im Urlaub in südeuropäischen Ländern erlebe ich immer wieder den wohltuenden Effekt, etwa wenn ich an einem öden Nachmittag auf der Terrasse des Ferienhauses nichts Rechtes mit mir anzufangen weiß, nutzlose Gänge hin und her mache, den Liegestuhl neu ausrichte, und mich überhaupt nicht auf meinen Lesestoff konzentrieren kann. Ja, dann kann es gut sein, dass ich mir erst einmal die Küche vornehme. Ich meine nicht den üblichen Abwasch, sondern Reinigungserlebnisse der seltenen Art an weniger prominenten Küchenorten: etwa im Fach unter der Spüle, wo normalerweise die Reinigungsmittel, der Nassmüll-Behälter, kleine Putzgeräte oder gerne auch die große Gasflasche stehen. Oder hinter dem Siphon, wo schon länger keiner mehr dran war. Das schafft wahren inneren Ausgleich. Wenn es mich nach mehr dürstet, kann es sogar sein, dass ich mir die fettige Dunstabzugshaube vornehme.

Wenn Ihr Partner also in der Sonne liegt, schmökert und einfach in Ruhe gelassen werden will, wenn Ihre Kinder im Spiel auf der Terrasse in sich selbst versunken sind, dann naht Ihre große Stunde. Und wenn Sie es gar nicht einsehen, warum ausgerechnet Sie dem geizigen Vermieter die Bude auf Vordermann bringen sollen, dann lenken Sie ihre volle Aufmerksamkeit auf die Pflege Ihres Autos. Auch hier warten erleuchtende Momente. Eigentlich gibt es ja nur einen Grund, sein Auto zu waschen: wenn man es verkaufen will. Ich gestehe aber ein, dass ich mich zu einem akribischen Putzteufelchen entwickelt habe, allerdings nur im Urlaub! Wagenpflege am Urlaubsort, auf dem Stellplatz vor der Ferienwohnung. Herrlich. Anfangen kann man mit einer Autoinspektion. Erst einmal den Gaszug neu einstellen, den Reifendruck prüfen, Öl und Bremsflüssigkeit kontrollieren. Dann wird die Karosserie einschamponiert. Inklusive Felgen. Ich habe vor drei Jahren im Geräteschuppen einer Ferienwohnung am Bodensee zufällig etwas entdeckt, was ich zuvor nicht für möglich gehalten hätte. Eine Flasche »Felgengel«. Wissen Sie, was das ist? Ja, Teil eines professionellen Autopflegesets, das allein zur Reinigung der Felgen mit einer kleinen Bürste verwendet wird. Herrlich, Felgengel! Nachdem Abspritzen und Abledern geht man über zum Wageninneren. Natürlich mit dem Staubsauber. Gesetzt den Fall, die Ferienwohnung ist mit einem Verlängerungskabel ausgestattet. Am Schluss werden die Armaturen poliert. Lassen Sie sich Zeit dabei, wenn es nach 17 Uhr ist, genehmigen Sie sich ein Bierchen dazu, singen Sie Ihr Lieblingslied, sprechen Sie dummes Zeug mit sich selbst, seien Sie albern, aber durch und durch Sie selbst.

Gerade auch Staubsaugen ist für mich ein anderer Quell besonderer Freuden. Staubsaugen ist meine tägliche Selbsttherapie auch zu Hause. Ich sauge gerne und gut Staub. Gerade in den Lücken größerer Schaffensphasen. Wie heute wieder. Ich beherrsche nicht ohne Geschick den untergrundbedingten Wechsel der Staubsauger-Kopfstruktur zwischen ausgefahrener Bürste und eingezogenen Borsten im laufenden Saugvorgang. Im Grundkonflikt zwischen den beiden Staubsauger-Schulen, nämlich ob Teppiche oder Teppichböden aus Gründen der Materialschonung mit eingezogenen Borsten gesaugt werden sollten oder gerade zur Auflockerung der

Textilstruktur mit ausgefahrener Bürste, ob Holz- oder Parkettböden mit eingezogenen Borsten zur besseren Erfassung der Schmutzpartikel durch den Saugstrahl oder eben zwecks gleichzeitigen Poliereffekts mit ausgefahrenen Borsten gesaugt werden sollten, habe ich eine klare Meinung. Denn ich sauge stets mit ausgefahrenen Borsten Teppiche und bevorzuge das borstenlose Saugen bei glatten Holzböden. Wichtig ist nur beim Wechsel vom Borstensaugen zu borstenlosem Saugen, das sorgfältige Entfernen des Staubes und anderer Fussel aus den Saugborsten vorzunehmen, noch bevor die Borsten durch das Umlegen des Kippschalters mit dem Fuß am Saugkopf wieder ins Innere desselben verschwinden. Wer das unterlässt, bekommt irgendwann die Quittung in Form eines verstopften Borstenschachtes, der im Extremfall zum völligen Ausfall des Kippmechanismus führen kann und dadurch früher oder später Kosten verursacht oder in der heutigen Wegwerfgesellschaft gar den Kauf eines neuen Endgerätes unabdingbar macht.

Versinken in einer Welt aus Buchstaben:
Lesen am Strand

Vielleicht nicht gleich am ersten, aber am zweiten, spätestens am dritten Urlaubstag klappt es dann auch mit der Konzentration auf die eigens mitgebrachte Urlaubslektüre. Was lesen Sie in den Ferien? Menschen lesen völlig verrückte Bücher im Urlaub. Was Franz Beckenbauer liest, wenn er frei hat, wussten wir lange nicht. Aber seit einer aufschlussreichen Fernsehdokumentation zum 50. Todestag von Hermann Hesse, die in der ARD gesendet wurde, sind wir darüber in Kenntnis gesetzt. Franz führt sich – oder führte sich zumindest dereinst – in seiner Freizeit Fichtel und Hege zu. Nicht Fichte und Hegel, nein, Fichtel und Hege. Er hat den Versprecher zwar noch bemerkt und korrigiert, aber nachvollziehbar bleibt er dennoch, zumal der beinharte Abwehrspieler Klaus Fichtel von Schalke 04 in des Kaisers Leben mutmaßlich eine bedeutendere Rolle gespielt hat als der gute Johann Gottlieb. Auf jeden Fall ist davon auszugehen, dass Beckenbauer seinen Fichte regelrecht verschlungen hat, wahrscheinlich am Strand in der Sonne, eben dort, wo die meisten Urlauber lesen.

Tatsächlich am Strand, wenn nur Luft und Wasser locken, da hat man gerne ein gutes Buch dabei. Im Urlaub liest man viel und irgendwie anders. Intensiver, mit geschärftem Geist, man nimmt jedes Wort viel genauer wahr, die wirkliche Bedeutung der Sätze prägt sich viel tiefer ein – man hat mehr vom Lesestoff. Ich erinnere mich, schon als Jugendlicher während unserer Sommerzeltlager in Südfrankreich las ich den *Spiegel*, viel genauer durch, ausführlicher, Seite für Seite, stundenlang, am Strand, obwohl das Heft bald doppelt so dick vor lauter Sand war, der sich entlang der Heftung eingenistet hatte.

Aber das Leben wie der Urlaub ist mehrheitlich ambivalent, und so ist es auch bei 99 Prozent aller Lesestoffe. Oft auf einer einzigen Zeitungsseite. Und man entdeckt beim Lesen oft erst in der Muße eines schönen Urlaubstages die wahre Meisterschaft schriftstellerischen Könnens, aber eben auch den Ramsch, der bislang gar nicht besonders auffiel. Auch eine erhöhte Urteilskraft ist ein Geschenk der Urlaubszeit, ganz sicher der klaren Luft und der Frische des Meeres zu verdanken. Wer sich etwa bei lauen Winden auf den Kanaren mit einem kühlen Mineralwasser gut gerüstet und erwartungsfroh über das Feuilleton einer unserer Wochenzeitungen hermacht, liest die Seiten mit einem Mal ganz anderes. So ist mir das zuletzt zugestoßen. Auf einmal wurde mir wieder ganz deutlich, was für ein immenses Blech der ewige Düffeldöffel Martin Walser in seinem letzten Traktat wieder von sich gegeben hat, was der olle Schwirrkopf Schirrmacher wieder so alles verbläst oder wie banal manche Kolumnisten schreiben, die meinen, zu allem ihren Senf geben zu müssen. Aber auch grundsätzlich ist von der Lektüre einer Zeitung im Urlaub eher abzuraten. Besser fährt, wer sie in den großen blauen Restmüllsack befördert, der da im Passatwind beutelt, und sich mit ungleich höherem Gewinn etwa Stendhals »Kartause von Parma« einverleibt oder Melvilles »Moby Dick«, oder eben solche Texte, die vor allem weniger gebildet und dünkelhaft, dafür originell, poetisch und witzig sind.

Ein weiterer Effekt des Lesens im Urlaub: gerade am Strand konsumierte Klassiker bleiben einem viel eindrücklicher in Erinnerung, als wenn man sie zu Hause im fahlen Licht der Nachttischlampe häppchenweise konsumiert – oder gar unter Neonröhren im Deutschunterricht, wo man sowieso noch nie kapiert hat, was Schiller genau mit »Don Carlos« alles ausdrücken wollte. Am Strand ist man bereit für die Wirkung großer Literatur, offen und wohlgestimmt für den tiefen Lesegenuss. Wer so ausgestattet den Liegestuhl auf Fuerteventura besteigt, darf sich berechtigte Hoffnungen machen, dass ein höheres Lesevergnügen winkt, als es dies zu Hause gibt.

Ich freue mich immer über lesende Strandnachbarn. Lesende Menschen sind Menschenfreunde. Und was alles so gelesen wird im Urlaub! Donnerwetter! »Kreise im Kornfeld«. Wissen Sie, wie die Kreise in vornehmlich südenglische Kornfelder kommen? Ich nicht. Aber der Herr neben mir ziemlich sicher. Ich sehe, wie er gefesselt ein Buch zum Thema studiert. Eine ältere Dame aus Skandinavien, auch in Sichtweite, erntet ebenfalls meinen vollen Respekt. Sie beschäftigt sich schon die ganze Woche über mit »History« oder »Mystery« – genau konnte ich das leider nicht ermitteln – »... of the White Lions«, also allem Anschein nach eine Geheimnisenthüllung oder doch eher eine Naturgeschichte der weißen Löwen in Afrika. Ein dicker Wälzer, der sicher über vierhundert Seiten umfasst. »Chapeau!«, sag ich da nur. Was kann man bitte über vierhundert Seiten hinweg über als Albinos geborene Raubtiere schreiben? Unglaublich.

Lesen, nicht nur im Urlaub, ist in Wahrheit eine Methode, in eine andere Welt einzutauchen, dabei alles um einen herum und am Ende sich selber zu vergessen. Aber wir müssen richtig einsteigen in unsere Lektüre, mit unseren Protagonisten mitfiebern, mitleiden, mit ihnen verschmelzen! Robert Walser schwärmte von Wilhelm Hauff und hat dabei dieses Eintauchen beschrieben: »Die Lektüre von Hauffs Märchen macht mich vergessen, dass man mich zwickt und sticht, macht mich gänzlich übersehen, dass man mich klemmt und haut, macht mich alles vergessen und überwinden, macht, dass ich für alles Äußere unempfindlich bin (...) Ein Waldgeflüster, eine Waldesruhe, eine Wälderverborgenheit und eine Traumruhe stecken in diesen süßen Geschichten ...« Lesen lässt uns abtauchen in fremde Welten – und darin steckt immer der Segen der Selbstvergessenheit. Man vergisst sich und seine Umgebung – und so manchen Kummer. »Gegen die Angst«, schriebt Ernst Bloch, »weil sie aus uns allein kommt, wenn wir allein sind, hilft nur, sich zu lieben oder sich zu vergessen.« Also greifen wir zu einem Buch und hoffen zurecht auf seine wohltuende Wirkung.

So vertieft in seine Geschichte zu sein, dass alles Äußere, was von dieser Welt ist, unwichtig wird, ja kaum mehr in unsere Wahrnehmung hineinragt, das kann einem beim Lesen geschehen. Das Schöne am Lesen ist nicht nur, dass es uns auf Dauer so sehr beschäftigt, dass wir die große Dauersorge um die nähere und fernere Zukunft verlieren, sondern darin auch einen großen Genuss erleben. Lesen ist der Genuss, nicht nur unbeteiligter Zuschauer, sondern Teil einer anderen Welt zu sein, die vor unserem geistigen Auge entsteht. Gleichzeitig macht diese Teilhaftigkeit, dass wir all das Unliebsame, Unangenehme, Verstörende, was die reale Welt da draußen für uns täglich bereithält, ausblenden. Beunruhigende Krankheitsdiagnosen, berufliche Enttäuschungen, persönliche Schmähungen: sie treten vollkommen in den Hintergrund, wenn wir richtig drin sind in einem Roman oder einem anderen Urlaubsbuch. Das ist sogar oft wohltuender als eine Fango-Anwendung. Das kann sogar so weit gehen, dass man die Realwelt mit der Lesewelt verwechselt, gar nicht mehr mitkriegt, dass der Schatten unter dem rot-gelb-grün-blauen Sonnenschirm gewandert ist und man mitten in der prallen Sonne liegt. Ein heftiger Sonnenbrand ist manchmal die Folge davon.

Am eindrucksvollsten sind tatsächlich die Aufwacherlebnisse nach intensiver Lektüre bei Sonnenuntergang am Strand nach einem warmen Sonnentag, wenn schon leichter Abendwind aufkommt. Hat man die letzte Seite eines packenden Buches gelesen und klappt endlich den Deckel zu, dauert es oft einige Minuten, bis man das Überwechseln zurück in die Realwelt wieder gemeistert hat – und nun bereit ist fürs Abendessen im Restaurant. Und auch dann noch klingt oft die Stimmung in uns nach, die eine fesselnde Geschichte in uns aufsteigen ließ.

Warum das Meer für den Menschen immer gut ist

Warum sitzen oder liegen am Strand eigentlich alle immer mit dem Blick auf das Meer gerichtet? Und warum manche sogar den ganzen Tag? Auch ganz ohne Buch? Warum lässt es uns nicht los, das große weite Meer? Warum ergreift es irgendwie alle im Innersten ihres Gemüts, selbst noch jene Zeitgenossen, die normalerweise nicht besonders anfällig für Stimmungseindrücke der Natur sind? Wohl weil uns das Meer bezirzt, hypnotisiert, hineinzieht in das große Rauschen.

Aber warum berührt uns das Meer am Ende so tief? Sprengt vielleicht das gewaltige Ganze, das da unermesslich und grenzenlos weit vor uns ausgebreitet ist, alles Enge in uns, weitet uns die Brust, macht uns frei für das Glücksgefühl dazuzugehören, Teil dieses unendlichen Rauschens zu sein? Erfahren wir am Meer ein manchmal fast himmlisches Freiheitsgefühl, weil wir spüren, dass wir alle aus diesem großen Ganzen stammen und auch wieder darin aufgehen werden? Fühlen wir uns mit dem Meer so verbunden, weil unser Geist genausoso offen und unbegrenzt ist wie die scheinbar unendliche Fläche eines Ozeans?

Die Tatsache, dass dieses Meer nie still steht, verstärkt den Effekt aufs Gemüt gleich zweifach: In der Bewegung wird seine überwältigende Kraft fast sinnlich erfahrbar, selbst wenn man in sicherer Entfernung von der Brandung auf einem Felsen hockt. Außerdem ist es das Krachen und Tosen gerade des wilden Meeres, das einen tiefen Eindruck unvorstellbar gewaltiger Naturkräfte auf uns macht und uns tief zu erschüttern vermag. Dass die Bewegung getaktet ist, vollendet das Erlebnis: Der Rhythmus der Wellen von Rückzug, Grollen und erneutem Anrollen scheint uns hineinzutragen in eine Gesamtbewegung, die uns einschließt, denn auch wir sind Rhythmuswesen, unser Rhythmus ist das Atmen und der Herzschlag. Das regelmäßige Zischen der Gischt, der Gleichklang des Seegangs wirkt bald wie synchronisierend, stimmt uns ein wie in eine meditative Harmonie.

Das Meer ist extrem. Und dass es so extrem ist, wird noch verstärkt durch das Wetter, das hier herrscht. Denn auch das Wetter am Meer ist immer extrem, intensiv, stark. Und immer frisch. Es gibt keinen Ort auf der Welt, der einen so zu erfrischen vermag wie das Meer, wenn der Wind über es hinwegbläst. Man kann die Frische der See mit allen seinen Sinnen erleben. Man kann sie tasten, fühlen, hören, riechen und schmecken.

Am Meer empfinden wir die große Frische und Lebendigkeit, die in uns steckt, werden aber auch auf eine ganz und gar philosophische Art und Weise des Wesens unserer Natur ansichtig. »Wasser und Wesensschau sind wahlverwandt«, schreibt der große Meeres-Philosoph Herman Melville. Das Meer relativiert uns wie sonst kein Naturerleben. Es lässt uns andächtig und ehrfürchtig werden, wie dies sonst nur ein Blick herab von einem Bergesgipfel vermag. Nur hier empfinden wie jene starken Gefühle, die Jules Michelet die »staunende Betäubung« nennt. Er, der französische Revolutionshistoriker, hat 1860/61 ein wundervolles Buch über das Meer geschrieben, ein Buch, von dem viele meinen, es sei eine Art meeresgeografische oder naturhistorische Darstellung. In Wahrheit ist »La Mer« eine Psychologie des Meeres. Eine Reflexion über die Gefühlszustände, die das Meer im Menschen auslöst. Euphorie, Überwältigung, Erhabenheit, Verzweiflung, Angst. Der erste Eindruck, den man vom Meer empfange, sei die Furcht, meint Michelet. Gerade kleine Kinder empfinden so, bevor sie zum ersten Mal und voller Neugier zaghaft die großen Zehen hineinstrecken.

Und es ist blau. Melville spricht von der Heiterkeit des Blaus. Man hat die beruhigende Wirkung gemessen, die das Blau des Meeres auf den Menschen ausübt. Aber hat dieses Blau nicht auch noch ganz andere Wirkungen auf den menschlichen Geist? Das Blau des Meeres ist ein unendliches Blau, so unendlich wie jenes Blau, das es überwölbt, der Himmel, der nur am Meer so weit gespannt erscheint. Das Blau übt eine enorme Sogwirkung auf uns aus, denn es hat keinen erfassbaren Grund. Es scheint nie aufzuhören. Wassily Kandinsky schrieb denn auch: »Die Neigung des Blau zur Vertiefung ist so groß, dass es gerade in tieferen Tönen intensiver wird und charakteristischer innerlich wirkt. Je tiefer das Blau wird, desto mehr ruft es den Menschen in das Unendliche, weckt in ihm die Sehnsucht nach Reinem und schließlich Übersinnlichem. Es ist die Farbe des Himmels, so wie wir ihn uns vorstellen bei dem Klange des Wortes Himmel.«

Das Meer ist der Ort, an dem jeder ergriffen wird. Ein Aufenthalt am Meer führt einen immer an den Boden der eigenen geheimnisvollen wie wunderbaren Existenz – weil dem Meer keiner entkommt. Im Angesicht des Meeres steht die Zeit still. Das Meer macht uns gegenwärtig. Nirgendwo macht es einem die Natur so leicht, den Weg zu sich zu finden, nirgendwo so sehr wie hier am Meer. Ein Tag am Meer ist vielleicht der erholsamste und billigste Selbsterfahrungskurs, den es auf dieser Welt zu absolvieren gibt.

Großstadt-Ozeane: Sich rumtreiben, Streunen und Flanieren

Eintauchen bedeutet: Teil eines Ganzen zu werden, eins sein mit sich und der Welt. Das Eintauchen in die echten Ozeane dieser Erde ist nur eine Form, ozeanische Gefühle zu erleben. Es gibt noch tausend andere Ozeane. Zum

Ozean wird, was wir als Ozean erleben. Abwaschen, Putzen, Schneeschippen, Holzhacken, Lesen, Gitarre spielen oder das Meer, ganz egal.

Auch Großstädte, die wir lieben, können wie faszinierende Ozeane sein. Einfach loslaufen, haltmachen im Café, dann weiter ohne Ziel umherschweifen, über leere, über bevölkerte Plätze, über Märkte, vorbei an Läden und Geschäften und nur wahrnehmen, was passiert. Irgendwann in ein Bistro, das einen anlacht. Ich selbst machte diese Erfahrung früher am liebsten, wenn ich mit meiner Frau jedes Jahr mindestens einmal nach einer sonnigen Woche am Atlantik nach Sevilla fuhr, wenn wir über die Alameda de Hércules zogen, eintauchten in die Calle del Amor de Dios, durch das ganze Gassengewirr von Sevilla schlenderten und am Ende in einem ganz bestimmten Restaurant mit einer göttlichen Tapas-Bar landeten. Es gab keinen Ort und keinen Zeitpunkt auf der Welt, an dem wir glücklicher gewesen wären. Wenn wir nach einem rauschhaften Tag in dieser so lebhaften Stadt jenes kleine Lokal betraten, geschah das Wunder eines perfekten Tages: Sixto und Xavier Fransisco begrüßen uns freundlich und fragen uns, wie es so geht und wie unser Sohn gedeiht, seit wann wir in Sevilla seien und wann es wieder nach Hause gehe, und immer geben sie uns das Gefühl, dass es sie wirklich ein bisschen interessiert. Dieses Erlebnis beginnt gegen neun Uhr abends und endet um zwölf in der heißen Sommernacht. Ich sehe uns unter großen Ventilatoren am Tresen stehen, kosten von den raffiniertesten Tapas der Welt, Merluza salsa de Ajetes, Boqueron blanco frito, Sardinitas Malagueñas, Salmon Aceite y Salmorejo,

Pollo a la Andaluza, Navajas a la plancha, Berberechos al vapor, Almejas al Cura und tausend andere.

Wir trinken kühlen Cava, eine Cervesita, einen Tinto. Wir sind bester Laune. Mit der eigenen Begeisterung scheint sich auch der ganze Barbetrieb einem Höhepunkt entgegen zu fiebern. Der Raum füllt sich, es wird immer enger, bald entsteht ein mächtiges Gedränge, eines der wenigen, das liebt, wer darin gefangen ist. Das Schwirren der Stimmen nimmt zu, die Kellner bellen ihre Kommandos in die Küche. Die Gäste unterhalten sich. Immer mehr, immer schneller, immer lauter. Die Bewegungen des Personals nehmen an Dynamik zu, Besteck, Geschirr, Gläser klappern, klirren, unendlich verlockende Düfte wehen aus der Küche herüber, Espressomaschinen zischen, eine wohltuende Hektik breitet sich aus, steigert sich, bis sich alles gegen Mitternacht urplötzlich beruhigt, abebbt und wie ein aufgespanntes Zelt in sich zusammenfällt. Die Gesichter glänzen. Das Lächeln schwingt noch lange nach, auch noch, als wir längst wieder im Hotel sind.

Oder Paris. Ich liebe den »linden, lässigen Atem dieser Stadt«, wie Stefan Zweig geschrieben hat, den »flirrenden Rausch« eines Sommertages in dieser immer irgendwie schwingenden Stadt. Nirgendwo bin ich saumseliger und pflichtvergessener gewesen, aufgegangen in einem Gefühl, Teil eines Ganzen zu sein, als hier. Das Einzige, was meine Frau und ich bei unseren Paris-Exkursionen noch halbwegs bewusst taten, war, uns nach den Croissants bei Demoulin in der Avenue Voltaire zu entscheiden, in welche Himmelsrichtung es denn heute gehen sollte. Manchmal nahmen wir noch »Chez Prune« am Canal

St. Martin einen Kaffee. Den Rest überließen wir dem Zufall. Wir sind tagelang und ohne Ziel durch Wien, Lissabon, Barcelona, Madrid und Rom geschlendert, am liebsten aber immer durch Paris: in Boutiquen hängengeblieben, in Buchhandlungen, Antiquariaten, Trödelläden, in Galerien, in Cafés und Bistros, in Museen und in alten Kirchen.

Gekonntes Nichtstun

Was wir getan haben, nannte man in alter Zeit die Tätigkeit des »Flanierens«. Einen Spaziergang zu machen, »auf dem man nichts von dem findet«, wie Julien Green geschrieben hat, »was man sucht, aber vieles, was man nicht gesucht hatte.« Sich treiben zu lassen, ziellos herumzustreunen – das ist für mich einer der größten Urlaubsgenüsse. Sebastian Haffner, selbst ein großer Herumtreiber, hat eines seiner Feuilletons dem Müßiggang gewidmet. »Mit Muße durchs Leben zu gehen ist eine Kunst – eine aussterbende Kunst, wie es leider scheint«, meint er darin. Und zwar eine anspruchsvolle, hohe Kunst. Denn »auch das Nichtstun ist ein Metier, es stellt sehr viele Anforderungen. Nüchterne und fleißige Leute haben davon keine Ahnung«, weiß auch Robert Walser. Und Oskar Wilde setzt noch einen drauf: »Nichtstun ist die allerschwierigste Beschäftigung und zugleich diejenige, die den meisten Geist voraussetzt.«

Aber gerade weil es so schwer ist, misslingt das Nichtstun so häufig. Gerade wo keine Könnerschaft, sondern

Albernheit vorherrscht, geht der Müßiggang leider nur allzu oft schief, und wohl deswegen gibt es nicht wenige unter unseren großen Denkern, die vor ihm eindrücklich warnen. Er ist für viele von ihnen nur aller Laster Anfang. Montaigne etwa hielt gar nichts vom Müßiggang. »Die Seele, die kein festes Ziel hat«, meinte er in seinen Essays entschieden, »verliert sich.« »Der Geist, vom Müßiggang verwirrt, zum ruhelosen Irrlicht wird.« Er riet daher, den Geist hart an die Kandare zu nehmen, sonst entstünde Unkraut im Hirn, die Pferde gingen mit uns durch. Zugegeben, manchmal gebiert das Nichtstun ja tatsächlich größere und kleinere Ungeheuer, zumindest seltsame Grillen. Die Eingebung fehlt, die Inspiration, die man erhofft, lässt auf sich warten, und plötzlich macht man ganz äffische Sachen. Zum Beispiel »Frauenpoker«, das wir in Hyères in Südfrankreich, wo ich zwischen meinem 15. und 20. Lebensjahr fast meine gesamten Sommerferien verbracht habe, mitten in der Fußgängerzone spielten. Eine zutiefst geistreiche Beschäftigung. Wir zeichneten mit einem Stück Kreide eine Art Ziellinie auf den Boden des breiten Trottoirs am Boulevard, jeder setzte einen Franc und wählte sich eine Nummer zwischen 1 und 25 aus, die wir auf einem Zettel festhielten. Und dann begannen wir, die Mädchen und Frauen unter den Fußgängern, die in dieser stark bevölkerten Einkaufsstraße an uns vorbeizogen, zu zählen, sobald sie die Ziellinie überschritten. Diejenige, die der eigenen Nummer entsprach, war einem in der Fantasie zugewiesen, musste im Spiel geehelicht werden, egal, ob sie 17 oder 70 war. Den Wetteinsatz aus dem Tellerchen erhielt, auf wen im

Gesamturteil der insgesamt fünf oder sechs anwesenden Blödel das unbestritten heißeste Eisen unter den vorüberziehenden Damen fiel. Wenn man ein halbe Stunde gut pokerte, konnte man sich so das nächste »Pression« verdienen. Das »Dolce Far Niente«, von dem Haffner schwärmte, sieht dagegen etwas anders aus.

Müßiggang für Fortgeschrittene

Guter, reicher, vollendeter Müßiggang ist natürlich etwas Anspruchsvolleres. Es braucht schon etwas Geist dazu, um die reifen Beeren, die er bereithält, auch ernten zu können. Wie aber geht solch ein Nichtstun? Für Haffner beginnt ein müßiggängerischer Tag damit, zu erwachen, in die Morgensonne zu blinzeln und sich erst einmal dafür zu entscheiden, die Arbeit Arbeit sein zu lassen. Das fällt dem Müßiggänger umso leichter, je länger er bedenkt, dass sich »nichts Wesentliches auf der Welt ändern würde«, wenn er heute mal zur Abwechslung untätig bliebe. »Und mit einem wunderbar leichten, ganz fein berauschenden, süßen Gefühl der Freiheit entschließt er sich, für heute tot – oder sagen wir krank zu sein.«

Allein, Müßiggang bedeutet nicht, einfach nichts zu unternehmen. Müßiggang ist *tätiges* Nichtstun – so paradox das klingt. Der Unterschied zwischen Müßiggang und Faulheit, darauf legt Haffner Wert, ist jener, dass im Unterschied zum Nichtstun der Müßiggang ein Gang ist, »aber ein Gang mit Muße, eine Bewegung, aber eine Bewegung ohne Hast und Krampf, andante ...«. Die

Fortbewegung im Müßiggang ist nie von Unruhe ausgelöst, sondern kommt stets aus einer tiefen Entspanntheit. Sie hat nichts Gehetztes, Angetriebenes, sondern etwas Fließendes. Man läuft nicht gegen etwas an, sondern lässt sich von etwas treiben. Müßiggang ist nicht bewegen, sondern bewegt werden. In der Bewegung, im Wandern durch den lieben, langen Tag sind wir tatsächlich der Schwere enthoben. Denn sie kann sich uns tatsächlich immer nur dann bemächtigen, wenn wir zum Stehen kommen. Unterwegs zu sein, in Bewegung zu sein, ist immer das beste Rezept, die Last zu vergessen, die man auf seinen Schultern trägt.

Oft ist darauf hingewiesen worden, wie kreativ dieses in sich versunkene Gehen sei. Die Peripatetiker, wie die Schüler des Aristoteles genannt wurden, begaben sich durch die Gänge von »Wandelhallen«, um sich im Gehen inspirieren zu lassen. Vielen klugen Köpfen fällt beim Gehen stets das Beste ein. Max Weber schrieb einmal, dass einem die besten Ideen bei leicht ansteigender Landstraße zuflögen. Aber dem Müßiggänger geht es nicht so sehr darum, der Muße ein Maximum an Kreativität abzuluchsen. Muße nur als Zwischenstopp auf dem Weg zur nächsten Höchstleistung würde schon wieder in Stress ausarten, dem man doch eigentlich entkommen will. So zu denken hieße, der Muße schon wieder einen Nutzen unterzujubeln, der auf Effizienz abzielt. Nein, Muße ist keine instrumentelle Größe, sondern tatsächlich ausschließlich ein sich selbst bezweckendes inneres Ruhekissen und ausschließlich Quell an Wohlbefinden. Ihr Ziel ist es nicht, die inneren Ressourcen zum Sprudeln zu bringen, sondern sich um »Verwertbarkeit« erst gar nicht zu scheren. Flanieren oder herumzustreunen ist eher wie das Aufsammeln von Kastanien, die am Wegesrand liegen – man steckt sich nur die schönsten in die Hosentasche.

Ich kann das, stundenlang, tagelang, bis mir die Sohlen brennen und ich eine Rast brauche. Ich steuere dann zumeist ein Gotteshaus an und hoffe, dass die Tür nicht verrammelt ist. »Man kann sagen was man will, der Katholizismus ist eine gute Sommerreligion. Es lässt sich gut liegen auf den Bänken dieser alten Dome, man genießt dort die kühle Andacht, ein heiliges Dolce Far Niente, man betet und träumt und sündigt in Gedanken, die Madonnen nicken so verzeihend aus ihren Nischen, weiblich gesinnt, verzeihen sie sogar, wenn man ihre eigenen holden Züge in die sündigen Gedanken verflochten hat …«, schrieb Heyne in seinen Reisebildern. Etwas Erquickenderes als aus den Schlünden einer heißen Großstadt ins Innere einer romanischen oder gotischen Kirche zu wechseln, all den Trubel und Staub draußen zu lassen und in der steinumwehrten kühlen Stille anzukommen, den Geruch von Kerzenwachs und Weihrauch aufnehmend, das Licht tiefer Farben aus alten Glasfenstern durch die Dunkelheit zu erhaschen, einfach dazusitzen, andächtig und still zu sein, was für ein Genuss! Mir fallen Dutzende Gotteshäuser ein, wo ich am liebsten wieder gleich auf dem Bänkchen sitzen würde. Saint Gervais in Paris, die Kathedrale Saint Étienne von Bourges, Notre-Dame von Dijon, die Kathedrale von Poitiers, die Dome von Bamberg und Magdeburg, Sankt Martin in Köln, Sankt Jakob in Regensburg. Kirchen waren für mich noch nie Museen aus längst untergegangener Zeit, sondern immer schon Orte heiliger Erholung, steinerne Bäuche einer kühlen Geborgenheit, meditative Räume, in denen der Geist derer zur Ruhe kommt, die durch das Leben flanieren.

Ziellosigkeit als Ziel

9 Uhr Treffpunkt Uffizien, Führung bis 11 Uhr, 11.30 Uhr Mittagessen, 12.30 bis 13.15 Uhr Stadtrundgang, 14 Uhr Besichtigung von Dom und Palazzo Vecchio, 16 Uhr Weiterreise nach Pisa, 17 Uhr Ankunft Hotel, 18 Uhr Abendessen, 20 Uhr Bettruhe. Das brauch ich nicht. Ich lauf lieber einfach mal los. Den Rest überlass ich dem lieben Gott. Auch der allzeit erkennende, kategorisierende, alles abheftende Geist hat heute mal Freigang. Müßiggang ist an eine gewisse Besinnungslosigkeit gekoppelt. Wenn man völlig »besinnungslos« ist, also nicht mit dem Stadtführer oder dem Band »Richtig Reisen« unter dem Arm loszieht, nicht mit klarem Ziel und einer Strategie, wie man zeitsparend die meisten Sehenswürdigkeiten abklappert, wenn einen all dies nicht interessiert, wenn man in einer Art Selbstvergessenheit durch Großstädte stolpert und immer erst an der nächsten Kreuzung entscheidet, wie der Weg weitergeht, oder auch auf vier Rädern: wenn man einfach völlig spontan den Blinker setzt, weil einen eine Abzweigung anlacht und unverhofft zu einem Umweg einlädt, wenn man einfach nur schaut, was als Nächstes passiert, dann erlebt man die Freuden des

Müßiggangs. Planloses Abtasten, spielerisch auf Entdeckungsreise gehen und immer seiner Intuition folgen, das ist genussvoll Zeit zu erleben. Zeit stilvoll zu vergeigen, darum geht es. Dann stellt sich eine Art glücklicher Selbstvergessenheit ein. Ein Wohlfühlen, das sich selber nicht reflektiert.

Herrmann Hesse, ein anderer großer Müßiggänger und Lebenskünstler, hat schon als 36-Jähriger darüber nachgedacht, wie sich seine Art des Reisens im Laufe seines eigenen Lebens verändert hatte. Anfangs tat er, was alle taten. Er folgte seiner Lernbegier und seinem Bildungsdrang, schreibt er. Und davon, wie er Notizhefte vollgekritzelt habe über Freskenwände in altitalienischen Kirchen. Sein am Essen abgespartes Geld habe er für Fotografien alter Skulpturen ausgegeben. Dann später entdeckte er die Abenteuerlust als Antrieb bei Reisen in ärmere Länder. Heute, schrieb er 1913 in einem Feuilleton, bummle er ohne Baedeker durch italienische Städte – immer mit der Möglichkeit, auch etwas Wertvolles zu versäumen. Aber das, was er auf seinen Wegen auf diese Art und Weise entdecke, das könne er viel »intensiver und zarter« genießen. Heute leite ihn ein rein ästhetischer Trieb. »Das reine Schauen, das von keinem Zwecksuchen und Wollen getrübte Beobachten, die in sich selbst begnügte Übung, Auge, Ohr, Nase, Tastsinn, ist ein Paradies, nach dem die Feineren unter uns tiefes Heimweh haben, und beim Reisen ist es, wo wir dem am besten und reinsten nachzugehen vermögen.«

Es gibt Orte, die uns ozeanisch stimmen, und es gibt Beschäftigungen, die dies vermögen: dazu muss man gar nicht weit weg fahren. Wer mit seinen Kindern einmal ein paar Stunden einen Staudamm in einem Gebirgsbach gebaut hat – und nichts anderes getan hat, als an dieser einen, besten aller möglichen Staumauern zu arbeiten, Bachläufe umzuleiten, Löcher in der Mauer zu stopfen, sie zu verbessern, zu verbreitern und aufzustocken, weiß, wie freudvoll die Zeit sein kann, in der man ganz und ausschließlich einer Tätigkeit nachhängt und der quälende Geist tatsächlich die Produktion von immer neuen persönlichen Katastrophenschutz-Vorsorge-Plänen zur vorläufigen Unglückskompensation einstellt, weil er einfach nicht zum Zuge kommt.

Selbst Tiere kennen dieses Glück der Gegenwart. Mauersegler beispielsweise in der Dämmerung an warmen Sommerabenden. Wer diese Vögel schon einmal längere Zeit beobachtet hat, wie sie sich unter lautem Geschrei von weit oben in die Tiefe stürzen, wieder aufsteigen und dabei waghalsige Figuren in den Himmel fliegen, ahnt bald, dass sie dies nicht nur allein deswegen tun, weil sich nur so die Mücken über dem großen Schwimmbecken jagen ließen. Nein, wer sich dieses Schauspiel eine Weile ansieht, kommt zu dem Schluss, es müsse darin immer auch so etwas wie die übermütige Freude an der eigenen Flugkunst liegen, an der eigenen Bewegung im Hier und Jetzt. Eins mit sich und der Welt zu sein – das ist es, was uns immer wieder vom Leidensdruck unseres Lebens erlöst und freudvoll stimmt. Manchmal muss man nur abspringen, um zu fliegen.

Zwischenstopp in der Schweiz VI

Der Irrtum des großen Dichters

Ausgerechnet ein Schweizer, Max Frisch, meinte einmal, die Enttäuschung beim Reisen sei ganz normal. Immer gebe es eine riesengroße Vorfreude, eine große Erwartung beim Reisen in die Ferne. Und dann eine Enttäuschung. Eine, die gar nicht mit unserer Miesepetrigkeit zusammenhängt, sondern grundsätzlicher, quasi erkenntnistheoretischer Art ist. Es ist eine Enttäuschung nicht über die bezaubernde Landschaft, sondern, wie er meint, eine Enttäuschung über das menschliche Herz. Eine Enttäuschung über die Unmöglichkeit, Gegenwart zu erleben. »Der Anblick ist da, das Erlebnis noch nicht.« Erst zu Hause, in der Erinnerung, werden wir unsere Reisen aufladen mit Gefühl und Sehnsucht. Oder man kann auch sagen: erst zu Hause geben unsere Reisen preis, was sie noch während der Reise zurückgehalten haben: die Schönheit eines unwiederbringlichen Erlebnisses. Die Gegenwart aber »bleibt irgendwie unwirklich, ein Nichts zwischen Ahnung und Erinnerung, welche die eigentlichen Räume unseres Erlebens sind.«

Da die Gegenwart nur ein transitorischer Raum ist, bedeutet das ja, dass das Erleben des »Hier und Jetzt« eine

Unmöglichkeit wäre. Ich halte dagegen. Augenblicke, wertvolle Stunden, das ganze Leben zerrinnt uns in der Hand, nichts kann man festhalten, und doch gibt es so etwas wie eine uns Menschen gegebene Fähigkeit, besondere Momente herauszupräparieren und sich selbst schon im Augenblick des Erlebens gleichzeitig in eine Distanz zu dieser Gegenwart zu begeben und so des Schönen in einem Augenblick voll und ganz bewusst zu werden. Man muss nur die richtigen Methoden des Innehaltens finden, um diese Erlebnisse zu vergegenwärtigen. Man muss offen für sie sein und seine Fühler ausstrecken. Dann gibt es große Momente – auch schon im Hier und Jetzt. Und selbst wenn Max Frisch recht hätte. Wir lassen uns nicht die Urlaubslaune vermiesen. Nein, wir werden immer wieder aufbrechen, den Traum vom perfekten Urlaub wahrzumachen. Auch in die Schweiz. Ganz egal, was am Ende dabei herauskommt.

Underneath the mango tree,
me honey and me can watch for the moon,
underneath the mango tree,
me honey and me make boolooloop soon,
Mango, banana and tangerine,
sugar and ackee and cocoa bean,
when we get married, we make them grow,
and nine little chil' in a row.
Diana Coupland

8. Der nächste Urlaub – Zehn Gründe, es bald wieder zu tun

1. Kleine Fluchten lohnen sich

Der Meeresstrand, unter einem Mangobaum, das ist vielleicht das beliebteste Asyl, das es weltweit gibt. Ein Zufluchtsort, der sich höchster Beliebtheit erfreut. Kein Wunder, denn Urlaub bedeutet oft einfach Abhauen. Fortlaufen vor den Problemen, vor dem Alltag, vor dem Leiden. Durchgehen, Pflichten und Verantwortungen einfach mal auf Zeit abgeben, das ist Urlaub. Wie herrlich.

Aber zu flüchten steht nicht besonders hoch im Kurs in unserer Welt. Eher zu zerpflücken, zu grübeln eben, einer Sache auf den Grund zu gehen. Darin sind wir gut. Im Ergrübeln von Problemen und Herbeigrübeln von Lebensentscheidungen. Das können wir. Wir Deutsche sind wohl auch die einzigen, die den Begriff der »Arbeit« für seelische Entlastungsprozesse entdeckt haben. Es scheint also, bei uns könne nur gesunden, wer dafür malocht. Trauerarbeit, Trennungsarbeit, Körperarbeit. Einfach nur sagen: »Krise, heute kannst Du mich mal!« – das kennen wir nicht, das gestatten wir uns nicht.

Wir Deutsche sind eine große Grüblergemeinde. Dabei gab es früher durchaus einmal Zeiten, in denen man in solchem Tun nichts Gutes sehen wollte. »Selig sind die im Geiste Armen, denn sie wissen nicht, was sie tun«, steht schon in der Bibel. Einfalt nennt man das, einfältig sein in einem ganz und gar positiven Sinn, Einfalt, die vor einem immer nagenden Zweifel schützt, Einfalt als Tugend. Kierkegaard – wenn auch ein Däne, aber dennoch ein großer Grübler vor dem Herrn – schreibt von der Sünde der Verzweiflung. Wer zum Tode hin verzweifelt, anstatt sich in innerer Harmonie in die warmen Arme Gottes fallen zu lassen, sündige. Zu verzweifeln ist wohl die extremste Form des Grübelns. Wir sollten es bleiben lassen, wenigstens vorübergehend, und es verdrängen, wo es uns zusetzt.

Doch das Wort »Verdrängung« ist bei uns genauso negativ besetzt. Nur ironisch gebrauchen wir die Wendung: »Das habe ich mittlerweile erfolgreich verdrängt!« Ein dialektisches Verhältnis zur *eigenen* »Verdrängung«, die wir mal nicht als schädlichen Eskapismus brandmarken, geht vielen ab. Aber gerade um eine Form der wohltuenden Verdrängung geht es im Urlaub: Das ist gemeint mit kleinen Fluchten, die wir uns viel öfter erlauben sollten, ohne am Ende ein schlechtes Gewissen haben zu müssen. Aber auch die »Flucht« als temporäre Lösungsidee vor den Leiden unseres Lebens steht nicht hoch im Kurs. »Du fliehst doch nur vor Dir selbst!«, sagen die anderen – und wir blicken betreten zu Boden, fühlen uns erwischt in unehrenhaftem Tun. Und trotzdem: fährt nicht doch besser, wer zwischendrin auch mal ausbüchst? Komm, wir hauen ab! Irgendwohin, wo es schön ist. Solche kleinen Fluchten bedeuten nicht, vor der Wahrheit oder der eigenen Verantwortung die Augen zu verschließen. Sie sind viel mehr der Versuch, sich für eine gewisse Zeit einem Leidensdruck zu entziehen, der vielleicht gerade dabei ist, übermächtig zu werden.

Kleine Fluchten können von höchster Entlastung sein. Und gerade vom Leben Gebeutelte sollten sie sich gestatten. Wenn uns das Schicksal schon übel mitspielt, sollten wir wenigstens nicht allzu streng mit uns sein. Unter einer Bedingung. Wichtig ist es, sich einen Anfang und ein Ende zu setzten: zwei Wochen Jakobsweg, vier Tage nach Paris, ein Wochenende Schwarzwaldwanderung oder auch nur ein paar Stunden, die das Grübeln unterbrechen – und danach wieder tatkräftig und mit frohem Mut zurück ins harte Leben.

2. Im Urlaub kann man ein anderer sein

Im Urlaub kann man sich neu erfinden. Urlaubszeit ist eine begrenzte Zeit nahezu vollkommener Freiheit. Man ist an einem neuen Ort ein neuer Mensch. Man kann der sein, der man sein will – nicht der, der man sein muss. Man ist braungebrannt und hat Sand in den Ohren. Man kann sich einen Bart wachsen lassen, ein albernes Stoffbändchen am Handgelenk tragen, authentisch sein oder auch nicht. Man läuft legerer, nachlässiger herum, vielleicht fühlt man sich cooler. Man sieht ganz anders aus als zu Hause oder im Büro.

Man ist unbefangen, frei, weil einen keiner kennt. Am Wohnort, im eigenen Kiez kann es schon mal sein, dass man aus dem Haus geht und denkt, ich möchte jetzt niemanden treffen, keine Nachbarn, keine Bekannten. Vor solchen Begegnungen ist man im Urlaub in der Regel sicher. Urlaub ist Aufenthalt in der beklemmungsfreien Zone – außerhalb jenes eng gespannten Netzes aus Verpflichtungen und Rücksichtnahmen, außerhalb der Kreise mit den Immergleichen. Urlaub ist die Möglichkeit, fernab des sozialen Netzwerkes, das einem nützt, einen aber auch unaufhörlich kontrolliert, ein anderer zu sein, etwas anderes zu tun. Weitgehend folgenloses Anquatschen wildfremder Personen eingeschlossen.

Man kann sich neu erfinden. In jeder möglichen Hinsicht. Wir lassen unsere Routinen zurück. All jene Regelmäßigkeiten, die sich wie Spuren in unsere Lebensbahnen eingeschliffen haben, sind hier aufgehoben. Allein durch den Ortswechsel gelingt es uns, ein anderes als das gewohnte Leben zu führen. Das ist ungemein spannend. Weil wir uns und die anderen dabei ganz neu erleben.

3. Der Urlaub bringt das Gute in uns zum Vorschein

Urlaub ist nicht nur Erholung, sondern eine Reise in eine andere Welt. Aber wir alle sind im Urlaub nicht nur andere, sondern fast immer auch bessere Menschen.

Tatsächlich ist der gelungene Urlaub eine Zeitspanne der Verwandlung zum Besseren. Ich behaupte, dass man im Laufe eines Urlaubs ausgeglichener wird, innerlich aufgeräumter und damit fast von selbst liebevoller zu Partner, Kind und zu sich selbst. Man geht aufeinander ein, lebt nicht aneinander vorbei. Man ist achtsamer seinen Mitmenschen, aber auch der Natur gegenüber. Kurzum, man verhält sich endlich so, wie man sich das eigentlich immer schon auch im Alltag vorgenommen hat.

4. Im Urlaub fühlen unsere Sinne stärker

Ist Ihnen schon einmal aufgefallen, dass das Olivenöl oder der Chianti, den Sie vom letzten Italien-Urlaub mitgebracht haben, zu Hause fast nie so gut schmeckt wie unter Pinien in Massa Marittima oder in Vinci? Oder etwas unspektakulärer, dass ein Viertel Silvaner oder Müller-Thurgau im Juliusspital in Würzburg besser, spritziger, eleganter schmeckt, als wenn Sie ein Glas davon auf dem heimischen Balkon genießen? Der Unterschied im Geschmack zwischen dem Genuss im Urlaub und zu Hause und die damit verbundene Enttäuschung sind umso größer, je harmonischer und stimmungsvoller der Urlaub verlaufen sind. Aber wie kann das sein? Offenbar hat unser allgemeines Glückserleben im Urlaub einen großen Einfluss auf die Empfindungskraft unserer Sinne. Ob es einem schmeckt, das hat mit den Erfahrungen zu tun, die unsere Seele macht. Wenn die beglückend sind, öffnen sich die Sinne. Wer draußen in der Natur weit gewandert ist, dem schmeckt es besser, genauso wenn man verliebt ist, glücklich und zufrieden. Zu Hause ist der Stoff des Genusses zwar ganz und gar derselbe, aber mit der abgestumpften Alltagszunge empfinden wir erfahrungsgemäß nur selten den Wohlgeschmack, der uns damals im toskanischen Zypressenhain bezauberte.

5. Zu Hause bleiben ist immer schlecht

Von Urlaubsverdrossenen, die selten oder überhaupt keine Reisen mehr unternehmen, hört man gerne als Antwort das Argument: »Wir können uns das nicht leisten.« Sie gucken dabei leicht verdrießlich, ja vorwurfsvoll drein, aber alle wissen, dieser Satz ist in der Regel nicht ganz ehrlich. Er kommt interessanterweise bei stinkreichen Leuten genauso vor wie bei solchen, die tatsächlich wenig haben.

Vor allem wird er gerne als Mehrzweckwaffe eingesetzt. »Wir können uns das nicht leisten!« Der Satz soll dem Fragesteller nicht so sehr klarmachen, dass der Angesprochene zu wenig Geld zum Verreisen hätte, als viel mehr, dass sich der Fragesteller diesen Luxus offenbar leisten könne, dass er es also unverdienterweise besser hat als man selbst, was man ihm nicht gönnen mag. Gleichzeitig soll auch noch Mitleid geweckt werden. Man kann sogar so weit gehen und behaupten, dass sich hinter dieser Ausrede sehr häufig nur der nackte Geiz versteckt.

Ein Hartz-IV-Empfänger kann sich drei Wochen niederländische Antillen im Edel-Resort tatsächlich nicht leisten. Aber für die meisten anderen Urlaubsverweigerer trifft dieser Satz nur höchst selten zu. Er verbirgt fast immer eine Prioritätenabwägung, die in diesem Fall zu Ungunsten der Urlaubsidee ausgefallen ist. Warum? Vielleicht, weil es in der Familie oder Partnerschaft kriselt und alle Mitstreiter das Experiment einer zweiwöchigen familieninternen Dauerfehde nicht unbedingt austesten wollen. Oder vielleicht auch, weil es gilt, den neuen Flachbildschirm zu finanzieren, das iPad, die Sitzbezüge für den Geländewagen oder gar die kostspielige Augen-OP für den Rassehund.

Nicht nur finanzielle, sondern auch ökologische Gründe werden gerne vorgeschoben: »Weißt Du, wie viele Bäume sterben müssen allein durch den Pro-Kopf-Kerosinverbrauch bei Deinem letzten Flug in die Karibik?« Meistens sind das aber vorgeschützte Anklagen, Abwehrhaltungen, hinter denen sich eher Neid und Missgunst verbergen. Neid auf all jene, die auf den Bahamas drei prickelnde Wochen erlebt haben. Was ich selber nicht haben kann, das verachte ich. Das ist eine übliche psychologische Reaktion. Menschen, denen die Welt besondere Genüsse wie Gourmetfreuden, Luxus, erfüllenden Sex und eben auch einen »Traumurlaub« vorenthält, legen gerne eine verspätete Rachehaltung gegenüber all jenen an den Tag, denen all dies vergönnt ist. Die Methode ist, rein subjektive Enttäuschungserfahrungen pseudo-objektiv darzustellen. Fortan aktiviert man alle möglichen Argumente, die sachlich untermauern sollen, dass in Urlaub zu fahren vollkommen daneben ist. Wenn man seine Suada abgesondert hat, zieht man sich eingeschnappt in den Schrebergarten zurück und öffnet gegen 17 Uhr das erste Hefeweizen.

Die meisten Menschen, die auf dem Balkon ihren Urlaub verbringen, sind irgendwie frustriert, vielleicht auch verängstigt, auf jeden Fall in keiner beneidenswerten seelischen Situation. Oft bleiben sie aus einer berechtigten Befürchtung heraus zu Hause. Es ist dies die Angst, im Urlaub erkennen zu müssen, wie einsam man ist oder wie unglücklich das eigene Leben verläuft. Verständlich, dass man sich diesem Stresstest nicht aussetzen möchte. Aber mit der Vertrautheit ist es ja so eine Sache. Ein gewisses Maß ist durchaus angenehm, denn sie schafft vor allem Sicherheit. Man kennt sich aus, weiß, wo der Flaschenöffner hängt und wann die Videothek zumacht. Das Vertraute hat seine Qualitäten ohne Zweifel. Es kann einem aber eben auch tierisch auf den Wecker gehen. Routinen können eine tiefe Ödnis über unsere Existenz ausbreiten, dabei aber nicht überdecken, dass man in Wirklichkeit hier raus will. Die meisten Leute, die bekennende, ja militante Zu-Hause-Bleiber sind, fahren nicht nicht in den Urlaub, sondern *nicht mehr*. Weil sie enttäuscht sind vom Leben. Urlaubsverdrossene sind im Grunde bemitleidenswerte Menschen. Was ihnen aus der Depression heraushelfen würde, wäre: trotzdem loszufahren. Zwangsbeurlaubung gewissermaßen. Und zwar schön nächstes Wochenende.

6. Pfeifen Sie auf Prestige-Aufenthalte – Ein Hoch auf den Eigensinn!

Viele fahren in den Urlaub, weil es andere auch tun. Weil es alle tun, im Winter zum Skifahren, im Sommer ans Meer. Aber warum eigentlich? Sie reisen, weil es dazugehört. Und weil renommierte Reiseziele schon immer bedeutende Statussymbole waren. »1000 Places to see before you die« von Patricia Schultz. Ein Buch über Orte, die man gesehen haben muss, bevor man stirbt. Das Oktoberfest ist drin, Quedlinburg, Ayers Rock, die Pyramiden von Gizeh und die »Traube« in Tonbach bei Baiersbronn, Deutschlands bestbewertetes Gourmet-Restaurant. Wir leben in einer Zeit, in der die Angst regiert, dass wir etwas verpassen könnten. Und in der wir unaufhörlich vorgeführt bekommen, was das ist.

Kein Wunder, dass es so viele gibt, die irgendeine Liste mit solchen Reisezielen abarbeiten. Was leitet sie genau dabei? Ist es der pure Nachrichtenwert, der sich nach der Rückkehr im Büro oder Freundeskreis auszahlt, wenn man stolz verkünden kann, dieses Jahr in der Südsee gewesen zu sein – statt wie die anderen in St. Peter-Ording oder am Edersee? Oder ist es nur der eigene Ehrgeiz, die wichtigen Plätze der Welt selbst gesehen haben zu müssen, weil man sich andernfalls einredet, man sei ein Versager? Gerade der Prestigefaktor einer Urlaubsreise scheint für die Wahl unseres Urlaubsorts nicht unerheblich zu sein. Denn man weiß ja nur zu gut, dass nach der Rückkehr die Frage der Kollegen unausweichlich ist. »Wo wart ihr dieses Jahr?« »Ach, ja?« Aber auch die andere Frage kommt todsicher: »Und wie war's?« »Traumhaft!«, antworten wir natürlich. Denn wir würden es nie zugeben, wenn die drei Wochen Costa Rica tatsächlich die Hölle waren, und die Hölle auch noch ein Haufen Geld gekostet hat. Der Zwang regiert uns, selbst noch den schlechtesten Urlaub schön zu reden.

Machen Sie sich frei vom Erfolgsdruck! Machen Sie Ihren Urlaub! Ein perfekter Urlaub ist zuallererst eines: individuell. Er setzt voraus, dass man weiß, was einem guttut. Und sich dabei nicht die Bohne darum schert, wie viel Statuszuwachs er einem einträgt. Man muss gar keinen Ort gesehen haben, bevor man stirbt. Gott sei Dank hat schon vor 150 Jahren die viktorianische Bestsellerautorin Favell Lee Mortimer einen Antireiseführer veröffentlicht, der den Titel trägt: »Die scheußlichsten Länder der Welt«. Und es gibt auch eine deutsche Variante: Dietmar Bittrich schrieb das Werk »Alle Orte, die man knicken kann«. Sein Credo ist mein Credo: Man muss nicht in New York gewesen sein.

Das schafft Entlastung vom Reise- und Erlebnisdruck, macht frei für Erkundungen ganz persönlicher Art. Tatsächlich sind die schönsten Reise jene, die dem Eigensinn folgen und nicht der Herde. Dort, wo alles trampelt, wird man nur verbrannte Erde vorfinden. Es ist immer noch so, wie es immer war: Das wirklich einzigartige Urlaubserlebnis findet man am ehesten auf Abwegen.

7. Wer sucht, der findet im Urlaub

Ob ein Urlaub gelingt oder nicht: am Ende liegt es nur an uns selbst. Der dreckigste Strand, die übelste Herberge und der mieseste Fraß im Restaurant, sie alle können nie darüber hinwegtäuschen, dass ein gelungener Urlaub keineswegs von äußeren Faktoren abhängt. Es geht am Ende immer nur um unser Talent, eine erfüllte Zeit erleben zu können. Was immer zuversichtlich stimmt: In jeder Urlaubsreise ist der Weg angelegt, wie wir diese innere Erfüllung finden können. Denn freie Zeit motiviert uns immer, uns auf die Suche nach uns selbst zu begeben. Und fast immer ist es so: wer sucht, der findet. Manchmal auch das, was er sich so sehnlich gewünscht hat, bevor er losgezogen ist.

8. Der Reiz des Unbekannten ist immer größer als der des Vertrauten

»Wenn man noch nicht weiß, dass es schön wird, und es wird tatsächlich schön, freut man sich mehr, als wenn man schon weiß, dass es schön wird, weil man den Ort kennt.« Der Satz stammt von meinem klugen Sohn. Brechen Sie aufgrund dieser Weisheit beim nächsten Urlaub in ein neues, unbekanntes Reiseland auf. Sie werden es nicht bereuen.

9. Carpe Diem

»Genieße das Leben, es ist später als du denkst«.
So lautet eine Chinesische Weisheit

10. Was vom Urlaub übrig bleibt:
Diamanten, aber kein Rost

Wenn wir wieder zu Hause sind und das alte steife Leben unverändert antreffen, schwindet die Heiterkeit der sonnigen Tage schnell. »Aber«, schrieb Hermann Hesse in seinem Roman »Peter Camenzind« rückblickend auf eine Italienreise, »etwas von dem Erworbenen keimte doch weiter, und seither trieb mein Schifflein durch klare und trübe Wasser nie mehr, ohne wenigstens einen kleinen farbigen Wimpel frech und zutraulich flattern zu lassen.«

Urlaube werden zu starken Erinnerungen, die uns auch im Alltag tragen und uns Schwung für das Leben zu Hause geben. Wie die Musik, die wir im Urlaub hören. Ich habe davon erzählt, wie ich anfangs der Achtziger Jahre oft meine ganzen Sommerferien an der Côte d'Azur verbracht habe. Unweit des Strandes von L'Ayguade bei Hyères gab es eine Bar namens »La Reserve« mit einem netten Boules-Platz. Ganz in der Nähe eines von Palmen gesäumten Areals, wo ich mit sechzig anderen Jugendlichen aus meiner Heimatstadt campierte. Zwischen den Flipperautomaten stand eine alte Musikbox mit einem wundervollen Mix an Titeln. Wenn ich heute noch einen dieser Hits höre, bin ich wieder in einer Vergangenheit, die mir damals die ersten tiefen Stimmungseindrücke beschert hat. Was den Zauber dieser Ferienwelt unter Palmen ausmachte, verdichtete sich in so unverdächtigen wie mittelprächtigen Songs wie »Message in a bottle« von Police, »Baby Jane« von Rod Stewart, Michael Jackson mit »Billy Jean«, Bob Marley mit »No Woman, no Cry«. Es liefen aber immer auch Songs mit mehr Lokalkolorit, die ich wahrscheinlich sonst nie ins Herz geschlossen hätte: französische Popsongs von Jean Jacques Goldman, Michel Sardou, Michel Polnareff oder Claude Barzotti mit der Edelschnulze »Souvent je pense a vous, Madame« oder aus dem Nachbarland Toto Cutugno mit »L'Italiano«. Stefanie von Monaco mit »Irresistible« fand ich ziemlich sexy, Laura Branigan mit »Self Control« auch ein bisschen und »Voyage, Voyage« von Desireless obercool. Die ersten Urlaube sind immer Höhepunkte in einem Menschenleben, weil sie sich viel tiefer in das Gemütsgedächtnis einprägen als spätere. Immer erinnern wir uns viel intensiver an diese besonderen frühen Ferientage, ganz egal, wie sie verlaufen sind.

Urlaube bringen aber auch Erinnerungen der schönsten Art in späterer Zeit. In der Zeit der großen Liebe. Sie bringen Diamanten, aber niemals Rost. Gabi und ich, wir waren Urlaubsweltmeister. Wir sind unheimlich oft einfach losgefahren. Ich erinnere mich an so viele glückliche Strandtage mit meiner lachenden Frau unter dem immer gleichen rot-gelb-grün-blauen Sonnenschirm, den ich heute noch benutze, an so viele ausgelassene Tage mit ihr, die so früh sterben musste. Wir sind unzählige Male am Meer gewesen, aber auch in Paris, in Saintes, in La

Rochelle, in Hanoi, in Hongkong, in New Orleans, in Wien, in Rom, in Barcelona, in Madrid und in unserer liebsten Stadt: in Sevilla. Ich werde diese Urlaubsbilder ein Leben lang in mir tragen. Vor allem jene, wie wir beide immer wieder, meist zu Beginn unserer Reisen, am Ufer des Meeres standen, uns einfach nur anblickten und unfassbar glücklich waren. Wie wir uns mit angespülten Stöckchen gegenseitig große Herzen in den glatten feuchten Sand nahe der Brandung gemalt und dann unsere Namen hineingeschrieben haben, bis irgendwann eine große Welle alles wieder auslöschte. Ich werde die vielen kleinen Urlaubsfilme in meinem Kopf nie vergessen, in denen mein Sohn die Hauptrolle gespielt hat. Etwa, als er im Alter von zehn Monaten über den Sand von Mallorcas Stränden krabbelte, oder wie er später mit vier, fünf Jahren selbst Herzen in den Sand ritzte und »Mama« oder »Papa« hineinkritzelte, wie wir beide »Strandfußball« spielten, ob am Indischen Ozean, am Atlantik oder an der Ostsee. Und wir wie alle abends durchwärmt von der Sonne und durchgeblasen von den Meereswinden weißen Fisch aßen.

Urlaubstage sind reiche, volle Tage. Sie sind eine Zeit, die uns wertvoll ist und wertvoll bleibt. Ich mache meine Arbeit meist sehr gerne, aber im Urlaub habe ich gelebt. Eine Urlaubsreise zu unternehmen ist bis heute für mich eine Feier, eine Andacht, eine Verbeugung vor dem Leben. Und meistens ist es doch so: wir haben uns zwar alles irgendwie anders vorgestellt. Aber anders muss nicht schlechter sein.

NACHWORT

Ursprünglich hatte ich die Idee, diesem Buch einen Soundtrack mit Urlaub-Songs beizulegen. Zu bestimmten Kapiteln oder Abschnitten sollte der Leser ein paar von mir ausgewählte Titel einer beigefügten CD hören können, um in die richtige Urlaubsstimmung zu kommen. Aber irgendwie hatte ich mir das anders vorgestellt, und mein Verlag erklärte mir, dass das rechtlich nicht so ohne Weiteres möglich wäre. Aber Sie können sich die CD sicherlich selber zusammenstellen! Folgende Songs müssten darauf sein.

01 Lou Reed, Perfect Day
02 Madonna, La isla bonita
03 Beach Boys, Surfin' USA
04 Julio Iglesias, Wenn ein Schiff vorüberfährt
05 Ideal, Monotonie in der Südsee
06 Elvis, Blue Hawaii
07 The Drifters, Under the Boardwalk
08 Otis Redding, Sitting on the Dock of a Bay
09 Charles Trenet, La Mer
10 Cibelle, Underneath the Mango Tree

Die CD eignet sich natürlich besonders zur Einstimmung auf den nächsten Urlaub. Oder Sie legen sie zur Beruhigung ein, wenn Sie an einem heißen Ferientag im Juli irgendein Stauende erreichen und nur noch nach Hause wollen.

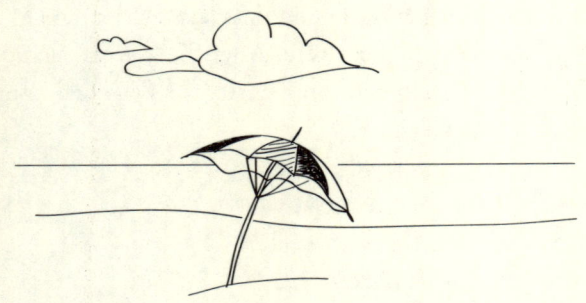